Georg Griensteidl • Klaus Emmerich

Der Mann mit dem Ghetto

D1671210

Georg Griensteidl • Klaus Emmerich

Der Mann mit dem Ghetto

Die ungewöhnliche Geschichte des Max Bischof

Projekte-
Verlag

**EDITION
AMMONIT**

Impressum

1. Auflage
© Projekte-Verlag Cornelius GmbH, Halle 2010 • www.projekte-verlag.de
Mitglied im Börsenverein des Deutschen Buchhandels

Bildteil und Titelbild:
Hans Bischof und Österreichische Nationalbibliothek (Archiv)

ISBN   978-3-86237-232-4
Preis: € 15,00 Euro (D) / € 15,45 Euro (A)

Inhalt

Prolog 1: Klaus Emmerich

Alle waren erleichtert, dass nicht mehr gemordet und gestorben wurde. Der Friede war zwar noch weit weg, jedoch lag ein Hauch von Freiheit in der Luft. Man trug Zukunft, so gut es eben ging. Nicht alle freilich ließ die Vergangenheit los, auch nicht die eigene und die der Familie. So wird einem 15-Jährigen eines Tages Anfang der 50er Jahre erklärt, dass seine Mutter Jüdin ist. Was in der Nazizeit lebensrettend verborgen und nach 1945 vor Nachbarn und Freunden tunlichst verschwiegen wurde, muss damals für einen wachen Teenager wie ein Schock gewirkt haben. Als alter Mann, sechs Jahrzehnte später, fällt es ihm nicht leicht, darüber zu reden. Seine Erinnerung bestimmt die Bitte seines Vaters, dessen Geschichte solle festgehalten werden. So etwas wie Chronistenpflicht.

Ein Zeitgeschichtler und ein Journalist stehen vor einer der größten Katastrophen der Menschheit, vor einem unentschuldbaren Verrat an Zivilisation und Humanität: vor der Geschichte des Warschauer Ghettos während des Zweiten Weltkrieges. Zwei Autoren für ein bedrückendes, ein immer wieder aufklärungsbedürftiges Geschehen und seine oft verdrängten Konsequenzen.

Aus dem Dunkel der Diktatur und den Verirrungen eines Waffenganges versuchen wir einige Aufhellungen. Was Georg Griensteidl als Wissenschafter erforscht, zusammengetragen, durchleuchtet und analysiert hat, rundet Klaus Emmerich mit Hinweisen auf die geschichtlich-politischen Verhältnisse ab.

Wir versuchen, das Grauen erregende Geschehen in zeitlichen und sachlichen Blocks darzustellen. Die moralische und politische Einordnung möchten wir weitgehend dem Leser überlassen.

Mit einer Jüdin in Wien verheiratet und in Warschau verantwortlich für das Ghetto … Wenn Spannung ein erschreckendes, ein zunächst verwirrendes Beispiel braucht, hier ist es mit Max Bischof aus Wien:

Offizier im Ersten Weltkrieg, Sekretär bei Bundeskanzler Dollfuß, Bankkarriere in Wien und Warschau, als Anhänger von Fürst Starhemberg gegen den sogenannten Anschluss an das Dritte Reich. Als Chef der Bankenaufsicht im besetzten Polen wurde er mit der erzwungenen Übernahme der Verantwortung über das Ghetto von Warschau zum Täter und Opfer zugleich – als Teil des NS-Regimes hatte er den Hunger unter 500 000 gefangenen und gefolterten Juden irgendwie zu verwalten. Zugleich wurde ihm aufgetragen, ein Produktivitätszentrum für Lieferungen an die deutsche Kriegswirtschaft, vor allem an die Wehrmacht, mit dem großindustriellen Planziel von 170 000 Beschäftigten zu organisieren. Gleichzeitig kooperierte Bischof mit der polnischen Widerstandsbewegung. Hinter diesen ungewöhnlichen Eckdaten aus einer Zeit voller Gegensätze steckt die eine Hälfte der Wahrheit über Bischof. Die andere Hälfte besteht aus seiner Ehe und seiner Familie. Max Bischof hält eisern zu seiner jüdischen Frau und lässt sich vom Naziregime nicht korrumpieren oder gar zum Spießgesellen machen. Vielmehr nützt er seine Regimeverbindungen, um seine Familie und sein Eigentum in Wien zu schützen. Bis er sich als Verdächtiger von Warschau abzusetzen und seine Intimkenntnisse des Regimes zu nutzen verstand, um zu überleben.

Ewiger Schatten auf der Vergangenheit

Beim Klang der Pastorale

Unversehens war mir das Scherzo aus der Pastorale in den Sinn gekommen. Diese Weite, diese Harmonie großer Bögen, unberührte Natur, gepflegte Wege, viel Sonne, wenig Schatten, zivilisierte Ruhe, eine heile, eine kraftvolle Welt mit sauberem, unberührtem Echo.

Einig mit uns und mit allem an Würde um uns herum, wanderten wir so dahin durch den Wiener Wald – wie fast jeden Samstag. Eintauchen in unbeschädigte, in reife Zivilisation, spannungsfrei, freundschaftlich fernab vom Getriebe der Zeit. Ein Beethovengang. Etwas für Genießer. Eine Wandergruppe unterwegs. Bürgerliche im altmodischen Sinn. Naturverbunden, unprätentiös, unkompliziert verlässlich ohne überzogene Ansprüche, kulturell gleichgesinnt. Ein Freundeskreis, nachdenklich und gehfreudig, ohne wichtigtuerische Beliebigkeit, ohne Angabe und ohne Karrieredurst. Man kennt sich in diesem Wiener Kreis, man vertraut sich, man ist sich nichts schuldig, hat keine Geheimnisse voreinander. Einfach gelebte Freundschaft.

Wie immer plauderten wir beim wohlbedachten Wandern durch die unverbaute Lunge der geplagten, ach so modernistisch auftretenden Großstadt. Zur Sprache kommt dies und das: Familie, Freunde, Reisen, etwas Politik und andere Ärgernisse und Begrenzungen, auch die eigene, jahrzehntealte Gesundheit. Dazwischen immer wieder vertraute Töne unverbogener Natur, als ob der alte Beethoven, der sie so liebte, vorbeischaut und hinhört, auf die Töne und die Zwischentöne achtet. Beliebt sind auch Pausen. Denken erwünscht, Fühlen keineswegs untersagt. Pastorale Stimmung frei zum unbeschwerten Verstehen und Genießen, auch für etwas verwöhnte Wohlstandsbürger.

Wie ein Blitz aus heiterem Himmel wirkt ein einziges Wort, ein Stichwort für unentrinnbare Vergangenheit: „Ghetto". Wanderfreund Georg Griensteidl spricht es aus: unbefangen, selbstverständlich und wissend. Mit einem Schlag verdüstert sich die unbeschwerte Szene, als er von seiner zeitgeschichtlichen Arbeit erzählt. Als ob die schrecklichsten Träume wahr würden. Vergangenheit erscheint mit dieser einzigen Vokabel des Grauens als Last des Gewissens.

Ghetto, diese Wunde unserer Zivilisation, das Kainszeichen entfesselten Rassismus, die rasende Dynamik des Bösen, die anmaßende Endlösung, die keine war, niemals sein kann und auf die Vergangenheit einen ewigen Schatten wirft. Was sich jeder Erklärung entzieht, jede Entschuldigung als oberflächlich, unmoralisch oder bösartig enttarnt, reißt immer und immer wieder Wunden, die nicht heilen können und wollen. Diese Wanderung werde ich nicht vergessen, bleibt doch der Fall Bischof ein Menetekel. Das war mir mitten im Wiener Wald schlagartig klar geworden. Schuld oder Sühne, auch diese Geschichte, wahrhaft dramatisch und ungewöhnlich, sollte nicht untergehen, verdrängt werden oder dem Vergessen anheimfallen.

Als alt gewordener Schreiber dämmerte es mir: Wie wäre es, aus dieser aufrüttelnden Geschichte ein Buch zu machen, einen weiteren Beweis zu erbringen, in welch gegensätzliche Verhältnisse der Einzelne gestellt werden kann, was er aus den Vorgaben des Schicksals schließlich macht, mögen sie noch so rätselhaft, unvereinbar und grauenhaft sein. In den Sinn kam mir keine Reinwaschung, schon gar keine Entschuldigung. Es geht schlicht um ein Erklärstück: fair, offen und ohne falsche, missverständliche Rücksichtnahmen. Kein leichtes Unterfangen, wie sich bald herausstellen sollte.

Wanderfreund Georg als Archivar einer Generationenhaftung. Nüchtern und sachbezogen wie es seine Art ist, berichtete er, was er als Zeitgeschichtler an der Universität Wien geraume Zeit wissenschaftlich erarbeitet hat: verführtes, missbrauchtes Bürgertum in einem zivilisatorischen und moralischen Verfall unvorstellbaren Ausmaßes in der ersten Hälfte des 20. Jahrhunderts. Die ungewöhnliche Geschichte von Max Georg Bischof (M.B.), einem Bankier aus Wien, und seine kontroverse Zeit in Warschau vor und während des Zweiten Weltkrieges. Die Spannung wächst. Und die Neugierde, der Versuch zu verstehen, was sein Leben an innerer und äußerer Spannung in sich hat.

Wie konnte es geschehen? Wer war Bischof? Fragen zu einer bedrückenden Geschichte. In ihr bäumt sich Moral auf einmalige Weise auf.

Im weiteren Gespräch verdichtete sich der Gedanke, das erlebte Grauen zusammenzufassen, einzuordnen, ein weiteres Mal in einem Buchmanuskript verständlicher zu machen. Georg Griensteidl und ich begannen das Wagnis darzustellen, das die Routine, das Alltägliche sprengt und zugleich das Unverständliche ahnen lässt.

Nicht leicht einzuordnen, dass Bischof, aus typischem Wiener Mittelstand, solider Bankbeamter, mit einer Jüdin verheiratet, Antinazi, überzeugter Österreicher, als Polenspezialist in das rücksichtslose Räderwerk der reichsdeutschen Besatzung und der Verfolgung der Juden durch das Hitler-Regime geriet.

Viel zu viele Extreme, reichlich Unvereinbarkeiten und erwiesene Tatsachen, die in dem damals herrschenden Regime völlig unmöglich erschienen. Bohrende Zweifel am Seelenleben eines Täters, der zugleich Opfer war. Ein extremes Schicksal mit vielen Fragen und bisher wenigen Antworten. Nach einem einzigen Wort – Ghetto – war mir das Sinnen nach der Pastorale, diesem Hymnus auf eine heile Welt, vergangen.

Geheimnisse eines Dachbodens: Georg Griensteidl

Balken am Boden, Balken oben, teilweise schräg, im Halbdunkel, Fallen, über die man stolpert, Hindernisse in Kopfhöhe. Ich suche nach Unterlagen, schriftlichen Erinnerungen an eine Zeit, die zwar längst vergangen, aber noch lange nicht vorbei und abgeschlossen ist, oder wie es wissenschaftlich heißt, historisiert ist.

Es geht um die Geschichte eines Mannes, der zwischen den Welten gelebt hat, leben musste und dabei in den Sog, in einen äußeren Zwang geriet, in dem Menschen normalerweise untergehen, so weit unter die Räder kommen, dass sie niemals mehr aufstehen können.

Während mir diese Gedanken durch den Kopf gehen und ich mich dabei an das Halbdunkel gewöhne, stoße ich auf das Gesuchte. Bananenschachteln sollen es sein, angeblich voll mit Akten, Briefen und Berichten aus der Kriegszeit.

Er, um den es hier geht, hat sie auf seiner abenteuerlichen Flucht vor den russischen Truppen aus Polen nach Wien gebracht. Polen gab es allerdings damals nicht, nach einer neuerlichen Teilung zwischen Russland, genauer gesagt der UdSSR, und Deutschland, noch genauer gesagt dem Großdeutschen Reich, blieb ein Rest, der das „Generalgouvernement" hieß.

Damals, als ich den Dachboden durchsuchte, wusste ich wenig über ihn. Er war der Vater eines Schulkollegen und Bankdirektor. Hohe Funktionen hatte er unter Dr. Hans Frank, dem Generalgouverneur in Polen. Das bedeutete aber auch, dass er im Zentrum der nationalsozialistischen Machtpolitik arbeitete, im Zentrum von Unterdrückung, Rassenwahn und Vernichtung.

Dabei war er 1939 nach Polen, sprich ins Generalgouvernement, gereist, um dort in seinem angestammten Beruf als Bankfachmann zu arbeiten. Er kannte das Land, die Bankenszene, er sprach Polnisch, da er schon in den 20er Jahren von seinem Arbeitgeber, der Länderbank in Wien, mehrfach zur Filiale nach Warschau gesandt wurde, um die periodischen Revisionen durchzuführen. Später weitete sich sein Aufgabengebiet dramatisch aus. Doch die „Reise" war eine Flucht, eine Flucht vor den Anfeindungen in Wien, Anfeindungen mit verheerenden Folgen für sich und seine Familie. Darüber hinaus war er der Meinung, die Familie besser aus der Ferne schützen zu können. Entgegen jeder Logik stellte sich dies als richtig heraus, da er bald durch sein Fachwissen als unabkömmlich angesehen wurde und alle Vorgesetzten, beginnend mit Dr. Paersch, dem Leiter der Emissionsbank, Gouverneur Fischer und Generalgouverneur Frank, ihre schützende Hand über ihn hielten – zumindest solange sie ihn brauchten. All dies und noch viel mehr Informationen fand ich in den Bananenschachteln.

Wie es zur „Dachbodendurchsuche" kam

Es war mein Ehrgeiz, meine Diplomarbeit über etwas Außergewöhnliches, vorher noch nie Beschriebenes, weitgehend Unbekanntes zu schreiben. So begann ich in meinem Bekannten- und Freundeskreis herumzufragen, ob vielleicht jemand eine Idee hätte, einen Hinweis. Weder Zeit noch Thema waren für mich relevant, einzig das Besondere. So vergingen die Wochen ohne Resultat. Bei dieser Suchmethode hätte ich mir das denken können, aber mich einem Professor anzuvertrauen, hätte Bindung und Vorgabe bedeutet.

Irgendwann, es war beim Tarockspielen mit Schulkollegen, beim Austausch von Erinnerungen an eine Zeit, die mehr als 50 Jahre her ist, klagte ich mein Leid. Zwei der Gruppe hörten offenbar nicht hin, sondern schilderten, wie sie, statt in die Religionsstunde zu gehen, hinter einem Busch im Garten Tarock spielten, ja, es gäbe sogar noch „Tatfotos" davon. Aber einer erwähnte so nebenbei, dass am Dachboden der vom Vater geerbten *Villa Bananenschachteln mit Unterlagen über das bewegte Leben seines Vaters stünden.*

Mein erster Gedanke war, was es denn schon an bewegtem Leben im Rahmen eines Bankbeamtendaseins geben könne. Offenbar bemerkte mein Freund meinen skeptisch-nachdenklichen Blick, denn er wies darauf hin, dass sein Vater ja nicht nur in Wien gelebt, sondern viele Jahre seiner aktiven Zeit in Polen und dann im Generalgouvernement gearbeitet habe. Dies klang schon interessanter, wenn auch nicht sensationell. Jedenfalls versprach ich, nochmals zu kommen, um mir in Ruhe die Unterlagen anzusehen. Hinzu kam noch eine Art moralische Verpflichtung, da mir erklärt wurde, dass der Vater sehr erfreut gewesen wäre, wenn sich jemand schon zu Lebzeiten an seinem Leben interessiert gezeigt und darüber berichtet hätte.

In der Zwischenzeit musste ich eine rein praktische Information einholen. Welches Institut und wen im Institut spreche ich diesbezüglich an. Ein allfälliges Thema musste ja von einem Professor akzeptiert werden. Ich brauchte einen „Diplomarbeitsvater", einen, der von der Materie etwas verstand, mich bei der Arbeit unterstützte, diese auch beurteilen und somit meinen Studienabschluss einleiten und durchführen sollte.

Eines der möglichen Institute ist das Institut für Zeitgeschichte an der Universität Wien, dort war mir ein Vortragender außerordentlich sympathisch, ein Mauthausenspezialist, der aber auch – so erinnerte ich mich – über Polen im Zweiten Weltkrieg vorgetragen hatte. Um die Erzählung abzukürzen, sei gesagt, dass ich nach Durchsicht am Dachboden Dr. Perz vom Institut für Zeitgeschichte einlud, sich die Sache anzuschauen. Sein Hinweis, es handle sich teilweise um unbekannte Unterlagen, die möglicherweise eine neue Sicht auf bestimmte Situationen in dem vom nationalsozialistischen Regime beherrschten Generalgouvernement geben könnten, waren Grund für mich, sofort einzusteigen. Und so begann die unglaubliche Reise durch das Leben von ihm.

Noch nie hatte ich mit einem solch ungeordneten, aus hunderten, nein tausenden Blättern bestehenden Nachlass zu tun. Möglicherweise hatten schon andere darin gewühlt, vielleicht auch er selbst. Von oben nach unten alles durchsehen, jedes einzelne Blatt lesen, versuchen, die Einzelblätter zu gruppieren, aber wie? Nach Thema, Schreiber oder Adressat, nach Zeit und Datum?

Tatsächlich blieb mir – vorerst – nichts anderes übrig, als ein Blatt nach dem anderen zu lesen, um allmählich und mit immer weiteren Änderungen ein System zu entdecken, zu kreieren. Erst später kam ich auf die Idee, alle Seiten zu kopieren, eine monatelange Arbeit, und die Kopien zu gruppieren. Die Originale sollten so bleiben, wie ich sie gefunden hatte.

Da waren vorerst viele Briefe aus der Nachkriegszeit, aus den 50er und 60er Jahren. Briefe an Menschen in aller Welt, hauptsächlich in den USA. Briefe, in denen er Ratschläge gab, wie man Anträge zur Rückerstattung von Eigentum, möglicherweise gestohlenem Eigentum, stellen kann. Immer wieder Geldüberweisungen an diese Personen. Zumeist kleinere Beträge, die aber immer wieder überwiesen wurden. Dazu Anmerkungen über eine Freundesgruppe, die Geld hierfür sammelte. Natürlich finde ich auch Dankbriefe und Bittbriefe.

Wie und wann es zu diesen Kontakten kam, habe ich nicht gefunden, bis heute nicht. Ebenso auch nicht den Grund, warum die Zahl der Überweisungen und Briefe überhaupt allmählich abnahm und in den 80er Jahren schließlich versiegte.

Eindeutig war die Tatsache, dass der Großteil der Personen, mit denen er Kontakt hatte, aus Wien oder Österreich geflohen war, fliehen musste, dass sie ihr Eigentum und ihren Verdienst verloren hatten. In erster Linie waren es Juden, wer denn sonst in dieser großen Zahl?

Erst viel später fand ich heraus, dass er auf seiner Flucht auch durch Dresden kam, gerade zur Zeit der verheerenden Bombenangriffe durch die Alliierten. Wie das Schicksal, das glückliche Schicksal so spielt, war er mit dem Kollegen Denk zwar in einem Hotel in Dresden einquartiert, aber in der Vorstadt Richtung Meißen. Und so musste er von der Ferne zusehen, wie die Stadt und ein Teil seiner Unterlagen verbrannten. Vielleicht befand sich der Teil der Unterlagen, der über diese Fragen hätte Auskunft geben können, in Dresden und verbrannte.

In dem Maße, wie sich die Zahl der persönlichen Briefe verringerte, stieg die Zahl von Dokumenten über seine Familie. Sogar in Mappen geordnet, gaben sie Auskunft über Vater, Mutter, Verwandte, Ahnen und Urahnen. Wie üblich in Ostösterreich kamen sie teils aus Ungarn, Mähren, aber auch aus Kärnten.

Es gab jedenfalls vorerst keine Hinweise auf Außergewöhnliches, Wissenswertes, das seine Person hätte näher beschreiben, seinen Werdegang besser bestimmen können. Der Vater ist früh verstorben, der Onkel wird Vormund, Schulbildung bis zur Matura, eine Kriegsmatura. Denn dazwischen kam der Erste Weltkrieg, er diente bei den Kaiserschützen, mit seinen ehemaligen Kameraden blieb er ein Leben lang in Kontakt. Was suche ich und wo finde ich das Außergewöhnliche, weswegen ich hier bin? Nach Stunden stoße ich dann darauf und beginne allmählich zu verstehen, was dieses Leben in dem nationalsozialistischen Staat bedeutete.

Ich selber bin knapp vor dem Krieg geboren, habe diesen daher nur als Kind erlebt, das bedeutet, diesen nicht begriffen zu haben. Schon gar nicht begriffen habe ich das Umfeld, in dem wir uns befanden, das kam alles erst viel später.

Allerdings habe ich bei der Beschäftigung mit dem Leben von ihm vieles, was ich nicht begriffen, aber erfahren habe, nunmehr teilweise deuten können. So war ich nach der Sortier-

übung bald in der Lage, die Problematik dieses Lebens zu erahnen, ohne allerdings eine klare Erklärung zu finden.

Die Frage, die ich mir laufend gestellt habe, war: Wie konnte jemand wie dieser Mann, der eine katholisch-konservative Grundhaltung hatte, der ein bekannter Anhänger der Dollfuß-Regierung und mit einer Jüdin verheiratet war, als eine der Topfiguren der nationalsozialistischen Hierarchie im Generalgouvernement Karriere machen, ja, am Höhepunkt seiner Karriere sogar die wirtschaftliche Leitung des Warschauer Ghettos mit seinen rund 500 000 Bewohnern übernehmen?

Das sind die Fakten, die von seinen noch lebenden Kindern unwidersprochen, von vielen schriftlichen Unterlagen bestätigt und beschrieben, vorliegen und jederzeit nachprüfbar sind.

Die Vorfahren von Max Georg Bischof kommen aus den verschiedensten Teilen der Vielvölkermonarchie. Die Vorfahren seines Vaters stammen teilweise aus Böhmen, teilweise aus Kärnten. Sein Vater, Albin Bischof, und auch dessen Vater sind schon in Kärnten geboren. Die Mutter, eine geborene Boroviak, stammt väterlicherseits aus Ungarn, ihre Mutter hat einen deutschen Namen.

Ebenso bunt gemischt ist der jeweilige Familienstand. Eheliches Kind wechselt mit ledigem Kind mehrfach ab. Es handelt sich also um eine Durchschnittsfamilie, wie es damals im bäuerlichen und kleinbürgerlichen Milieu üblich war.

Der Vater bezeichnete sich als Marqueur oder genauer gesagt erlernte er „Kurz-, Galanterie- und Zugehörware". So beschrieb er seinen Beruf in einem Bewerbungsschreiben vom August 1891. Die Familie lebte offenbar in sehr beschränkten Verhältnissen, denn nach dem frühen Tod des Vaters, fünf Jahre nach der Geburt von Max Bischof, also im Jahre 1903, musste das Kind in ein Waisenhaus. In letzter Linie, also dann, wenn weder der verbliebene Elternteil noch die Großeltern in der Lage waren, die notwendige finanzielle Unterstützung zu geben, war die Heimatgemeinde verpflichtet, die Armenversorgung des Mündels zu leisten. Seine Mutter war nicht mehr imstande, drei Kinder zu ernähren, ein viertes war inzwischen verstorben. Die Großeltern waren verstorben.

Auch der eingesetzte „Mitvormund", Leopold Bischof, ein Bruder des Vaters, konnte nicht helfen. Er musste auch nicht, denn, so definiert eine diesbezügliche Belehrung: „Der Vormund vertritt des Vaters Stelle. Er hat zwar nicht aus eigenen Mittel für die Bedürfnisse des Mündels zu sorgen, gleich einem Vater obliegt es ihm aber, für das körperliche, geistige und sittliche Wohl des Mündels Sorge zu tragen." Und weiter heißt es: „Der Minderjährige ist dem Vormunde Ehrerbietung und Folgsamkeit schuldig."

Dieser Leopold Bischof war von seiner politischen Einstellung her ganz eindeutig zuzuordnen. Mit dem Politiker Leopold Kunschak war er ein Mitbegründer der Christlich-Sozialen Arbeiterpartei, wirkte als deren Generalsekretär und hatte das Parteibuch mit der Nummer 1. Auch dies gab Max Bischof eine Prägung. Später, wann genau, lässt sich nicht feststellen, kam er jedoch wieder nach Hause zurück. Wir finden ihn von 1904 bis 1913 in der Volksschule in Klosterneuburg und in der Bürgerschule in Gloggnitz wieder. Mit 16 Jahren, 1914 zum Kriegsanfang, besucht er das Lehrerseminar in Wiener Neustadt. Immer wieder finden sich Bestätigungen über Stipendien und Halbstipendien, die ihm die Schule erst ermöglichen. Dies lässt auf einen äußerst ehrgeizigen Studenten mit ausgezeichnetem Lernerfolg schließen.

Wien wie New York

Wien. Damals, in der gar nicht so guten alten Zeit, entfaltete es gegen Schluss eines Reiches jene späte, gegensätzliche Anziehungskraft wie heute New York. Getrieben von der vagen

Hoffnung auf ein besseres Leben, kamen sie, die Zuwanderer. Wie Millionen, auf der Suche nach Zukunft. Angezogen vom Mythos der Metropole, wo die Macht, der Kaiser, das Geld und die Kunst zuhause waren. Besser leben als vage Hoffnung, als Lebenselixier. Sich und den Seinen eine Chance bieten. Dabei sein, wenn es aufwärtsgeht. An eine Strahlkraft glauben und sich nicht abschrecken lassen von allerlei Erzählungen Enttäuschter. Gerüchte über Ausbeutung und Wohnungsnot überhören und manches Elend nicht wahrhaben wollen. Wanderer, Einwanderer, Zugereiste vor ihrem großen Abenteuer in der Fremde, die ihre neue Heimat werden sollte.

Seine Mutter kam aus Ungarn, sein Vater von einer Bauernkeusche in Kärnten. Zwei, typisch für bald zwei Millionen Zuwanderer aus aller Herren Länder, überwiegend der k. und k. Monarchie. Die in ihrem aufblühenden Zentrum Wien das eigene Glück suchten. Was sie dort an Chancen und Gegensätzen erwartet (wahrnehmen und ertragen lässt), sprengt den hergebrachten Rahmen von vornherein. Als ihnen das Licht aufging – auch im übertragenen Sinn nach dem Vormarsch der oft unbezahlbaren Elektrizität – gleichzeitig eine Ärmelschonergesellschaft anmaßend bis willkürlich regierte und etwa 1889 in der Wiener Innenstadt gnädig Fahrfreiheit für Automobile gewährte. Wo also Fortschritt unaufhaltsam auftrat, prägten gegensätzliche Entwicklungen und Stimmungen eine ganze Generation und mehr.

Wien in der zweiten Hälfte des 19. Jahrhunderts an einer Zeitenwende. Eine bunte, eine beherrschende Stadt, eine Zeit größter Verstädterung, Wien im Aufbruch zur Großstadt. Der Glanz der Kaiserzeit hat (noch) nicht alles von seiner Anziehungskraft eingebüßt. Man treibt es im Fin de Siècle mit gekonnter Blasiertheit und pflegt – koste es, was es wolle – eine Überfeinerung des Geschmacks, und sei es nur als Zaungast einer krisengeprüften Gesellschaft auf meist niedrigem Niveau.

Die Ringstraße ist fertig. Wo einst Basteien und freie Schussfelder die mittelalterliche Stadt sicherten und schließlich räumlich wie geistig strangulierten, bestimmte ein Prachtboulevard das modernere Bild der k. und k. Haupt- und Residenzstadt: 4 Kilometer lang, 57 Meter breit, mit jungem Baumbestand, war aus einem überlieferten, längst überflüssigen Schussfeld einer altmodisch gewordenen Festung, wie durch Zauberhand dank kaisertreuen Wohlstandsbürgern, neureichen Spekulanten und schuldenfreudigen Verwaltungen, ein Prachtboulevard geworden. Staat und Bürger wetteiferten mit monumentalen Bauten an einer einmalig angelegten Straße.

Wer es sich leisten konnte, flanierte angeberisch zwischen Burggarten und Schwarzenbergplatz, während draußen in den Vorstädten der Fonds und seine oft spekulierenden Helfershelfer Simpelwohnungen auf niedrigem Niveau überhastet errichteten: Zimmer, Küche, Kabinett und eine Bassena (Wasserleitung) sowie WC auf dem Gang für ein Dutzend Parteien. Akkordlöhne machten nach der Krise von 1873 für Männer einen Gulden pro Schicht aus (bis zu 18 Stunden täglich, 7 Tage in der Woche) und für Frauen 50 Kreuzer – ein Gegensatz, in dem auch Bischof groß geworden ist.

Repräsentation sollte die erste große Krise der Industrialisierung, jene von 1873, nicht zuletzt mit überbordender Pracht am Ring vergessen machen. Den Neureichen durfte der Staat, gar schon ein Kaiserreich, nicht nachstehen. Also musste ein Opernhaus her: 1.650 Plätze für 2,5 Millionen Gulden. Für den Heinrichshof, vis-à-vis der Oper, wurden ungeschaut eine halbe Millionen Gulden aufgewandt. Im Übermut der Stadterweiterung ließ ein maßlos gewordener Spekulant ein Palais, das ihn 800 000 Gulden gekostet hatte und ihm plötzlich nicht mehr gefiel, einfach abreißen und durch ein neues, gleich teures ersetzen.

Der neue, oft fragwürdige Reichtum der alt werdenden Kaiserstadt bildete den eklatanten Gegensatz zur Enge, auch der geistigen, der Zuwanderer. Billiglöhne, ungeregelte Arbeitszeiten und eine unvorstellbare Wohnungsnot. Die Zahl der Bettgeher wird in den 90er Jahren des vorletzten Jahrhunderts auf einige Hunderttausend geschätzt – Leute, die weder eine eigene Wohnung noch ein eigenes Bett hatten. Letzteres hatten sie mit einem Schlafgenossen zu teilen: der eine tagsüber, der andere bei Nacht.

In diesem Spannungsfeld begann Max Georg Bischof sein Leben. Es gab kein Entrinnen. Dabei spielte das Erbe – das geistige mehr als das materielle – eine unausweichliche Rolle. Die Zeit, in der er mit ihren Höhenflügen und Abstürzen lebte, war auch sein Schicksal. Unerbittlich, oft unverständlich, vielfach gegensätzlich und doch Folgen jener prägenden Einflüsse, Überlieferungen und Vorgaben, die auch sein ganzes Leben und seine Aufsteigermentalität bestimmten.

Eliten aller Schattierungen kamen voll auf ihre Rechnung. Bischof begann zu verstehen: Bei so viel Wohlstand und rasantem Fortschritt war für sie die Krise von 1873 (fast) vergessen. Man trägt Jugendstil. Das Soziale blieb draußen vor der Tür. Gegensätze lebten sich aus: Hier, im Zentrum, der alte Kaiser als unverrückbar erscheinendes Symbol. In seltener Symbiose von Amt und Person, von Franz Josef wie ein militärischer Auftrag verstanden, vermochte er, der alte Herr, ganz Monarch, sein zerbröselndes Reich trotz gedrosselter Autorität irgendwie zusammenzuhalten. Ethnische Vielfalt sowohl als Staatsprinzip als auch als vorgestrige Umgangsform. Im Vielvölkerstaat mögen die einzelnen Teile um Anerkennung und um Vorteile – wie den Ausgleich zwischen Wien und Budapest – ringen.

Pracht am Ring, Elend in den Vorstädten

Es herrschte zwar ein eindeutiges Gefälle von Teil zu Teil der Doppelmonarchie. Bis vor die Tore der Wiener Hofburg.

Jedoch fürs Erste nicht weiter. In den Kaisergemächern und in den Kabinettsälen ging es nach außen hin zu wie in alten, in vorrevolutionären Zeiten. Auch drängte der sogenannte Zeitgeist, ohne so recht zu wissen, wohin. Dennoch: Der Kaiser lieferte allezeit und für jedermann die große, die allumfassende Klammer eines Reiches, außenpoltisch wie innenpolitisch, vor allem jedoch gesellschaftspolitisch. Vor seiner Autorität verblassten all die Gegensätze der ethnischen Formationen, der alten Familien und der Neureichen, des Besitzbürgertums und der Spekulanten und vor allem der schweigenden Mehrheit der Angestellten und der Arbeiter, der Zugereisten und der Ansässigen. Für Aufgeweckte ein Spannungsfeld.

Dem alten Regime kam der junge Aufschwung zu Hilfe. Österreich-Ungarn ist weitaus am stärksten gewachsen zwischen 1870 und 1914. Wohlstand sickerte sozial nach unten und trennte zugleich Arm und Reich, die Glücklichen und die Unglücklichen messerscharf. Die Pracht am neuen Ring und das Elend in den überbelegten Wohnbezirken kontrastierten extrem. Und eine Wachstumsgesellschaft kümmerte sich um die Erfolgreichen und verachtete die mit weniger Glück. Was die Gesellschaft trieb, bewunderte oder missachtete, unterschied sich dramatisch von der sozialen Enge der Massen. Arbeitssuche unter Erfolgsdruck, Wohnungsnot und die subkutanen Spannungen zwischen den einzelnen ethnischen Gruppen und ihrem Hinterland in der weiten, vielfach unerschlossenen Monarchie. Spannungen produzierten Extreme, je länger diese unreflektiert waren. Stadt gegen Land, Cisleithanien gegen Transleithanien (Habsburger Kernlande gegen Ungarn, mit dem Flüsschen Leitha als administrativer und wortschöpferischer Trennlinie), Bürger gegen Adel, alter Adel gegen Neureiche, Intellektuelle gegen Kleinbürger, „Deutsche" gegen Slawen, Christen gegen Juden, der 16. Wiener Gemeindebezirk mit seiner Arbeiterschaft gegen den zweiten Bezirk mit einer starken und stark wachsenden jüdischen Bevölkerung.

Die (ungelösten) Probleme der Donaumonarchie schlugen auf den Einzelnen, auch auf Bischof, voll durch. Zur zögerlichen Integration oder auch aggressiven Abschottung unter Seinesgleichen kam das allgemeine Politklima. Andauernde nationale und ethnische Spannungen trafen die Unterklasse doppelt – die Bauarbeiter aus Polen, die Köchinnen aus Böhmen, die Handwerker aus Italien. Das Heer der Zugewanderten stammte zumeist aus den slawischen Kronländern.

Was sich daraus politisch in Basisarbeit machen ließ, führte Karl Lueger eindrucksvoll vor. Gestützt auf das Kleinbürgertum, erreichte er als Wiener Bürgermeister messiasähnliche Popularität. Er trat als Reformer mit christlich-sozialem Anspruch auf, der es gar dem Kaiser zeigte. Lueger richtete, streng deutschnational, seine Stimmungskanone breit gestreut auf alles Nichtdeutsche, Antisemitismus eingeschlossen. Mit Ausnahmen entsprechend seinem Ausspruch: „Wer a Jud is, bestimm i." Sein Dauereinfluss ist nicht zu unterschätzen. Er hat eine bestimmte Wiener Denkweise von Generationen von Durchschnittsbürgern geprägt. Gleichzeitig glaubten Eliten, es sich leisten zu können, über österreichische Identität jahrzehntelang rechthaberisch fachsimpeln zu können. Den einfachen Zuwanderer berührten diese Fundamentalströmungen in seinem Überlebenskampf direkt natürlich kaum. Umso mehr indirekt. Es war zu lernen, was Popularität, aber auch Populismus vermag.

Wie in einem ideologischen Treibhaus versuchte sich auch ein Adolf Hitler zu bewegen. Die Eltern von Max Georg Bischof kamen aus den Niederungen von Wohnungsnot, Arbeitssuche und etwas Anerkennung sowie von städtischen Verführungen (auch in Unzufriedenheit). Familiensinn blieb auf der Strecke und wurde als fernes Ideal an die nächste Generation gleichsam weitergereicht. Mancher gab psychisch und physisch auf. Gerade weil nicht überliefert ist, warum Bischofs Vater relativ jung verstarb, könnte er ein Opfer auf der Wiener Schattenseite gewesen sein.

Sein Sohn war ganze fünf Jahre alt und musste erfahren, was es heißt, als Halbwaise zu den Unterprivilegierten zu zählen. In den entscheidenden Kindes- und Jugendjahren, wo Charaktere gebildet, geschliffen oder auch verdorben werden, lernte er in einem Heim die kalten Schattenseiten der kaiserlichen Wohlstandsgesellschaft kennen. Seine Mutter mit drei Kindern ohne Ernährer – eine Vorgabe für Elend und Hoffnungslosigkeit. Es dauerte einige Jahre, bis diese Situation überwunden war und sich geordnete Lebensumstände einstellten.

Wer sich nicht unterkriegen ließ, hatte allerdings die erste Probe eines harten Überlebenstrainings bereits unbeschädigt bestanden. In solchen prekären Situationen einer feindseligen Umwelt pflegen sich bestimmte Charaktereigenschaften – positive wie negative – herauszubilden. So geschehen beim jungen Bischof. Was er damals erfahren hat, mag auch sein weiteres Leben geprägt haben.

Im Sog einer Jahrhundertwende

Endzeit zog um den Jahrhundertwechsel herauf, der eine Zeitenwende signalisierte – die Menschen zukunftsfreudig, Gott vertrauend, gedankenlos, trotzig, verwirrt, zynisch oder ignorant. Vieles und einiges mehr vollzog sich unterbewusst, verdrängt oder der Einfachheit halber missverstanden. Spannungen nahmen zu zwischen Oben und Unten, zwischen eingeschliffenen Eliten aus altem und neuem Adel, aus Beamten, Militärs, Unternehmern und aus einem überstrapazierten Proletariat aus aller Herren Länder der Donaumonarchie, zwischen Erfolgreichen und Versagern. Man trug aufgeblasene

Dekadenz zu Gehrock, Ärmelschoner und Galoschen. Man applaudierte gleichzeitig dem Jugendstil, der dem Schwulst des Historismus den Garaus machen möchte. Man sympathisierte mit links und lebte stramm rechts.

Fin de Siècle wie es leibt und lebt. Eine Gesellschaft taumelt in Talmilebensart eines Reiches auf Abruf auf den Abgrund zu. In verschlissenem Stolz, genussfreudig, rücksichtslos, zukunftsversessen, wie in einer Kasinogesellschaft oder genügsam, fleißig, ziellos dahindämmernd, resignierend in Weltuntergangsstimmung, krisengeprüft, abgestumpft, bestenfalls kaiser- und kirchentreu. Einige bemerken es (und lassen von einem gewissen Sigmund Freud in der Berggasse 19 im 9. Wiener Gemeindebezirk das Phänomen Hysterie durchleuchten). In der Elite lässt man bestenfalls denken und verdrängt die Welt im Wandel.

Der junge Wohlstand will nicht so recht zur alten Geschichte passen. Eine zweite Gründerzeit fügt zu altem neuem Reichtum, während Arme in vagen Aufstiegshoffnungen vegetieren. Die meisten des sogenannten Bürgertums leben in den Tag hinein – soweit sie es sich leisten wollen oder können. Die Masse arbeitet nicht mehr 80 Stunden in der Woche, sondern „nur" noch 60, oft in Hinterhöfen (vergleichbar den Sweatjobs unserer Tage von New York). So vereint die erste große Wohlstandswelle im Wien der Jahrhundertwende Licht und Schatten auf engstem, auch gesellschaftlichem Raum. Die Großen richten es sich mit dem alternden Kaiser und seinem krisenanfälligen Gemeinwesen. Die kleinen Leute leisten sich hie und da einen Heurigen: ein Viertel Eigenbau der Weinbauern, mitgebrachte Wurstsemmeln. Soziale Reformen – Ideenimport von Bismarck – greifen zögerlich, wie Kranken- oder Unfallversicherung, Altersversorgung, Urlaubsregelungen oder Kündigungsschutz.

Wiener – wen wundert's – konsumieren und jammern über ihre selbst genährte Mentalität. Der Hof weiß und kalkuliert es, betreibt seine eigenen Machtspiele, wie eh und je. Nach außen schien das Erzhaus Habsburg zur weit verbreiteten Überraschung unerschütterlich dazustehen. Eine günstige Konjunktur lässt die Doppelmonarchie wirtschaftlich und technisch aufholen. Soziales Elend reicht nicht bis zur Hofburg, dort, wo die Sorge um den Erhalt von Österreich-Ungarn und seine überlieferten Strukturen die Prioritäten der Macht zu setzen pflegte. Kulturell und wissenschaftlich entwickelt die Haupt- und Residenzstadt dank dauerhafter Leistungen von der Universität bis zum Burgtheater und der Oper einen erstaunlichen, oft unterschätzten Magnetismus. Wiener Schulen triumphierten in der erwachten Medizin durch Carl von Rokitansky, Ignaz Semmelweis, Theodor Billroth, Julius Wagner von Jauregg oder Sigmund Freud. In der grenznutzigen Nationalökonomie von Carl Menger und Eugen Böhm-Bawerk über die Ökonomen Ludwig von Mises, Fritz Machlup, Josef Schumpeter bis zu Gottfried von Haberler. Zu alten Eliten staatsbürgerlich loyalen Zuschnitts stießen neue suchende und auch zweifelnde Intellektuelle, wie Josef Ressel, der Förster aus Chrudim in Böhmen, der die Schiffsschraube erfand, Theodor Oppolzer, der Astronom aus dem deutschsprachigen Prag, Ludwig Boltzmann, der Physiker aus Duino bei Görz, Gregor Mendel, der Augustinermönch aus Brünn, bekannt und berühmt geworden durch seine systematischen Kreuzungen von verschiedenfarbigen Erbsen und der daraus resultierenden Vererbungslehre, Peter Mitterhofer aus Meran, Erfinder der Nähmaschine, Siegfried Marcus oder Ferdinand Porsche, die beiden großen Konstrukteure des Automobilbaues.

Zeitgeist als Gnadenerweis

Literatur und Musik rechtfertigen den Hauptstadtanspruch wohl am einleuchtendsten. Ludwig Anzengruber, Peter Rosegger, Marie von Ebner-Eschenbach, Richard Kralik, Hermann Bahr, Hugo von Hofmannsthal, Arthur Schnitzler, Bertha von Suttner, die „Neue Freie Presse" und das „Neue Wiener Tagblatt" belegen das Ende der Franzisko-Josephinischen Epoche und den Beginn der Republik. Mehr als Begleitmusik von den Toniganten Anton Bruckner, Johannes Brahms, Hugo Wolf, Wilhelm Kienzl bis zur Strauss-Dynastie im oft genialischen Wechselspiel mit den Völkern der Doppelmonarchie – wie in der Bildenden Kunst durch Gustav Klimt, Egon Schiele, Hans Makart, die Architekten Gottfried Semper, Karl Hasenauer, Theophil Hansen, Otto Wagner.

Wer in dieser typisch wienerischen, vielschichtigen Atmosphäre aufwächst, erfährt freilich frühzeitig, was es mit gesellschaftlichen, mit sozialen und mit pekuniären Unterschieden auf sich hat. Wo Leistung zählt und wo anderes und andere im Gefüge der Gesellschaft oder der Politik den Ausschlag geben und Abhängigkeiten für Auf- und Abstieg sorgen.

Jahrelang betrieb eine dünne Schicht aus dem elitären Lager Politik, als ob sie Karten spielte. Nachträglich hielten sich die Macher von damals zynisch wie eigennützig zugute, die größten diplomatischen Erfolge seien zu verzeichnen, wenn man nichts tue. Man ließ die Katastrophe einfach kommen.

Leben auf doppeltem Boden. Alle Welt fürchtet 1912 und danach den Halleyschen Kometen, während es die Reichshaupt- und Residenzstadt immerhin zu einem Wienerlied bringt. „Ich bin geboren in dem Jahr, als der Komet am Himmel war." Gar nicht weinselig erreichte die Doppelmonarchie dank Balkan damals ihre größte Ausdehnung überhaupt.

Am 28. Juni 1914 werden der österreichische Thronfolger Franz Ferdinand und seine Frau Sophie von Hohenberg von dem Serben Gavrilo Princip, Mitglied der nationalistischen Bewegung „Schwarze Hand", in Sarajewo erschossen. Offenbar weiß der Hof nicht, dass Russland dahintersteht. Schuldfrage und Schuldzuweisung genügen, um das wackelige Bündnis- und Loyalitätssystem in sich zusammenstürzen zu lassen und den Ersten Weltkrieg auszulösen. Für heranreifende Jahrgänge, wie 1898, eine Zeit der Suche nach Werten und Zielen.

Was sich seit Jahren abgezeichnet und zusammengebraut hatte, entlud sich mit schier unausweichlicher Folgerichtigkeit. Man nennt es gern schicksalhaft, dass und wie das serbische Pulverfass hochging. Nach einem erbitterten Waffengang von 1914 bis 1918 sollten 8,5 Millionen Tote, 21 Millionen Verwundete und 8 Millionen Vermisste zu zählen sein. So gut wie nichts war übrig geblieben von der Kriegsbegeisterung aus dem Jahr 1914. Sie wurde in einem Meer von Blut gleichsam erstickt, Patriotismus, ein edler Wert an sich, durch Ge- und Missbrauch einer seiner größten Bewährungsproben ausgesetzt. Die Politik dankte schrittweise ab und überließ das Feld den Militärs. Trotz nichtswürdiger oder versteckter Ziele blieb dem Durchschnittseuropäer wohl nichts anderes, als seine Pflicht zu tun. Als es zu spät war, begann sich allmählich herumzusprechen, was sich in letzter Friedensminute an Zweideutigkeiten, Lügen und Politschwächen eingestellt hatte. In Wahrheit handelte es sich mit 1914 um eine der furchtbarsten Stunden der europäischen Geschichte und um den Beginn eines 31-jährigen Krieges.

„Die Welt von Gestern", Stefan Zweig beschreibt dort seinen moralischen Aufschrei: „Wie sie fühlen, die Tausenden und Hunderttausenden, was sie besser im Frieden hätten fühlen sollen: Dass sie zusammengehören, eine Stadt von 2 Millionen, ein Land von 50 Millionen, empfanden in diesen Stunden, dass sie Weltgeschichte, dass sie einen nie wiederkehrenden Augenblick miterleben und dass jeder aufgerufen war, sein winziges Ich in diese glühende Masse zu schleudern, um sich dort von aller Eigensucht zu läutern."

An Buben sind solch gescheite Selbsterkenntnisse natürlich vorbeigerauscht. Oder hat sich bei manchen das Gefühl eingestellt, der Dekadenz der Alten trotzen zu wollen, die sie natürlich nicht in ihrer tiefenpsychologischen Breite und politischen Überfrachtung einzuordnen in der Lage waren? Oder meldete sich mitten in der allgemeinen Malaise und Müdigkeit unter den Jungen ein gewisser Selbsterhaltungstrieb? Das Bedürfnis, nicht zu resignieren, es sich und den anderen zu zeigen: vorwärts durch Leistung zu kommen, ernsthaft besser als andere zu sein, auf Anerkennung hinzuarbeiten, eine träge Masse hinter sich zu lassen, der Elite anzugehören oder von ihr nicht abgestoßen zu werden, Autorität in der Hoffnung zu unterstützen, eines Tages ihr selber anzugehören. Umgewandeltes Freiheitsbedürfnis als Element etwa des Jahrgangs 1898.

Unbewusst verdrängten die Jungen als Technikfreaks anno 1912 diese oder jene Katastrophenstimmung, wie jene nach dem Untergang der Titanic mit 1503 Toten. Sie bewunderten schon eher die Erfindung des elektrischen Anlassers (obwohl in ganz Österreich-Ungarn vor Beginn des Ersten Weltkrieges ganze 5 000 Automobile – ein jedes im Wert einer großen Einfamilienvilla – unterwegs waren und man am Hof beharrlich zwei- bis vierspännig zu fahren pflegte) und applaudierten dem Erfolg eines gewissen Ferry Porsche bei einem der ersten großen Automobilrennen der Welt.

Kriegspartei mit simplen Expansionsplänen

Wo Fortschritt und Aufschwung unmittelbar neben Elend und Not agieren, mag Auswanderung manchem als Befreiungsschlag erscheinen. Im Burgenland wanderten zeitweise bis zu 20 % der Bevölkerung aus. Mit insgesamt 4,3 Millionen aus der Donaumonarchie stellten sie zeitweise, etwa im Jahr 1910, über 20 Prozent der Gesamteinwanderung der USA. Die Motive spiegeln den gesellschaftlichen Zustand des auslaufenden Kaisertums: Tradition, schwankende Reform- und Anpassungsfähigkeit, der überfüllte *melting pot* Wien, seine nach wie vor geschlossene Gesellschaft, die ungelösten Nationalitätenfragen, die Spannungen einer Industriegesellschaft im Aufbruch, enttäuschte Glücksritter und das soziale Elend in Teilen der Unterklassen, vor allem der Zugewanderten aus allen Ländern von Österreich-Ungarn. Ihnen schien eine „Kriegspartei" mit simpel gestrickten Expansionsplänen alten Stils gegenüberzustehen. Ein ermüdetes Reich, eine zusehends gespaltene Gesellschaft und ein verdrängter Bewusstseinswandel der Sonderklasse.

Krieg war noch im Frühsommer 1914 kein erwünschtes Stichwort. So wird davon berichtet, dass das Fräulein vom Amt eines der seltenen Telefongespräche, als es im Gespräch um Krieg ging, unter Berufung auf Art. 4 der Vorschriften, einfach unterbrach.

Wenige Wochen später herrschte Kriegseuphorie. Wiener Kaffeehäuser blieben offen bis weit nach Mitternacht, um das Neueste zu erfahren und zu besprechen. Für eine „Klärung der Verhältnisse zu Serbien" traten die betont bürgerliche „Neue Freie Presse" und die „Arbeiterzeitung" in seltener Einmütigkeit ein. Das Schlagwort vom „Krieg als großem Erzieher" ging um in einem methamorphosen Übergang von Pazifismus zu Patriotismus. Die Denkmuster verfeindeter oder entfremdeter Schichten rückten plötzlich zusammen, selbst der unselige Nationalitätenkonflikt schien fürs Erste vergessen, als der alte Kaiser in 11 Sprachen mit einem Manifest („An meine Völker") mobilmachen ließ. Wahre Kriegslust erfasste die Kunstwelt in ungewohnter Totalität, während landauf, landab Militärmusik dröhnte und „Gott erhalte", aber auch das Deutschlandlied inbrünstig gesungen wurden. Unverblümt hieß es allenthalben, die Germanen stünden nun gegen die Slawen auf.

„Ich fühle mich zum ersten Mal als Österreicher", schreibt Sigmund Freud. Stefan Zweig bietet dem „Hochlöblichen Ministerium des Inneren" seine Schreiberdienste – unentgeltlich – an. Hugo von Hofmannsthal registriert, dass sich die Menschen mit einer Entschlossenheit, ja Freude dem Krieg hingeben „wie ich sie nie erlebt und nicht für möglich gehalten habe". Karl Renner, sozialdemokratischer Politiker schon in der Monarchie, 1918 der erste Staatskanzler der jungen Republik, meint seinerzeit, dass ein Sieg der Entente ein Sieg für Monopolkapitalismus und Imperialismus sei, während ein Sieg der Mittelmächte einen solchen des Sozialismus bringen müsste. In dieser verführerischen Aufbruchsstimmung hatte es die damalige Obrigkeit leicht, mobilzumachen und manche organisatorische, auch militärische Schwäche zu überspielen.

Unverzüglich wurden der Ausnahmezustand verkündet und vielerlei Bürgerrechte bis zu Geschworenengerichten eingeschränkt. Ganze Generationen mussten erfahren, wie ihre kriegerische Aufbruchsstimmung auf diktatorische Art und Weise umgemünzt wurde. Loyalität auf dem Prüfstand. Grundrechte wie die Versammlungs- und Pressefreiheit oder das Briefgeheimnis wurden suspendiert, die Arbeitspflicht wurde eingeführt, Beschlagnahmen wurden legalisiert und kriegswichtige Betriebe unter Militäraufsicht gestellt. Auch für Bischof eine Lernphase, was Krieg bedeutet.

Was sich der Staat im Krieg herausnimmt, wird für Heranwachsende zu einer Pseudonormalität. Wer mit der Militarisierung denken und leben lernt, entwickelt eigene Maßstäbe. Ihm wird vorgemacht, was diktatorischer Zugriff bedeutet und wie mühelos Freiheit entzogen werden kann. Solche Prägungen bleiben, indem sie die Bezugswerte verwandeln oder verfälschen. Die feine Grenze zwischen Recht und Unrecht, zwischen Fairness und Willkür wird durch Obrigkeiten verwischt und fallweise unkenntlich gemacht. Junge verwechseln allzu leicht die suspendierte Normalität mit mehr oder weniger begründeten Kriegserfordernissen. Aus der Solidarität der Gesellschaft wird eine Kumpanei Gleichaltriger.

Der Krieg als Erzieher – was für ein bejammernswerter Rückschritt! Sie, die betroffenen Jahrgänge, erfahren es, aber sie empfinden es nicht mit der gehörigen Reaktion. Selbstverteidigung verkümmert, der Individualist bleibt auf der Strecke. Normen gehen unter. Dem Weg zurück in die Normalität wird „per Ordre de Mufti" ein Riegel vorgeschoben. Bertha von Suttner, die Friedensnobelpreisträgerin, ist tot.

Fürs Erste wird der „Geist von 1914" hochgelobt. Es den „verantwortungslosen Serben" zeigen, dem Wiener Kardinal Friedrich Gustav Piffl wird der unfassbare Sager zugeschrieben: „Gehet hin und bekämpft die Feinde Gottes." Also, schön kaisertreu als unbestrittene, von allen anderen respektierte Großmacht in einen „erzieherischen Waffengang" auf den Balkan ziehen? Allgemeine Meinung zu Wien nach einem erstaunlichen Bewusstseinsknick. Versprochen wird lauthals, zu Weihnachten wieder zuhause zu sein. Gehalten? Mars und seine Helfershelfer wissen genau, dass derlei Sprüche aus der Mottenkiste der Propaganda stammen. Der Mann auf der Straße wurde bald auf eine harte Probe gestellt. Und versagte kläglich, wie die Politik der k. und k. Kriegspartei.

War doch die Doppelmonarchie weder für einen raffinierten Blitzkrieg noch für moderne Abnützungsschlachten gerüstet. Dem Armeeoberkommando standen in der Stunde null des Ersten Weltkrieges weniger einsatzfähige Einheiten zur Verfügung als anno 1866. Mit brav geschulter, altmodisch ausgerüsteter Infanterie allein ließ sich modernes Kriegsglück nicht beschwören. Es fehlte allerorten an einem nüchternen Feindbild, vor allem für die russische Front, sowie an einem realistischen Feldzugsplan für zwei Fronten schon zu Beginn (gegen Serbien und gegen Russland) und – nicht zuletzt – an modernen Waffen nach Art und Zahl. Nur Artillerie und Pioniere aus der Donaumonarchie konnten im internationalen Vergleich einigermaßen mithalten. Das Bewusstsein im Kaiserreich – auch jenes des

Max Bischof – hinkte hinterher. Ebenso wie die Logistik – damals vor allem schnelle Bahnverbindungen – sowie die industrielle Ausstattung des Vielvölkerstaates mit seinem Gefälle an Mentalität und Leistungskraft.

Strategisch unterlagen die deutsche wie die österreichisch-ungarische Armeeführung der Autosuggestion, einzelne Kriegsschauplätze praktischerweise hintereinander „abhandeln" zu können. Nicht aber gleichzeitig, wie es Politik und Strategie des bösen Feindes aufzuzwingen in der Lage waren. Tödliche Fehler. Sie kosteten Hunderttausenden das Leben.

Tragische Irrtümer der Kaiser

Aufbruchsstimmung der Bevölkerung und Anfangsmoral der Truppe standen bald im umgekehrten Verhältnis zu den politischen und militärischen Realitäten. Auch 10- und 15-Jährige ließen sich in ihrer Mehrheit offenkundig vom „Geist von 1914" zunächst mitreißen. Sie konnten nicht ahnen, welche Bewährungsprobe, welche Katastrophe, welch millionenfaches Elend auf sie wartete. Statt manöverhaftem Geplänkel à la Schmelz (dem Wiener Paradeplatz) ein verbissener, ein blutiger Stellungskrieg ohne Entscheidung. Strategen beider Seiten legten nahezu alles darauf an, den Gegner „ausbluten" zu lassen. Nicht weniger als vier Reiche gehen unter: das Deutsche Reich, Österreich-Ungarn, Russland und das Osmanische Reich.

Ihrem „Augusterlebnis" gaben sich anno 1914 Millionen Europäer zunächst recht einfältig hin: marschieren, erobern, auftrumpfen, strafen (die Serben) und mit Eroberungsplänen einfach zeigen, wer Herr im Haus Europas ist. Unbedarft, uninformiert und leider auch ungebildet glaubten sie, die Jubeleuropäer, die den hohen Herrschaften zu folgen bereit waren, höchstens an eine kurze, Erfolg versprechende Unterbrechung der 40-jährigen Friedensperiode. Man trug Patriotismus, Blumen für die künftigen Helden. Sie wollten nach wenigen Wochen mit fetter Beute am Balkan und im Polnischen wieder zuhause sein.

Kaum war die Rede von der anderen, der verhassten Seite, von den Serben, den Franzosen, den Engländern, den Russen, von den Amerikanern ganz zu schweigen. Auch dort angezündete Hurrastimmung. Man werde es den okkupationsfreudigen Militaristen in Wien und in Berlin schon zeigen. Eine unheimliche Kriegsbegeisterung schien nicht nur den politischen und monarchischen Bündnisknäuel der Europäer zu entwirren. Krieg als Konsequenz von Verträgen sowie Rückversicherungen monarchisch-familiärer und anderer Loyalitäten, etwa der Kaiser in Wien, in Berlin unter Ihresgleichen und ihren gefälligen Zuträgern und Einflüsterern. Ein tragischer Irrtum.

Chauvinismus der Kaffeehausliteraten

Gelangweilte Eliten verkannten oder verschwiegen das Risiko eines Weltbrandes. Ganze Generationen, die die Unerbittlichkeit des Krieges nur aus Erzählungen und aus Geschichtsbüchern kannten, fanden zunächst nichts dabei, vom Frieden um der Bewegung willen einiges aufs Spiel zu setzen. Die Generation Bischof, begeistert, wie sie war, wollte einfach siegen.

Aus unverdautem Modernismus wurde Chauvinismus als bequeme Alternative zu ungelösten Problemen der Gesellschaft. Man gab sich patriotisch, ohne zu realisieren, was diese flotte Einstellung eigentlich bedeutet. Was soll's – Kaisertreue oder Klassenkampf, wie es Kaffeehausliteraten predigten (was gar einen Josef Stalin seinerzeit im Wiener Café „Herrenhof" beeindruckte). Wenn zeitgeistiger Chauvinismus den kleinen Mann auch kaum erreichte – zu einer Massenpsychose anno 1914 samt Kriegsbegeisterung reichte es allemal.

Der alte Herr in der Hofburg lieh sein Ohr seinem Generalstabschef Conrad von Hötzendorf. Dessen legendärer Anti-
Russentick konnte nur fallweise und leider nicht politisch-
strategisch von Profis der Diplomatie abgefangen werden. Die
Wiener Kabalen kamen dem ungestümen deutschen Kaiser
Wilhelm II., Berliner Kürzel: KW Zwo, gelegen. Er glaubte,
zumindest maritim auftrumpfen und Wien den Balkan überlassen zu können.

Die heranrollende Kriegsstimmung hatte eine weitere psycho-
logische Seite. Es wurde üblich, der Dekadenz und dieser oder
jener irrlichternden Intellektualität abzuschwören und auf
Männlichkeit, bewundernswertes Attribut des Kriegshand-
werks, zu setzen. Abitur und Matura wurden beschleunigt
oder etwas leichter gemacht, damit die betroffenen Jahrgänge
früher eingezogen werden konnten. Blumen für die Kämpfer
des Vaterlandes, hieß es martialisch zu den Bildern auf- und
abmarschierender Soldaten aus Wien, aus Berlin und aus dem
weiten Land der sogenannten Mittelmächte, Österreich-Ungarn und Deutschland. Mit anfangs 118 Millionen Einwohnern standen ihnen 278 Millionen der sogenannten Entente
Cordiale aus Frankreich, Großbritannien und Russland samt
kolonialem Anhang gegenüber.

Der Krieg

Was und wer beeinflusste 15- und 16-Jährige wie einen Max Bischof im Schicksalsjahr 1914 und im verheerenden Waffengang, der derart unausweichlich folgte? Kollektive Begeisterung? Der Drang, mitzumachen, es sich und anderen zu zeigen? Oder Sehnsucht nach gesellschaftlichen Lösungen, die überzeugen? Jugendlicher Widerspruchsgeist, selbst gebastelte Gegenbilder von grenzenloser Freiheit mussten es zu Kriegsbeginn einigermaßen schwer haben. Kein Zweifel – das Bewusstsein weist tiefe, bleibende Spuren der Kriegspropaganda auf. „Jeder Brit' ein Tritt, jeder Stoß ein Franzos, jeder Schuss ein Russ" wurde zunächst genüsslich verbreitet. Anschauungen von friedlicher Normalität hatten einen schweren Stand und wurden als sozialistisch und kommunistisch behände von einer kriegsbegeisterten Mehrheit abgewiesen.

Dass Geld die Welt regiert, wird auch in diesem Krieg drastisch vorgeführt. Der unnatürliche Zustand übersteigerter Materialschlachten verschlingt erfahrungsgemäß Unsummen. Ein Kriegserlebnis anderer, nämlich ziviler Art. Begeisterung im Portemonnaie. Sie fällt für jene, die von unten kommen, natürlicherweise gedrosselt aus. Für Habende hieß es martialisch-patriotisch: „Gold gab ich für Eisen." Wenn der Staat stattliche 4,8 Milliarden Kronen – wie geschehen – als Kriegsanleihen kassiert, mag dies zum Kernerlebnis für alle werden. Mit 5,5 % verzinst – später 6,5 % – nicht nur ein Lehrstück in Nationalökonomie. Das bedeutet nicht nur, Kaufkraft aktuell abzuschöpfen, sondern leitet auch einen nachfolgenden Wortbruch ein. Die versprochene Rückzahlung der Kriegsanleihen bis 1930 unterblieb, wenn überhaupt je ernsthaft geplant. Der Staat nahm ungeniert ein und blieb ebenso ungeniert schuldig – eine dauerhafte Angewohnheit. Entstanden ist seinerzeit eine Vermögensvernichtung der Sonderklasse im Bürgertum und als Erbe das Bedürfnis, dem Kollektiv namens Staat nicht noch einmal auf den Leim zu gehen. Solche Kriegsanleihen – heute würde man von „toxic assets" sprechen – und ihre verheerenden Folgen blieben tief im Gedächtnis haften, besonders in dem so enteigneten Mittelstand.

Ein Stück Erfahrung fürs Leben. Wer konnte, entwickelte seine eigene Position gegenüber dem Phänomen „Geld": Geldbedürfnisse eines Kollektivs verschieben und verderben im Fall der Fälle eherne Grundsätze, wie jene des ehrbaren Kaufmanns, und schlechthin den Charakter. Junge belieben sich derartiger Erlebnisse oder auch nur Gefühle zu erinnern und versuchen, solchen Tendenzen entgegenzusteuern.

Zwei Jahre waren mehr als genug, um der Kriegsbegeisterung von 1914 den Boden zu entziehen. Jedoch der Patriotismus lebte ungebrochen. Bei den Jungen und den Betroffenen schwankte die Stimmung merklich. Nicht bei Bischof, er gab sich vaterländisch. Von dem wenigen Geld, das er zur Verfügung hatte, zeichnete er als Mittelschüler bereits für die Kriegsanleihe 1915. Noch vor seinem Schulabschluss meldete er sich freiwillig zur Ausbildung als Reserveoffizier. Andererseits hätten Berichte von Absentierungen dem Armeeoberkommando zu denken geben müssen. Zwar wenige Verweigerungen, wenige medizinische Zweifel an der Tauglichkeit etwa des Jahrgangs 1898. Aber die Zahl der Drückeberger nahm sprunghaft zu.

In der übrigen Welt: Charlie Chaplin dreht als Vamp „Goldrausch"; bei einem verheerenden Erdbeben in den Abruzzen kommen 30 000 um; beim ersten Giftgasangriff in Belgien sterben 5 000 alliierte Soldaten; in San Francisco wird trotz Krieg eine Weltausstellung mit 41 Nationen veranstaltet; in Russland entsteht aus Kubismus und Futurismus der Konstruktivismus; in Wien wird „Die Cszardasfürstin" von Emmerich Kalman uraufgeführt; das IOC zieht nach Lausanne und kann die Absage der in Berlin geplanten Olympischen Spiele nicht verhindern.

Anders, ganz anders das Kriegstagebuch: Wien nimmt Montenegro ein; die Mittelmächte räumen die Insel Gallipoli von den Engländern; die österreichisch-ungarische Südtirol-Offensive beginnt (und ist erfolgreich); die Getreideernte in der Doppelmonarchie fällt zur Hälfte aus; die Entente blockiert Griechenland; um Verdun setzt die verlustreichste Menschen- und Materialschlacht der Geschichte ein mit Gesamtverlusten von 335 000 Deutschen und 350 000 Franzosen; erster Höhepunkt der insgesamt zwölf Isonzo-Schlachten um minimale Geländegewinne (Gesamtverluste beider Seiten über 90 000 Tote).

Silberne Tapferkeitsmedaille, Truppenkreuz, Ehrenkreuz

Mitten im Krieg, mit 18 Jahren, rückte Bischof ein. Die zwei Jahre bis zum Kriegsende diente er bei den Kaiserschützen, wie er diese Heeresgruppe bezeichnete, tatsächlich war die offizielle Bezeichnung k. k. Schützenregiment Nr. 22 (II. Ersatzbataillon). Abgerüstet hat er als Leutnant der Reserve, drei Medaillen – die Silberne Tapferkeitsmedaille, Medaille 2. Truppenkreuz, Ehrenkreuz für Frontkämpfer sind im Gauakt vermerkt – hat er sich verdient. Lediglich sein Bravourstück, das zur Tapferkeitsmedaille führte, ist beschrieben. Sein Sohn Hans erzählt, dass der Vater zu Anfang nach Czernowitz als Besatzer abkommandiert war. Als der Verlust an Menschen die Isonzo-Front extrem schwächte, wurde sein Schützenregiment von Galizien nach Oberitalien kommandiert, später an die Isonzo-Front. Dort erhielt er für die Gefangennahme einer Gruppe Italiener die Silberne Tapferkeitsmedaille Erster Klasse. Der Kommandant der 43. Schützendivision berichtet am 8.9.1917 über die Kampfhandlugen von Flitsch-Tolmein: „Als der vierfach überlegene Gegner umfassend anzugreifen versuche, hat Max Bischof, trotz seiner Verwundung an Kopf und Oberschenkel, eine Patrouille ganz weit hinaus in die rechte Flanke unternommen und dabei eine italienische Patrouille, die sich im Laufgraben herumzuschleichen versuchte, im Gegenangriff teils vernichtet, teils gefangen."

M. B. berichtet später unter dem Titel „Feinde sind auch Menschen", wie er mit Italienern Getränke ausgetauscht und sie anschließend „in Gnaden" hinter ihre Front entlassen hat. Seine Kameraden, das Erlebnis des Krieges in der Gemeinschaft haben viele Jahre seines Lebens geprägt, da immer wieder von Treffen mit diesen Kameraden, von Gedichten, Artikeln und Gesprächen über die gemeinsame Zeit die Rede ist. Bis zum Verbot im Jahre 1938 war er Mitglied des Bundes der Kaiserschützen und der Kaiserschützenkompagnie.

Niemals aber wird vom Schrecken des Krieges, von verlorenen Freunden oder von Zerstörung, Angst und Schrecken berichtet. Einzig die einstige Kameradschaft hält er hoch und beschreibt sie immer wieder.

Im Wissen, dass der Erste Weltkrieg bei der Zivilbevölkerung hohe Opferzahlen durch Hunger und Krankheit verursacht hat, dass in bestimmten Regionen – man denke nur an die erwähnte italienische Front – die Kämpfe mörderisch und von Mann zu Mann waren und der Zusammenbruch des Staates mit nachfolgendem Hunger, mit Arbeitslosigkeit und Verzweiflung die Bevölkerung im verbleibenden Reststaat völlig demoralisiert hat, ist dieses Stillschweigen zur Katastrophe verwunderlich. Anzunehmen ist aber, dass Bischof seinen Dienst bei der k. u. k. Armee als patriotische Pflicht angesehen hat. Ein ausgezeichneter Leutnant, das war in der Tradition der Armee ein sozialer Aufstieg, der gut in den Rahmen seines allgemeinen Aufstieges passt.

Ebenso von seinem Sohn stammt die Information über das Kriegsende und über seine Heimkehr. So sollen Teile des Regiments in „voller Montur, mit allen Waffen" bis Wiener Neu-

stadt geführt worden sein. Von dort machte sich Bischof mit fünf seiner Kameraden, nach wie vor in Uniform und mit Waffen, auf den Weg nach Wien.

Derart ausgerüstet soll er sich auch beim Stadtschulrat zur Matura angemeldet haben. Wodurch, so erzählt er weiter, es auch keine Schwierigkeiten gab. Der Vater sei trotz der sehr geringen Kenntnisse problemlos durchgekommen. Sehr knapp war es in Chemie, da der Vater nicht die geringste Ahnung hatte, was ein „Benzolring" wäre. Es ist nicht überliefert, ob der Vater auch zur Matura in Uniform (und mit Waffen) erschienen war.

Nach offizieller Entlassung aus dem Heer machte er also 1919 seine Matura und wurde kurz danach für volljährig erklärt.

Die Heimat wird zur Front

Den jungen Männern des Jahrgangs 1898 und der folgenden war bereits manche Kriegsbegeisterung ausgetrieben worden, in politischen Zirkeln wurde es unversehens Mode, nicht mehr über Kriegslust oder Kriegsziele, sondern über Kriegsschuld zu diskutieren. Nach Anfangserfolgen in Serbien war der k. und k. Armee an der Ostfront gegen die Russen das Kriegsglück kaum hold. Rückzüge, Rückschläge und Rückeroberung um Lemberg erforderten einen hohen Blutzoll, nicht zuletzt unter ungestümen Eliteeinheiten, wie den späteren Kaiserschützen und ihrem Offizierskorps.

Die Kampfkraft der kaiserlichen Armee wurde unversehens und nach dem Fall der Festung Przemysl und deren späterer Rückeroberung auf eine harte Probe gestellt. Allein hier gerieten 120 000 Österreicher in russische Gefangenschaft, es gingen 16 000 Güterwaggons verloren. Amtlich sprach man von „Menschenmaterial". Spätere Erfolge auf dem östlichen Schlachtfeld reichten kaum aus, um der sich ausbreitenden Desillusionierung Herr zu werden. Als Stimmungstöter erwies sich bald die Versorgungslage. Unzureichende Logistik, vor allem bei der Bahn, blockierte die Ernährungslage wie die Rüstungsproduktion.

Als Italien 1915 seine „wohlwollende Neutralität" (mit Südtirol als „Belohnung") hinter sich ließ und gegen die Mittelmächte Front machte, wurde für Österreich-Ungarn aus einem Zweifrontenkrieg – gegen Russland und Serbien – ein Dreifrontenkrieg. Was Verdun für die Deutschen und die Franzosen war, wurde die Isonzo-Front für die Österreicher und die Italiener: Das Menetekel verbissener, strategisch oft sinnloser Waffengänge in gegenseitigen Vernichtungsschlachten mit ungeheuren Verlusten. Polen wird als selbstständiges Königreich verkündet; Kaiser Franz-Josef stirbt nach 66 Amtsjahren; sein Nachfolger wird Kaiser Karl I; die Alliierten lehnen ein Friedensangebot der Mittelmächte ab. Beide Seiten bieten letzte Kräfte auf. Der Jahrgang 1898 wird zu den Waffen gerufen und überstürzt auf kampffähig getrimmt. Bischof engagierte sich, von der Armeeorganisation beeindruckt.

Trotz wechselndem Kriegsglück der k. u. k. Armee muss die Stimmung dieser Truppe im Großen und Ganzen noch gut gewesen sein. Desertionen, wie jene des k. und k. Infanterieregiments Nr. 28, allerdings mehrheitlich böhmisch und mährisch, waren – noch – selten. Die Einberufenen kamen aus einem zivilen Stimmungstief. Dem Armeeoberkommando, dem AOK, der eigentlichen Machtzentrale auf österreichischer Seite, lagen erstmals defaitistisch anmutende Stimmungsberichte vor.

Unvorbereitet für einen umfassenden Waffengang, wie die kaiserliche Armee in den Ersten Weltkrieg abkommandiert wurde, war auch die Wirtschaft. Es hatte Monate gedauert, um überhaupt ein System für eine Kriegswirtschaft zu entwickeln. Während ein stringentes Bewirtschaftungssystem für Rohstoffe, Halbwaren und Ernährung mit Berlin verhältnismäßig schnell und glatt entwickelt werden konnte, hakte es wieder einmal an Ungarn. In Budapest verstand man es, sich den Wünschen Wiens und Berlins zu entziehen. Vor allem bei Agrar- und Lebensmittellieferungen weigerte sich Transleithanien bis Kriegsende, zentralistischen Befehlen zu gehorchen.

In Cisleithanien, im westlichen Kaiserreich, wurden Rationierungskarten für Brot (zeitweise 260 Gramm pro Woche) und zwei fleischlose Tage wöchentlich eingeführt, Textilien und Schuhe waren ebenso rationiert wie Seife, Petroleum, Holz, Kohle und später auch Salz und Zucker. Ersatznahrungsmittel sollten helfen, es gab mehr als ein halbes Hundert Streckmittel, so wurden Mehl, Gerste, Mais, Kastanien, Kartoffeln und später Birkenrinde, Brennnesselstängel beigemischt. Der Verkauf von Tabakwaren wurde verboten.

„Die Heimat wird zur Front" hieß es in amtlichen Verlautbarungen. Als sich die Versorgungslage gegen Kriegsende weiter verschlechterte, tauchte im Armeeoberkommando, das für die Truppe ausreichende Versorgung sicherstellen wollte, die Idee auf, das Kochen in Privathaushalten zu untersagen. Alle sollten nur noch durch gemeinschaftliche Kriegsküchen ernährt werden.

Die ungeheure Wucht eines allmächtigen Waffengangs hat das Bewusstsein total verändert. Aus Kriegslust wurde bei den einen Verzweiflung, bei den anderen Trotz, bei den wenigsten Siegeslaune.

Patriotismus schlägt Pazifismus

Was den AOK-Lauschern laut Berichten entgangen ist: Unter Jungen blieb nur noch ein Rest an Patriotismus. Pazifismus hatte in den einschlägigen Jahrgängen wachsende Chancen. Anders der Einzelgänger Bischof, er verhielt sich, wie es seine Art war, loyal zur Armee. Es wurde zwar Mode, kinematographische Theater zu besuchen und König Fußball zu huldigen, der „Einsatz fürs Vaterland" verblieb indessen einigermaßen. Antikriegsgedichte des österreichischen Arbeiterdichters Alfons Petzold zirkulierten in kleinen, meist linksorientierten Zirkeln. Merklich besser hatte es die Operette „Das Dreimäderlhaus". Die Uraufführung des Arrangements volkstümlicher Schubertlieder durch Heinrich Berté bescherte nicht nur Wien Gassenhauer. Die musikalische Komödie wird innerhalb von fünf Jahren an die 8 000 Mal im In- und Ausland aufgeführt. Unter Intellektuellen freilich begann sich der Protest gegen den Krieg unter dem Stichwort Dadaismus zu formieren.

Was mit Lautgedichten eines Hans Arp begann, in dem alles Bürgerliche lächerlich gemacht werden sollte, geriet zu einer Modeerscheinung („Dada ist der Ekel vor der albernen, verstandesmäßigen Erklärung der Welt."). Das absurde Weltbild der Kubisten und Futuristen erreichte allerdings kaum das Bewusstsein der Kriegsgeneration. Sie verteidigte mehrheitlich ihren Patriotismus. Jung wie Alt begann in der zweiten Hälfte des Ersten Weltkrieges zwar zu erkennen: Das Habsburger Reich befindet sich in einer lebensgefährlichen Krise. Sollte es aber die letzte sein? Die Einsatzbereitschaft war enorm und die Berichte an das AOK zeigten bis 1918 intakte Strukturen. Bis zuletzt war einer schweigenden Mehrheit nicht oder auch nur andeutungsweise bewusst, dass das Ende der Monarchie für Österreich nahte sowie eine totale Umwälzung das Völker- und Staatensystem Europas auf den Kopfe stellen würde.

Zunächst schwankte das Schlachtenglück. Bulgarien und Serbien, später auch Montenegro und Nordalbanien wurden von der kaiserlichen Armee eingenommen. Eine Landverbindung durch Bulgarien bis zur Türkei entstand und schien imperiale Träume wahr werden zu lassen. Der Orientexpress schaffte es erstmals durchgängig, freilich dauerte seine Reise bis Istanbul geschlagene fünfzig Stunden. Getragen von dem einen oder anderen Erfolg, setzten die Mittelmächte alles darauf an, 1916 jene militärische Entscheidung herbeizuführen, auf die das strategische Konzept in Wien und Berlin seit Kriegsbeginn unbeirrt aufgebaut war. Dass es bei gutmeinenden Vorsätzen blieb und das Kriegsglück immer mehr auf sich warten ließ, lag an einem neuartigen Dualismus zwischen Wien und Berlin. Konrad von Hötzendorf investierte seine ganze strategische Phantasie in eine Offensive aus den Tiroler Bergen gegen die „sieben Gemeinden" (in einer entlegenen Hochfläche der Provinz Vicenza) und damit gegen das abtrünnige Italien. Der deutsche Generalstabschef von Falkenhayn konzentrierte seine stattliche Militärmacht auf den Großangriff gegen Verdun als Teil seiner (kurzsichtigen) Abnützungsstrategie.

Strategisch zwar nicht so gemeint, ergab sich jedoch in der militärisch-menschlichen Konsequenz in diesem Entscheidungsdrang der Deutschen und der Österreicher eine tragische Parallele. An keinem anderen Ort des Ersten Weltkrieges tobten derartige Vernichtungsschlachten wie um Verdun und am Isonzo, wollte doch Italien den Fluss Isonzo überqueren und bei Monfalcone und Sagrado durch Bodengewinne Brückenköpfe und Dominanz einrichten. Italienischer Aufmarsch: 225 Bataillone, 11 Schwadrone, 700 Geschütze. Österreich-Ungarn bot 84 Bataillone, 13 Schwadrone und 354 Geschütze auf. Trotz eines Kräfteverhältnisses von 3:1 blieben die Bodengewinne der Italiener bescheiden. Sie verloren in einer einzigen Schlacht 15 000 Mann, Österreich-Ungarn 10 000 Mann.

Orden für Bischof und Rommel

In den ersten vier der zwölf Isonzo-Schlachten verloren (durch Gefangenschaft, Verwundung und Tod) die Italiener 175 000 Mann, die Österreicher 123 000. Die Gesamtzahl der Toten nach zwölf Isonzo-Schlachten lag bei über 90 000. Drei Jahre lang wurde äußerst erbittert, teilweise Mann gegen Mann, gekämpft, nicht zuletzt im Hochgebirge. Mit Ausnahme der 12. Schlacht waren die strategischen Vorteile minimal. Selbst im Hochgebirge, wahrlich kein geeigneter, kein traditioneller Kriegsschauplatz, spielte sich ein erbitterter Nahkampf ab, Österreicher und Italiener oft nur wenige Meter voneinander entfernt. Ganze Berggipfel wurden in die Luft gesprengt, wenn sich dort feindliche Soldaten aufhielten. Artillerie wurde nicht nur gegen Stellungen eingesetzt, sondern auch benützt, um Lawinen auszulösen, die feindliche Stellungen unter sich begruben. Die Soldaten nannten manchen Gipfel Todesberg oder den Monte Santo erbittert Santo Maledetto. Noch heute können Bergfans im karstigen Gelände die Bunker, Tavernen und Versorgungseinrichtungen besichtigen. Kopfschütteln.

Relative Erfolglosigkeit nahm den Auseinandersetzungen am Isonzo nichts von ihrer Symbolkraft. Auf italienischer Seite verstärkten britische Truppen zusehends die erschöpften Südländer; Österreich-Ungarn wurde durch die 14. deutsche Armee in der relativ erfolgreichen 12. Isonzo-Schlacht entlastet. Erwin Rommel, damals Oberleutnant, erstürmte den Matajur, nahm 10 000 Italiener gefangen und erhielt dafür den höchsten deutschen Orden, den Pour le Mérite. Auch Österreichische Offiziere wurden mehrfach nach vergleichbaren Situationen ausgezeichnet. Was nicht in AOK-Berichten steht: Den österreichischen Truppen, größtenteils unzureichend ausgerüstet, wurde die bessere Ausrüstung ihrer deutschen Kameraden plastisch vor Augen geführt. Auch mussten sie sich manche abwertende Bemerkung über den Zustand der k. und k. Armee gefallen lassen.

So wiederholte sich am Isonzo, was schon an der russischen Front und in Rumänien in derber Landsermanier apostrophiert worden war, nämlich die schlecht ausgerüsteten österreichischen Soldaten als unterklassige „Kameraden Schnürschuh" abzuqualifizieren. Für viele Österreicher ist hier eine der zahlreichen Quellen ihres Minderwertigkeitskomplexes gegenüber den Deutschen zu finden. Manchem Österreicher, vor allem unter der ehrgeizigen Jugend – auch Bischof war einer davon –, senkte sich nach solchen Begebenheiten das Bedürfnis in ihre nationale Seele, es den Deutschen irgendwann und irgendwie einmal zu zeigen, durch unverwechselbare Eigenart trotzig auf Führungsansprüche nicht ergeben zu verzichten. Wenn es sein musste oder sich anbot, sollte Berliner Schnoddrigkeit mit Wiener Schmäh ausgestochen werden. Im Lauf der Zeit war es den Jungen auf österreichischer Seite nicht immer leicht gemacht, sich in diesem psychologischen Niemandsland zurechtzufinden.

Der Kaiser ist tot
Wenn der Begriff Schicksalsjahr, ohnedies abgegriffen, zutreffend gebraucht werden kann, dann für 1916/17: In den Vernichtungsschlachten am Isonzo und um Verdun erreicht das große Sterben erste, entsetzliche Höhepunkte; Paul von Hindenburg, der legendäre Verteidiger Ostpreußens, übernimmt die Oberste Heeresleitung, das OHL; Karl Reichsgraf von Stürgkh, der außerparlamentarisch autoritär mit Verordnungen regiert, wird von Friedrich Adler, dem Sohn des SPÖ-Vorsitzenden Viktor Adler, erschossen; am Abend des 21. November 1916 verstirbt Kaiser Franz Joseph. Mit dem „alten Herrn" versinkt die „gute, alte Zeit". Mit unermüdlichem Pflichtbewusstsein hat er zusammengehalten, was nach seinen Wertvorstellungen zusammengehörte. In einer ganzen Epoche vermochte er soldatisch gradlinig, loyalitätsbereite Generationen bis zuletzt hinter sich zu versammeln. Den Niedergang „seines" Reiches vermochte dieser letzte wahre Kaiser allerdings nicht zu verhindern. Gegen Schluss fehlte ihm auch die Kraft, mit dem aufblühenden Nationalismus umzugehen.

Geblieben freilich ist das Symbol eines Herrschers, der seine Zeit vielfältig und nicht immer unbestritten, aber doch geprägt hat. Franz Joseph, der Pflichtmensch, hinterlässt jedoch ein ehrenwertes Vermächtnis im traditionellen Wertekanon, auch und besonders für nächste Generationen auf ihrer oft verzweifelten Suche nach Bewahrenswertem und nach neuen, nach standfesten, nach modernen Idealen.

Wie die Geschichte so spielt: Wenige Monate nach dem Tod das alten Kaisers begannen sich anderswo destabilisierende Ereignisse zu überschlagen (und die Zeitgenossen offenkundig zu überfordern): Der Mönch Rasputin wird von zwei Mitgliedern der Hofgesellschaft von St. Petersburg ermordet. Kaiser Wilhelm II. gibt der Obersten Heeresleitung Deutschlands nach und verkündet lautstark den uneingeschränkten Einsatz der U-Boote; die USA erklären daraufhin Deutschland den Krieg; James Earl of Balfour, britischer Außenminister, verspricht den Juden einen eigenen Staat in Palästina; in der russischen Oktober-Revolution, ausgehend von Petrograd, übernimmt Wladimir Lenin die Macht, der russische Zar dankt ab; militärisch kapituliert das alte Russland vor den Mittelmächten; Finnland erklärt sich selbständig; US-Präsident Thomas Woodrow Wilson will mit 14 Punkten mit dem naiv-hinterhältigen Ruf nach Selbstbestimmung zur Souveränität der Nationalstaaten (als Fangschuss für Österreich-Ungarn) beitragen; die niederländische Tänzerin Mata Hari wird als deutsche Spionin in Vincennes hingerichtet.

Im Rahmen diverser Friedensbemühungen versuchen die Prinzen Xaver und Sixtus von Bourbon-Parma, Brüder von Kaiser Karls Gemahlin Zita, mit den sogenannten Sixtus-Briefen an den französischen Premier Clemenceau einen Separatfrieden für Österreich-Ungarn einzufädeln (u. a. bieten sie für die Mittelmächte die Preisgabe des – preußischen – Elsass-Lothringen an Frankreich an). Nicht nur in Berlin und in Hindenburgs Hauptquartier wurde dies offen und öffentlich als „Verrat" gebrandmarkt, obwohl auch die deutsche Seite insgeheim Friedensfühler auszustrecken begann. Zur Kriegsschuld gesellte sich Friedensschuld.

8 Millionen Soldaten, die zeitweise im Dienst der altehrwürdigen Dopplermonarchie standen, blieben diese und ähnliche Vorkommnisse zwar unbekannt. Militär schützt, Militär verheimlicht, Militär diszipliniert, Militär straft. Aber die Stimmung war längst gekippt, die Grabgesänge zum Ableben der deutschen und österreichischen Monarchie ausgedacht, aufgeschrieben und einstudiert. Kaisertreue hatten zusehends einen schweren Stand. Aus Einsatzbereitschaft wurden allmählich verletzter Stolz und subkutane Verzweiflung samt Revanchegefühlen.

Das alte System verrottet

Während mit schier unmenschlichen Anstrengungen eine militärische Entscheidung etwa an der Marne und an der Piave befohlen bzw. versucht wird, löst sich die Heimatfront der Mittelmächte zusehends auf. Draußen häufen sich die Desertionen, drinnen herrscht Kaisernot, in Deutschland gehen 500 000 Menschen durch Hunger zu Grunde. Ende Jänner 1918 streiken in Österreich über 700 000 Arbeiter – ein ungewohntes Fanal. Das alte System verrottet zusehends. Berichte über die Stimmung in der Bevölkerung belegen: Kaisertum steht für Krieg, Republik für Frieden. Der Monarchie droht ein ruhmloses Ende. Der deutsche Kaiser dankt ab und flieht ins Ausland, der österreichische Kaiser verzichtet aufs Regieren, jedoch nicht auf den Thron.

Gegenseitige Revanchegefühle verbreiten sich nicht nur auf den zerklüfteten Schlachtfeldern, sondern auch an der zusehends verunsicherten, weil desorganisierten Heimatfront sowohl Deutschlands (aus ideologischen Motiven) als auch Österreich-Ungarns wegen der ewigen Nationalitätenkonflikte. Auch auf hoher und höchster politischer Ebene beginnt das hergebrachte, das monarchische System zu kollabieren. Dazu kommt, dass das österreichisch-deutsche Misstrauenspotential geradezu sprunghaft zunimmt. Die sogenannten Sixtus-Briefe von 1917 empfindet man nicht nur im amtlichen Berlin, sondern auch in Wiener Bürgerzirkeln als eine Art Koalitionsverrat, angeblich angestiftet von Kaiserin Zita. Noch war kein Frieden, noch wurde gekämpft und gestorben, gerüstet und gehungert, politisiert und manipuliert. Die Katastrophe war bereits so weit gediehen, dass aller Welt das Lachen verging, endgültig. Mit „Gewehr über" flüchtete Charlie Chaplin filmisch in eine bitterböse wie brillante Satire der Schützengrabenkämpfe. Heinrich Mann geißelte in seinem gesellschaftskritischen Roman „Der Untertan" die wilhelminische Mentalität des Nach-oben-Dienens und des Nach-unten-Tretens, und Oswald Spengler frönte seinem oft kopierten Fortschrittspessimismus mit „Der Untergang des Abendlandes".

Für Österreich gibt es endlich, am 3. November, einen Waffenstillstand, der allerdings nicht überall eingehalten oder bekannt gemacht wird. So geraten in Italien noch Tausende Österreicher in Gefangenschaft. Am 12. November wird die Republik „Deutsch-Österreich" unter Karl Renner ausgerufen. Eine historische Bezeichnung, die von den Siegermächten nachträglich nicht akzeptiert wird.

Als Offiziere angespuckt wurden
Für derlei destruktive Gedankenspiele zeigten die Jungen wenig Verständnis, vor allem jene an der Front in ihrem dort wie heilig gepredigten und gepflegten Kameradschaftsgeist. Durchgängig war er allerdings schon geraume Zeit nicht mehr. Während die eine oder andere Operation, etwa in der

Ukraine, gelang und anderswo zum geordneten Rückzug, etwa in Serbien oder Albanien, geblasen wurde, nahmen die Meutereien zunächst unter Ungarn, Tschechen und Galiziern unaufhaltsam zu. Mehr und mehr organisiert, erfassten diese Befehlsverweigerungen und bald offenen Widerstände auch die einst kaisertreue Marine (in Cattaro) oder Einheiten in den habsburgischen Kernlanden wie in Fünfkirchen, dem heutigen Pécs, in Murau, Judenburg oder Radkersburg.

Offiziere wurden angespuckt, die Epauletten und Orden in aller Öffentlichkeit abgerissen. Ende einer stolzen Armee eines 600-jährigen Reiches? Unter jenen auch solche, die gekämpft hatten, die ihr Vaterland in Ordnung wissen wollten, die sich soldatische Tugenden auch in der Stunde der Niederlage nicht nehmen lassen wollten – Gehorsam, Disziplin, Verlässlichkeit, Ausdauer und Kameradschaft. Unversehens wurden aus Besiegten Kämpfer anderer Art.

Voll Grimm und mit dem Gefühl, im Feld eigentlich nicht geschlagen und in der Heimat verraten worden zu sein, kehrten im November 1918 nicht wenige Einheiten (was davon übrig geblieben war) wie nach einem harmlosen Manöver – mit klingendem Spiel, vollbewaffnet und wohlorganisiert – in ihre Garnisonen zurück. Würdig, wie Boten soldatischer Größe und erhaltenswerter Traditionen. Ein Stück Selbstachtung, passend zu Heerführern wie Wallenstein, Prinz Eugen, Laudon, beide Sieger in Belgrad gegen die Türken, oder Erzherzog Karl, dem der erste Sieg gegen Napoleon gelang. Passend auch zu merkwerter soldatischer Tradition von Kunersdorf, dort wurde Friedrich der Große von der vereinigten österreichischen und russischen Armee geschlagen, bis Aspern bei Wien, wo Erzherzog Karl siegte, von Lissa bis Custozza, beides Orte österreichischer Siege gegen Italien, dem damaligen Bundesgenossen von Preußen. Nun sollte die kaiserliche Armee untergehen. Sie zählte zwischen 1914 und 1918 zeitweise 8 Millionen Mann, 1 Million kam ums Leben, fast

2 Millionen wurden verwundet, eine halbe Million kam in Gefangenschaft.

In der Stunde des unrühmlichen Endes der Monarchie mag Traditionsbewusstsein ein Minderheitenprogramm abgeben, eine sentimentale Vignette. Wollte doch eine schweigende Mehrheit nichts als ein rasches Ende des Schießkrieges und der chaotischen Lebensbedingungen. Zweierlei Saat, die bald auf unterschiedliche, auf dramatische Weise aufgehen sollte. In später Selbsterkenntnis schreibt Winston Churchill ein halbes Jahrhundert danach über Ursachen und Wirkungen, man habe das Drama zu Ende gespielt, die historische Beleuchtung werde abgedreht, die Weltbühne verdunkele sich, die Schauspieler träten ab, der Chor verschwinde in der Versenkung, das Gezänk der Pygmäen habe begonnen. „Ich", schreibt der spätere Premier im Zweiten Weltkrieg, „ich, der ich in den Zeiten europäischer Unruhe gelebt habe, bin der Meinung, dass es keinen Hitler gegeben hätte, wenn die Alliierten bei den Friedensverhandlungen von Versailles nicht von der Idee besessen gewesen wären, es diene dem Fortschritt, die alten Dynastien wegzufegen und den Hohenzollern, den Wittelsbachern und den Habsburgern die Rückkehr auf ihre Throne zu verweigern".

Übermenschliche Anstrengungen des Ersten und des Zweiten Weltkrieges sowie unvorstellbarer Blutzoll der beiden Waffengänge mit mehr als 75 Millionen Toten insgesamt sollten nicht vergessen, nicht verächtlich gemacht werden. Noch heute, Jahrzehnte später, zeigen Ehrendenkmäler in nahezu jedem österreichischen Dorf eine heile, wenn auch beschädigte Welt bleibender Erinnerung. In zentraler Lage, gehegt und gepflegt, erinnern sie daran, wie die Kriegsfurie in vielen Familien oft zwei Mal gewütet hat. In Tausenden von Kirchen wird den Gefallenen Reverenz erwiesen. Bis in unsere Tage wird bekundet, welche seelischen Schmerzen der Krieg mit den Gefallenen, den Vermissten und den Verwundeten

– erst recht der Zweite Weltkrieg – bereitet hat. Am Ende des Ersten stand das als heilig beschworene Ziel „Nie mehr Krieg!". Radikale verstanden es, dieses Motto zunichtezumachen, während die allgemeine Not die Mehrheit in den Bann der Verzweiflung schlug.

Die Prägung

Bischof trat nach einem kurzen Gastspiel von vier Semestern an der Hochschule für Welthandel, damals Exportakademie und Teil der Juristischen Fakultät der Universität Wien, 1920 seinen Dienst als Mitarbeiter der Länderbank an. Im Übrigen sollen sich auch die fünf Kameraden seiner Heimkehr beworben haben, wer nun tatsächlich angestellt wurde, ist nicht bekannt.

Obwohl die große Zeit der Länderbank längst vorbei war – 1880 gegründet, war sie die Bank der Gemeinde Wien mit Tochterinstituten in der ganzen Monarchie –, verblieben noch immer einige Filialen oder Tochterinstitute außerhalb des neuen Staates, wie die Allgemeine Kreditbank in Warschau, das zukünftige Arbeitsgebiet von Max Bischof. Die Länderbank war nicht mehr in österreichischen Händen, sondern, da fast pleite, durch Vermittlung des Hauptgläubigers, die Bank von England, von einer französischen Bankengruppe übernommen worden. Sie hieß nunmehr „Zentral-Europäische Länderbank" mit Sitz in Paris.

In der Bank lernte Max Bischof eine Kollegin kennen, die er im August 1923 heiratete. Somit war der Lebensabschnitt, den man als Jugend bezeichnen könnte, vorbei. Aber eben nur eine als Lebensabschnitt bezeichnete Jugend, keine Rede von unbeschwert, froh oder gar glücklich. Vielmehr eine Zeit der Entbehrungen, Verlust des Vaters, Waisenhaus, Krieg und eine sehr schnelle Übernahme der Eigenverantwortung für sein Fortkommen, seine Ausbildung und seinen Beruf. Heute würde man das als „Selfmademan" bezeichnen, allerdings weder im Lande der unbegrenzten Möglichkeiten noch in einer Zeit, die dies normalerweise hätte ermöglichen können.

Alles, was nun folgt, war von der Heirat und den nachfolgenden 15 Jahren geprägt und gelenkt. Es geht um die Zeit bis 1938, als „Österreich" heimgeholt wurde.

Emma, die Braut und zukünftige Ehefrau, 1900 in Wien geboren, war Jüdin, Volljüdin, da Vater und Mutter Juden waren, ein Umstand, der in vielerlei Hinsicht noch eine wesentliche Rolle im Leben des Protagonisten spielen sollte. Die Mutter July, geboren 1859 in Nagytoronya bei Neutra oder Nytra im damaligen Ungarn, heute Slowakei, hieß mit Mädchennamen Berkowics, der Vater ebenfalls aus dem Kom. Nytra, 1858 in Verbo in den Kleinen Karpaten geboren. Beider Totenscheine, ausgestellt von der Israelitischen Kultusgemeinde, und Begräbnis am israelitischen Friedhof bezeugen diese Herkunft.

Vor der Hochzeit, am 20. Jänner 1923, ließen sich Tochter Emma und Mutter July taufen, sicher auf Betreiben des zukünftigen Schwiegersohns und Gatten, der nachweislich ein aktiver Katholik war. Für Mutter July war das wohl nur ein Lippenbekenntnis ihrer Tochter zuliebe. Beide Elternteile starben „rechtzeitig", 1925 der Vater und 1928 die Mutter, also vor der nationalsozialistischen Machtergreifung. Von den drei Brüdern Emmas hatte nur einer das Glück, zu überleben: Er flüchtete nach England, die beiden anderen kamen in Konzentrationslagern um. Emma überlebte den Holocaust, geschützt von der Gestapo des Generalgouvernements, doch davon später.

Noch konnten die Juden in Wien und in Österreich trotz des latenten Antisemitismus relativ unbehelligt leben, auch das Fortkommen und die Karriere von Max Bischof nahmen seinen normalen Lauf. Normal bedeutet: noch keine Anfeindungen, keine Repressalien wegen Rasse, Religion und Stand.

Hassprediger gegen Überlieferung

Wenn die Brotration von 1300 auf 630 Gramm pro Woche halbiert wird, mögen Geburtswehen einer Republik fern liegen. Wer sich vor der größten Grippewelle aller Zeiten fürchtet, die 1918/19 mit 25 Millionen Toten, in mancher Literatur kann man von bis zu 50 Millionen Tote lesen, mehr Opfer fordert als der Erste Weltkrieg, den interessiert wenig, was es mit der Zerstörung jahrhundertealter Strukturen im Herzen Europas auf sich hat. Wer erkennt, nichts anderes gelernt zu haben, als zu töten, der lernt, dass die Niederlage Gift für das Volk ist. Wer als Krüppel heimkehrt und Hunger leidet, den beeindrucken lautstarke, mit Gewalt gemischte Versprechen der Revolutionäre da und dort mit Hasspredigern gegen Überlieferungen und mit dem Heilsversprechen: Sie, nur sie bescherten eine zweite Jugend. Wer die Demontage von Österreich-Ungarn durch die Pariser Vorortverträge erlebt, denkt in Kategorien seiner engeren Heimat. Wer auf ritterliche Fairness der Sieger baut, stößt dort am Boulevard auf nationalistische Hysterie, wie im Londoner „Daily Mail", der zur Versorgungslage in Berlin und Wien titelt „Die Hunnen winseln nach Brot".

Demütigen lassen wollten sie sich nicht, geschlagen geben wollten sie sich nicht. Sie, die vom Jahrgang 1898 und davor, versuchten, zu leben, das Leben zu genießen. Sie, die die Euphorie vom Anfang und den Triumph des millionenfachen Todes erfahren und die Endkatastrophe überlebt hatten, wollten erleben, was es mit dem auf sich hat, das amtlich großspurig Frieden hieß. Nach dem kollektiven Sterben das individuelle Leben, die Hoffnung auf etwas Glück. Sie sahen ein ganzes System zusammenbrechen und nahmen Abschied von einem Reich, von der Donau-Monarchie Österreich-Ungarn mit ihren Strukturen, die aus Erz gegossen schienen. Leben ohne Kaiser, ohne ein Reich und sein Zentrum Wien, ohne eine einst dominierende Gesellschaft, die sich in der Stunde der Not und des Elends selbst aufzugeben begann.

Leben mit einer neuen, einer anderen, einer eigenen Identität? In die flotte, oberflächliche Charleston-Gesellschaft drängen, koste es, was es wolle, oder sich diesmal als Zivilist am Riemen reißen, lernen, arbeiten, sparen und hoffen? Dem Elend trotzen, so oder so?

So grundverschieden, wie sie ihr neues Leben am Anfang der zwanziger Jahre auch begonnen haben mögen, eines verband sie: Körperlich und seelisch zählten sie keinesfalls zu den Krüppeln, wie sie auf jeder Ecke um Almosen bettelten. Sie, die sich von der (sichtlich überforderten) Politik verraten und verkauft fühlten, träumten jedenfalls vom eigenständigen Wohlbefinden. Einige und immer mehr verschrieben sich politischen Extremen von ganz links und ganz rechts. Indessen widmete sich eine schweigende Mehrheit so gut es ging dem eigenen Nachholbedarf an Nestwärme, an Selbstverwirklichung, an mehr oder weniger organisierter Rückkehr ins Zivilleben (was vielen angesichts eines fulminanten Frauenüberschusses nicht allzu schwer fiel).

Was sollte ein junger Exleutnant wie Max Bischof, ordnungsgemäß abgerüstet, fühlen, denken, tun? Viele, zu viele warfen nach dem Zusammenbruch die Flinte ins Korn. Beschaffungsmentalität breitete sich bei anderen aus. Bei der Arbeit, beim Studium, beim Wohnen, beim Essen, bei der Suche nach Anschluss, wenn nicht immer rechtens, dann halt sonst wie. Nur sich nicht persönlich besiegen lassen. Dann noch lieber am Rausch der Revolution teilhaben, den Kelch der Niederlage nicht bis zur Neige leeren. Jene, die sich keine Verschnaufpause, kein Lotterleben gönnten, wurden bald zu einer neuen, einer suchenden Elite.

Als ihre Kaiser gegangen waren, begannen sie, darüber nachzudenken, wie mit Perspektive zu überleben sei. Tastend, unsicher, ohne eigenen Lebensplan. Nur nicht die Würde verlieren, den eigenen Stolz, die überlieferte Identität. Derlei vielmehr bewahren durch eigene Beiträge, durch Leistung und durch anzustrebenden Erfolg unter widrigen Umständen, etwa einem Geldverschleiß ohnegleichen. Mit neuem Geist hoffen auf bessere Zeiten.

L'Autriche, c'est le reste

Nach dem Fangschuss der Entente, als das Jahrhunderte-
werk der Habsburger am Boden gelegen und der unbewäl-
tigte Nationalitätenstreit im Donauraum Europas Landkarte
in Teile zerrissen hatte, meinte Frankreichs Premier Georg
Clemenceau unverblümt und – berechtigt – triumphierend:
„L'Autriche, c'est le reste." Aus der Geschichtslosigkeit entlassen, sollte es den Rest des Jahrhunderts dauern, bis diese
Nationalitäten mit der europäischen Integration an die Geschichte ihrer Länder wieder anzuknüpfen in der Lage und
bereit waren. Mit dem Zusammenbruch der alten Ordnung
auch Österreich-Ungarns wurde das Selbstbestimmungsrecht
der Österreicher auf eine harte, eine lange Probe gestellt.
Während diese US-Idee unter Präsident Woodrow Wilson
andernorts fröhliche Urständ feiern konnte, wurde das Habsburgerreich mit dieser Doppelmoral gleichsam filetiert. Wohin soll sich die Kriegsgeneration wenden?

Es fing schon mit dem Namen an. Nachdem der junge Nationalrat einstimmig beschlossen hatte, der Rest der Donaumonarchie solle eindeutig „Deutsch-Österreich" heißen,
bestanden die Sieger ultimativ auf das ihnen angemessen
erscheinende Kürzel „Republik Österreich". Dem Sühnege-
danken folgend, wurde im Vertrag von St. Germain, dem
politischen Duplikat des Vertrages von Versailles, als weitere
Demütigung die Dimension der österreichischen Streitkräfte
auf 30 000 leicht bewaffnete Söldner beschränkt, das Aus-
landsvermögen wurde konfisziert, die Handelsflotte ausgeliefert, ein Anschlussverbot an Deutschland erfunden.

Zum Beweis und Symbol, dass das Habsburgerreich unterge-
gangen war, sollte dem alten Nationalismus im Donauraum
der Garaus gemacht werden. Südtirol ging an Italien verloren und der eigene, der restliche Patriotismus wurde auf eine
harte Probe gestellt. Nicht nur der verpönte Reichsgedanke
samt Anschluss wurde zu Geschichte erklärt, sondern auch

der regionale Bezug der verunsicherten Österreicher, etwa in Kärnten. Mit schwankenden Größen ließ sich kein eindrucksvoller Rahmen für die Politik des Kleinstaates basteln. Schon gar nicht für die Wirtschaft oder für das, was noch übrig geblieben war. Dennoch rührte sich auf neuartige Weise in Österreich eigenständiger Patriotismus. Er setzte an der Lebensfähigkeit des reduzierten Landes an.

Aber auch ideologisch gaben sich keineswegs alle geschlagen. Nachdem der „Hofratsliberalismus" mit dem Kaiser abgedankt zu haben schien, benötigten die drei ideologischen Lager – Deutschnationale, Christdemokraten und Sozialisten – wegen ihrer teilweise radikalen Flügel Jahre, um in ihrem Kleinstaat Ausgleich und Stabilität einzubringen.

Was der Untergang eines Weltreiches wirklich bedeutet, erfuhren die verunsicherten Österreicher anno 1923. Wenn Freitagmittag Löhne oder Gehälter ausgezahlt wurden, stürzte man zum Greißler, um das Nötigste einzukaufen. Denn abends war alles schon wieder teurer. Die Preise steigen um 50 Prozent im Monatsvergleich. Auf das 14 000-Fache waren die Lebenshaltungskosten gegenüber 1913 heraufgeschnellt. Nichts half gegen den Wucher. Vermögen zerronnen, das Bürgertum, mit Kriegsanleihen loyal zum Staat, wurde vom nämlichen Gemeinwesen brutal um seine Ersparnisse, um sein Vermögen gebracht. Fast eine halbe Million Wiener, die in den Diensten des Habsburgerreiches gestanden waren, verloren Job und Besitz.

Rumpfösterreich sozial aufforsten

Denn es war eine Niederlage ohnegleichen. Schmarotzern wollte man es durch solide Arbeit schon zeigen, jenen Ausländern, die ins hungernde, frierende Wien hereinfielen, um in Österreich möglichst billig leben und genießen zu können. Längst hatten die Wiener gelernt, mit der Not und den –

auch politisch – beengten Verhältnissen zu leben, mit dem Zerfall der Monarchie und ihrer Werte irgendwie fertigzuwerden. Die Bedrängnis war noch nicht überwunden, die Inflation noch nicht besiegt, als Rumpfösterreich daran ging, sozial aufzurüsten: sozialer Wohnbau im „roten Wien", gesetzliche Ansprüche für den Achtstundentag, Urlaub, Mieterschutz, Kollektivvertragsschutz, Arbeitslosenversicherung. Es sollte sich lohnen, für ein neues, ein bescheideneres Österreich einzustehen. Revolutionäre hatten schließlich in Wien weniger Chancen als in Berlin. Obwohl oder weil nach dem Siegerspruch das Kaiserreich an der Donau weit mehr Federn hatte lassen müssen als Deutschland.

Die Finanzlage Kleinösterreichs war verheerend, die junge Republik nicht zuletzt durch die großzügige Sozialpolitik, wie den Wohnhausbau, bald überfordert. An wen und an welche Weltanschauung sollte und durfte man sich anlehnen. An Deutschland? An Frankreich? An Italien? An Russland gar? Mit ein bisschen Klassenkampf sozialistisch umverteilen oder staatstragend christdemokratisch, etwas spießig treudeutsch sparen? Wie gelähmt und zeitweise zahlungsunfähig kam es mit einer zerrütteten Währung namens Krone (welch ironische Bezeichnung nach der Vertreibung des Kaisers Karl) zu Verzweiflungstaten, wie der Erneuerung des Anschlussverbotes und der endgültigen Preisgabe des Sudentenlandes gegen einen 650-Millionen-Goldkronenkredit unter der Ägide des sonst nahezu handlungsunfähigen Völkerbundes. Wer es konnte und durfte, vermochte auch auf seriöse Weise, sein Scherflein ins Trockene zu bringen. Chaos als Schule für Unternehmer, allerdings nicht für Unterlasser. Als die Hyperinflation überwunden war, schien die Welt wieder heil. Freie Bahn dem Tüchtigen.

Dennoch gab es auch in Wien und Umgebung die Goldenen Zwanziger Jahre. Und wie! Hungersnot, Arbeitslosigkeit, Kasinokapitalismus und Inflation sollten – wenn schon nicht überwunden –durch ein neues Lebensgefühl irgendwie vergessen gemacht werden, Millionen besuchten das neue Massenmedium Kino. Man gab sich dem Typ „Neue Frau", samt Bubikopf und mondänen Accessoires, hin. Wer als Herr gelten wollte, trug Seitenscheitel. Schieber war ein Schimpfwort, aber auch Bezeichnung für eine Art Tanz. Man bewegte sich nicht nur ausgelassen, sondern zeitgeistig. In grotesken Verrenkungen, indem die Füße extrem ausgedreht wurden, um so den amerikanischen Rhythmus abzufedern. Der Charleston eroberte die Tanzflächen und Bürgerzimmer, gab einer Lebensphase den Namen.

In einer (kurzen) Erholungsphase nach 1924 nahm die Zahl von Einzelhändlern sprunghaft zu, die Zahl der Banken verdreifachte sich. Bald jedoch spekulierten die, die noch etwas besaßen, gegen die Krone. Unter ihnen ein Camillo Castiglioni, Altösterreicher aus Triest. Zuerst imponierender Blitzmanager in der Automobilindustrie, bei Fiat und der Alpine, Mäzen der Sonderklasse mit einer der größten Gemäldesammlungen der Welt in Privatbesitz, Förderer Max Reinhardts und des Theaters in der Josefstadt. Bis die Krone in einem Schwall von Misstrauen unterging und der Schilling kam. Castiglionis Spekulationsblase platzte wie anderswo auch und bei vielen nach ihm.

Überlebenskünstlern und ihren Apologeten unter den Heimkehrern aus dem Krieg blieb gar nichts anderes übrig, als persönlich unverzüglich anzuspannen. Auch Bischof musste lernen, zivil zu denken, Geld zu verdienen, zu studieren oder einen Arbeitsplatz zu erobern und Fähigkeiten rund ums Geld zu entwickeln Dem Interesse entzog sich, wer nach dem Tod Wilsons nächster US-Präsident werden würde (Calvin Coolidge, eine schwache Erscheinung), dass Wladimir Iljitsch Lenin, der Gründer der Sowjetunion, im Sterben liegt, dass Frankreich das Ruhrgebiet wegen Reparationsschulden besetzt, dass Spanien eine Militärdiktatur und die Türkei Republik wird (was das Osmanische Reich endgültig untergehen lässt), dass in München ein dilettantischer Putsch eines gewissen Adolf Hitler scheitert. Schon eher interessiert, dass bei einem der schwersten Erdbeben Japans 143 000 Menschen umkommen. Am meisten, dass auf dem Circuit de la Sarthe bei Le Mans zum ersten Mal ein 24-Stunden-Rennen mit 33 Sportwagen mit 92 Kilometern Durchschnittsgeschwindigkeit über die Bühne ging.

Für den ersehnten Rückzug ins Privatleben blieb weder Zeit noch Gelegenheit. Der Leistungsdruck war enorm. Immerhin: Sich zu zerstreuen, zu lockern und zu amüsieren, hatten die Besiegten am Ende der ersten Dekade und in den 20er Jahren reichlich Gelegenheit. Heimkehrer auf einer kurzen Genusswelle.

Der 22. August 1920 war für Salzburg ein Ausnahmetag. Kein Schnürlregen und auf dem Domplatz tönte es zum ersten Mal „Jedermann". Eröffnung der Festspiele. Es war eine Idee von Hugo von Hofmannsthal, Richard Strauss und Max Reinhard, nach dem Abgang der ostgewandten Doppelmonarchie im Westen kulturell einen elitären Schwerpunkt zu setzen. Eine Großtat gegen Chaos, Revolution und Untergangsstimmung. Als Großereignis mit Strahlkraft wurden die Festspiele international schneller und freudiger aufgenommen als die historische Zangengeburt von „Klein-Österreich". Der Erfolg blieb den Festspielen treu, die im Laufe der Jahrzehnte nur zwei Mal ausfielen: 1924 als Krisenopfer und 1944 als Kriegsopfer.

Ende eines Kasinokapitalismus in Österreich

„Bist du auch ein Zwanziger?" Selbstbewusstes Zeichen der Jahrgänge um die Jahrhundertwende. Wer Krieg und Not überstanden hatte und einen Anfang unbefangen zu starten gedachte, wollte sich von den Folgen des Krieges und der

Hungerjahre nicht dauerhaft nach unten ziehen lassen. Die Zwanziger, wie später die Achtundsechziger, wollten möglichst alles anders und viel besser haben. Politisch sah man Österreich nicht als Provisorium und auch nicht als Staat, den keiner wollte. Nicht weniger, sondern mehr Identität. Eigenständigkeit nicht als Fernziel, sondern Gebrauchsanweisung für den Alltag. Auch Bischof wollte möglichst schnell und möglichst erfolgreich nach oben kommen. Persönliche Identität durch Freundschaften, durch Partnerschaften, durch Heiraten. Neues anfangen, ohne das Alte zu vergessen oder zu verleugnen.

Wirtschaftlich nicht schmarotzen, nicht spekulieren, sondern solide und arbeitsam aufbauen. Wer damals zur Elite zählen wollte, sollte von Anfang an seinen eigenen Leumund bedenken. Und wirtschaftlich-finanziell Leistung erbringen. Revolutionäre und jene, die sich dem Bolschewismus verschrieben haben, sollen keine Chance haben. Die Revolutionäre zu besiegen oder abzudrängen, wurde zum Keim erneuerter österreichischer Identität. Die Hoheit über den Stammtisch konnte zurückgewonnen werden, als die Hyperinflation abgewürgt und der österreichische Schilling vom 1. März 1925 an eingeführt wurde: 1 Schilling gegen 10 000 Kronen. Schon in den Monaten davor war klar, dass es mit der galoppierenden Geldentwertung kein Fortkommen geben konnte. Neues, bald solides Geld war Voraussetzung für stabile Verhältnisse.

Das Geraune, ob das verkleinerte Österreich wirklich lebensfähig sei, verstummte, als die Wirtschaft begann – für viele überraschend – sich zu erholen. Bald war von Kasinokapitalismus kaum mehr die Rede. Mit der Konjunktur zog die Stimmung an. Endlich solide Lebensverhältnisse. Die Banken spielten wieder nach klassischen Regeln mit: Geld und Kapital realwirtschaftlich betreuen und einsetzen.

Der Weg zur Normalität war freilich lang, immerhin frei. Tüchtige konnten schneller ans Ziel kommen. Gesamtwirtschaftlich lag es jedoch weit entfernt. Das Sozialprodukt der Republik Österreich erreichte erst 1929 den vergleichbaren Stand von 1913. Dennoch: Auf solide Weise wurde in der Mitte der zwanziger Jahre gutes Geld verdient. Die Konjunktur zog an. Man konnte es sich nicht nur organisatorisch, sondern auch finanziell leisten, nicht nur paramilitärisch, sondern auch ideologisch anzuspannen. Einer von ihnen war Bischof.

Sicherheit sollte vor der eigenen Haustüre beginnen und nicht nur vom Staat abhängen. Ihn als reine Demokratie zu organisieren, galt vielfach als (meist unerwünschter) Ideologie-Import der alliierten Sieger von 1918. Da das Bundesheer nach den Pariser Vorortverträgen kleindimensioniert und nur unzulänglich ausgestattet war, bildeten sich sogenannte „Selbstschutzformationen" der Parteien. Aus der Arbeiterwehr der Sozialisten entstand der republikanische Schutzbund, aus den Frontkämpfervereinigungen aus der Mitte und von rechts die Heimwehren, die Nationalsozialisten formierten sich in der Deutschen Wehr.

Als der Justizpalast brannte

Gewalt erhielt immer wieder eine Chance. Zu viel Vergangenheit, zu viel Ideologie, zu wenig Normalität. Nach einem Zusammenstoß zwischen Frontkämpfern und Schutzbund im burgenländischen Schattendorf kommen ein Invalide und ein Kind zu Tode. Beteiligte Schützen werden freigesprochen. Demonstrationen in Wien. Am 15. Juli 1927 brennt der Justizpalast. Polizeieinsatz. 90 Tote. Der Wiener Polizeipräsident Schober wird als „Arbeitermörder" attackiert, Bundeskanzler Seipel, der eine allgemeine Amnestie ablehnte, als „Prälat ohne Milde".

Nachträglich lässt sich resümieren, es sei wohl kein Zufall, dass im Extremfall Österreicher auf Österreicher schießen, nämlich 1927 in der Affäre Schattendorf und 1934 bei der Ermordung von Bundeskanzler Dollfuß. Hatten es doch Vergangenheitsbewältigung, Parlamentarismus und Demokratie in dieser Phase, weil unverstanden, schwer.

Weltanschaulich heimatlos und an stabilen, nicht zuletzt an wirtschaftlichen Verhältnissen interessiert, hielten die Kameradschaften aus dem Ersten Weltkrieg zusammen. Oft mehr privat, weniger parteiorientiert. Wie auch von Bischof wurden normale, faire Verhältnisse für Bürger in Selbstverwirklichung angestrebt. Die Kameradschaftszirkel haben Regierungen in permanenter Desorganisation vorgefunden. Zuerst Hungersnot, dann Reparationen, schließlich die galoppierende Geldentwertung und dann ein Lebensstil in Teilen der Bevölkerung nach dem Motto „Koste es, was es wolle!".

Es erwies sich für viele der Kriegsgeneration als identitätsstiftend, an die k. und k. Traditionen anzuknüpfen, ohne falsche Sentimentalität in Rumpfösterreich fortleben zu lassen. Jenseits der Träumerei von einem Anschluss an Deutschland, der vertraglich und politisch jahrelang von der sogenannten Völkergemeinschaft verboten worden war, formierte sich österreichischer Patriotismus. Man begann wieder Selbstbewusstsein zu tragen.

Ernst Rüdiger Fürst Starhemberg wurde zu einem Ersatzidol für ein Österreich ohne Deutschland. Dennoch: An Anschluss dachten mehr Österreicher, als sie es aussprachen. Man zog sich ins Privatleben zurück und versuchte, wirtschaftlich sowie finanziell in den Goldenen Zwanzigern mitzunaschen. Allen gelang es freilich nicht. Für Neureiche hieß es „Schöner Gigolo, armer Gigolo", in verschnulzter Tragik ehemaliger inzwischen verarmter Offiziere. Erika und Klaus Mann sahen einen „Tanz auf dem Vulkan", während die Kunst gesellschaftlichen Wandel in „neuer Sachlichkeit" versuchte.

Was die junge Stabilisierung wirklich wert war, zeigte sich am 24. Oktober 1929: An der New Yorker Börse stürzten die Kurse ins Bodenlose. Panik, nicht nur unter den Börsenhändlern, sondern weltweit in den Kontoren und Ministerien. Letztere hatten nicht rechtzeitig wahrgenommen, dass aus satter monetärer Expansion eine zerstörerische weltwirtschaftliche Explosion werden konnte. Die Geld- und Kapitalmärkte hatten ihr Gleichgewicht verloren: zu viel Geld, noch mehr Kapital in den USA, unfinanzierbare Reparationen und dazu in Europa eine der schwersten Agrarkrisen seit Menschengedenken. Unvorbereitet wie die Finanzwelt und die Regierungen waren, machten alle in ihrer Hektik dicht. Einfuhr und Ausfuhr wurden beschränkt, Zölle erhöht, Wechselkurse manipuliert, Devisen bewirtschaftet, Subventionen aufgebläht, Löhne gedrückt, Vermögen vernichtet. Österreichs Ausfuhr sank um die Hälfte. Denn: Autarkie strangulierte die Weltwirtschaft. Depression, Massenarbeitslosigkeit, politische Radikalisierung – für Demagogen wie einen Adolf Hitler eine Steilvorlage.

Nicht alle erwiesen sich monetär als Tagträumer, Spekulanten oder Dilettanten. Wer nicht nur das kleine, sondern das große Einmaleins des Bankgeschäftes beherrschte, konnte seine Tücher im Trockenen halten. Kam zu Kenntnis und Leistung Gespür, so konnte man sich von der ersten großen Weltwirtschaftskrise erfolgreich fernhalten. Zu ihnen zählte Max Bischof. Der Familienmensch verstand es, sich mitten in der Krise eine ansehnliche Villa im vornehmen Wiener Gemeindebezirk Hietzing bauen zu können. Sein doppelter, sicherer Gehalt in Wien und Warschau – eine Kreditsicherheit – sowie die relativ großzügigen Förderungen der Gemeinde Wien halfen.

Als die Krise wucherte wie ein Krebs, setzte ein lebensgefährlicher Schrumpfungsprozess ein. Österreichs Bruttoinlandsprodukt stürzte vom Plus ins Minus, von 2,8 % im Jahr 1929 auf −8 % im Jahr 1931 und über −10 % im Jahr 1932. Fast 40 % der unselbständig Erwerbstätigen waren Anfang der dreißiger Jahre arbeitslos. Weit über die Hälfte davon erhielt vom

Staat keinerlei organisierte Hilfe. Ein soziales Netz existierte nicht. In Wiener Neustadt erreichte die Arbeitslosigkeit 1934 mehr als 60%.

Hitler als Souffleur und Regisseur

Es war nicht gelungen, der Strukturprobleme Herr zu werden, wie sie sich in der Hinterlassenschaft der Donaumonarchie darstellten, während der „Goldenen Zwanziger" nicht und auch danach nicht. Aus der Integration innerhalb Österreich-Ungarns war auf radikale Weise Desintegration eines selbstzerstörerischen Nationalismus geworden. Und schon ging in Wien und Umgebung die alte Lethargie um: Selbstzweifel, Untergangsstimmung sowie ein groß geratenes Identitätsdefizit. Eigentlich nichts für junge Leute.

Entgegen allen möglichen und unmöglichen Provinzialismen blickte oder schielte alle Welt ins allzeit flotte Berlin. Auch aus Wien. Wie findet Europa, wie Deutschland und wie Österreich aus der Verwirrung der Geister, aus der Selbstlähmung der Gesellschaft, aus der Fortsetzung des Ersten Weltkrieges mit anderen, mit gesellschaftspolitischen Mitteln? Gelingt eine Selbstbefreiung aus der Krise? Innere Spannung und äußere Rasanz ließen kaum Raum für Kontemplatives. Wirtschaftskrise als Zeichen und Hebel zugleich für eine fulminante politische Krise der Extreme. Ihr Souffleur und Regisseur zugleich: Adolf Hitler. Bevor sich noch auf dramatische Weise herausstellen sollte, dass dieser ebenso unterschätzte wie angehimmelte Österreicher mit geliehener Kraft zu Berlin die ganze Welt mit seinen Plänen ins Verderben stürzen würde, bevor Gegenkräfte aufwachten, versagten die Bremselemente des demokratischen Rechtstaates.

Konnten die 50 Millionen deutschen Wähler erkennen, dass bei Hitler hinter der Maske ein totalitäres System steckte? Dass er mit seinem geliehenen und okkupierten Vaterland ganz Europa und damit auch seine Heimat Österreich ruinieren würde? Die überlieferte Tradition vernichten und für all jene Schande bringen würde, die ihm glaubten, folgten oder vor ihm kapitulierten? Vorerst wohl schwer zu erkennen. Niemals wäre es zu dieser Katastrophe gekommen, wenn die Repressalien, die extremen Reparationszahlungen und vielerlei Erniedrigungen, die nach dem Ersten Weltkrieg folgten, nicht stattgefunden hätten. Da waren die Siegermächte nach dem Zweiten Weltkrieg wenn nicht klüger, so doch vernünftiger.

Es bedurfte gar nicht der Herkunft Hitlers, um in Österreich, wo der Anschlussgedanke niemals erloschen war, politische Erdstöße auszulösen. Bei vielen Österreichern verband sich mit dem Aufstieg Hitlers Täuschung mit Hoffnung, Führerlosigkeit mit Orientierungssuche, Vulgärökonomie mit Hoffnung auf Arbeit und Verdienst. Vielen, zu vielen erschien in den 30er Jahren die Zeit reif zum Wechsel. Und in Österreich lieferte die Idee vom Ständestaat einen vorläufigen Ausweg aus der inneren und der äußeren Bedrängnis. Vorläufig. Ein dritter Weg ließ sich andenken zwischen Sozialismus (in welcher Form auch immer) und Kapitalismus.

Ein Papst als Gesellschaftspolitiker

Quadragesimo anno 1931. Vierzig Jahre nach „rerum novarum" glaubte Papst Pius XI. die Lehre seiner Kirche von Wirtschaft und Gesellschaft fortschreiben zu müssen. Mit kaum zu überbietender Deutlichkeit bezeichnet dieses Kirchenoberhaupt den Sozialismus, wie er damals gepredigt wurde, als unvereinbar mit der Lehre der katholischen Kirche. Nach diesem Papst darf der Staat das Recht auf Eigentum nicht aufheben. Er kann jedoch dessen Gebrauch ordnen und gegebenenfalls – um des Gemeinwohls willen – einschränken. Kapital und Arbeit sind nach dieser Enzyklika aufeinander angewiesen „wie Glieder des Sozialkörpers". Zeitgenossen vom Schlag eines Max Bischof muss diese Denkweise beeindruckt haben.

Die päpstlichen Aussagen zur berufsständischen Ordnung sind es, die diesem päpstlichen Rundschreiben prägende Einflüsse bis heute verschaffen. In Österreich, damals überwiegend und eindeutig ein katholisch geprägtes Land, verdichtete sich Quadragesimo anno zu einem Gesellschaftsmodell. Und zugleich zu einem Identitätsfaktor. Irgendwo zwischen Liberalismus und Marxismus und ohne demokratisches Beiwerk sollte dieser dritte Weg aus der akuten Krise und der überlieferten Sinnsuche führen.

Othmar Spann, der philosophische Volkswirtschaftler oder ökonomische Philosoph, hat seine – vielfach angefeindete – Denkrichtung unter Berufung auf diese Enzyklika bis zum autoritär angelegten Ständestaat verdichtet. Für viele relativiert Spanns Ganzheitslehre nationalstaatliche Identitäten. Zu Deutsch: Mancher Nachdenker phantasierte von einem modellhaften Zusammengehen Deutschlands und Österreichs. Der Ständestaat als Alternative für die Suchenden, die die Schmach der Niederlage von 1918 nicht hinter sich lassen konnten oder wollten? Unter ihnen Max Bischof. Oder der Ständestaat als ideologischer Hebel für einen eigenen, einen österreichischen Weg, also kein Anschluss an Hitler-Deutschland? Unter ihnen auch Bischof.

Dass der betonte Antisozialismus ständestaatlicher Ideen Linke zur Weißglut brachte, liegt nahe. Sie sprachen von „Austrofaschismus" und sollten in der Tat erleben, wie eine ständische Ordnung Parlament und damit Demokratie in den Schatten stellt. Engelbert Dollfuß war der Erste, der diese Ideen politisch praktizierte. (Wie nachhaltig, zeigt sich im Betrieb des österreichischen Parlaments unserer Tage. Weil in den Clubräumen der ÖVP neben anderen das Bild von Dollfuß hängt, scheuen sozialistische Mandatare und Funktionäre diese Ecke.)

Dollfuß stammt aus Niederösterreich, dorther, wo das Land nicht nur bäuerlich bewirtschaftet, sondern bis heute auch bäuerlich gedacht und gelebt wird. Bevor ihn am 25.7.1934 am Wiener Ballhausplatz die tödlichen Schüsse eines Nationalsozialisten verbluten ließen, hatte er eine Bilderbuchkarriere hinter sich. Das kleingewachsene Energiebündel hatte sich die Mentalität eines Reserveoffiziers aus dem Ersten Weltkrieg bewahrt. Er fühlte sich in einem Mehrfrontenkrieg: Druck der Siegermächte, Parteiengezänk und Weltwirtschaftskrise. Seinem Temperament und seinem Ehrgeiz kam das Berliner Beispiel willkürlich genützter Notverordnungen entgegen. Gerade weil er als österreichischer Patriot die Okkupationsgelüste der Nationalsozialisten unter Hitler kannte oder ahnte, musste er seine eigenen Staatsideen unter Zeitdruck improvisieren. Unter Fürst Starhemberg verstand die Heimwehr, ihre Ideen bei Dollfuß anzubringen, allen voran ein Anti-Anschluss-Konzept. Von Tirol aus sollte das politisch als schwammig empfundene „rote Wien" aufgerollt und diszipliniert werden. Für Bürgerliche in der Hauptstadt, wie auch für Bischof, eine interessante Alternative zur als verrottet empfundenen parlamentarischen Demokratie.

Seit Mai 1932 war Dollfuß Kanzler. Gleichzeitig Außenminister, betrieb er schon im Vorfeld der hitlerschen Machtübernahme in Berlin eine systematische Anlehnungspolitik an Italien. Innenpolitisch nutzte er eine Abstimmungspanne der sozialistischen Nationalratsabgeordneten und schickte nach jener kaiserlichen Notverordnung aus dem Ersten Weltkrieg, aus dem Jahre 1917, das Parlament nach Hause. Es sollte nie mehr zusammentreten. Dollfuß nennt es Selbstausschaltung, die Sozialdemokratie „Regierungsdiktatur". Als Hitlers antisozialistische Machtgelüste immer greifbarer wurden, versuchte sich Dollfuß mit „seinen" Sozialisten zu arrangieren. Vergeblich.

Nachdem Adolf Hitler am 30. Januar 1933 Reichskanzler geworden war (NS-Wortwahl: Machtergreifung, Historikermeinung: Machterschleichung), setzte Dollfuß seinen Anti-Nazi-Kurs fort: Verbot für die nationalsozialistische deutsche Arbeiterpartei (NSDAP). Geflohene Nationalsozialisten gründeten und betrieben in München die sogenannte Österreichische Legion. In eigenen Lagern untergebracht, wurde sie finanziell und materiell vom Dritten Reich mit Hauptziel Terror gegen und in Österreich ausgebildet.

Als der Reichsjustizminister Hans Frank, vertrauter Rechtsanwalt Hitlers in dessen Prozessen – ab 1940 Generalgouverneur in Polen –, versuchshalber den österreichischen „Selbständigkeitstrieb" mittels einer provokanten Reise durch Österreich prüfen sollte und prompt ausgewiesen wurde, verhängte Hitler die sogenannte Tausend-Mark-Sperre: Jeder Deutsche hatte vor Reisebeginn nach Österreich eine Gebühr von tausend Reichsmark zu entrichten. Eine erste Boykottmaßnahme, Nahrung für deutschnationale Österreichzweifler.

Während nun große Teile der österreichischen Bevölkerung müde wurden und hilflos vor ihrem zerrütteten, isolierten Gemeinwesen aus Wankelmütigen, Orientierungslosen, Ruhebedürftigen und mehr denn je Arbeitslosen standen, rüsteten Radikale und Extremisten auf. Zuerst ideologisch und dann praktisch.

Februar 34: 300 Tote

Zur ersten Explosion kam es am 12. Februar 1934 und danach. Der Linzer Schutzbundführer Richard Bernaschek wehrte sich gegen eine Waffenentzugsaktion der Polizei, leistete bewaffneten Widerstand und die Linke rief den Generalstreik aus. Bundesheer, Exekutive und Wehrverbände mobilisierten gegen den republikanischen Schutzbund, gegen die Sozialdemokratie. Nach offenen Kämpfen in Wien, Steyr und Linz obsiegte die Rechte über die Linke. Bischof, damals noch in Polen, ist an all dem nicht direkt beteiligt.

Nach diesen Februarereignissen werden insgesamt 300 Todesopfer registriert. Neun Schutzbundangehörige werden hingerichtet. Prominente Sozialdemokraten wie Julius Deutsch und Otto Bauer fliehen ins Ausland.

Da Politik keine gemeinsame Sprache mehr findet, zieht Gewalt durchs Land. Am 25. Juli 1934 besetzen Putschisten der Nationalsozialisten unter Führung der SS-Standarte 89 in Wien den Rundfunksender und verkünden – voreilig – den Rücktritt von Kanzler Dollfuß. Fast gleichzeitig nehmen 150 Angehörige dieser SS-Einheit das Wiener Bundeskanzleramt ein und erschießen Bundeskanzler Engelbert Dollfuß; sie lassen ihn verbluten.

Der Putsch, der auch Steiermark und Kärnten erfasst hat, wird nach blutigen Kämpfen, hauptsächlich getragen von der Heimwehr Starhembergs – wegen ihrer Federn an der Uniformmütze „Hahnenschwanzler" genannt –, überwunden. Einige tausend Anhänger der Nazipartei werden verhaftet, über 4.000 fliehen nach Deutschland.

Unter dem Eindruck des Röhm-Putsches in Deutschland bricht die NS-Aktion in Wien vollends zusammen. Eine Reihe der nach Deutschland geflüchteten österreichischen Putschisten werden an Österreich ausgeliefert und wenige Tage später hingerichtet. Durchschnittsösterreicher kapitulieren vor der undurchsichtigen Politgewalt. Viele fliehen in innere Staatsferne. Wenige Entschlossene, vor allem Sozialdemokraten, gehen in die Emigration. Von München aus setzt nationalsozialistische Wühlarbeit gegen Österreich ein. Es kommt zu Sprengstoffanschlägen. Die Behörden greifen hart durch, fördern aber gleichzeitig den Gegendruck. Von den Jungen verlassen viele das Land und schließen sich der Österreichischen Legion in München an, im heutigen Sprachgebrauch eine politisierte Terroreinrichtung unter nationalsozialistischer Protektion. Die Selbstverteidigung liegt nur bedingt beim Bundesheer. Heimwehren versuchen unter Starhemberg, ihre hausgemachte Stabilität landesweit zu verstärken. Unter den Sympathisanten Max Bischof.

Verschwundene Akten

Bischofs Karriere in der Länderbank bis zur Machtübernahme durch die Nationalsozialisten konnte ich nur seinen Unterlagen entnehmen. Vergeblich habe ich bei dem mir bekannten Archivar der seinerzeitigen „Zentralsparkasse der Gemeinde Wien", heute „Bank Austria", nach Unterlagen aus dieser Zeit gefragt.

Bei der Übernahme der Länderbank durch die „Z" gab es keine. Warum auch immer – so berichtete mir mein Mittelsmann – waren Unterlagen, die die Länderbank betrafen, nicht mehr vorhanden. Es gab daher aber auch keine Personalakte mehr. Da alle Unterlagen, die sich im Archiv befunden hatten, vernichtet worden waren, gab es offenbar vieles zu verheimlichen – so sprach er. Ein Skandal. Bei uns ein Skandälchen.

Dabei wären diese Unterlagen dringend notwendig gewesen, als die „Historikerkommission" den Auftrag erhielt, im Rahmen der Wiedergutmachungsaktion die Banken gründlich zu durchleuchten. Die diesbezüglichen Informationen über Arisierungen, Enteignungen, Kontensperren von jüdischen Konteninhabern und vieles mehr konnte bezüglich der Länderbank nur durch Querverbindungen zu anderen Banken analysiert werden. Mühselig und unvollständig.

Die Aufzeichnungen über diese Zeit wurden von Max Bischof für die verschiedensten Zwecke erstellt. Entsprechend variieren sie. So gibt es einen Lebenslauf im Rahmen seines Ansuchens um Verleihung des Berufstitels „Kommerzialrat", ein anderer, kurz nach dem Krieg erstellt, war als präventive

Abwehr gegen eine mögliche Anklage zu seiner Tätigkeit im Generalgouvernement gedacht.

Zunächst ging es für den jungen Mann ziemlich steil nach oben, 1924 war er bereits Leiter des Kontrollbüros der Bank. Von 1929 bis 1935 war er zur Allgemeinen Kreditbank A. G. Warschau, dem Tochterinstitut, delegiert. Seine Aufgabe war es, die „betriebliche Reorganisation des Institutes sowie dessen Filialen in Krakau, Lemberg und Bielitz" durchzuführen.

In dieser Zeit erwarb er ein großes Grundstück im 13. Wiener Gemeindebezirk und ließ sich eine Villa bauen. Die Villa wurde im Laufe der Jahre, mit Schwergewicht nach dem Kriege, zu einem Museum und Max Bischof zu einem anerkannten Fachmann, was antike Waffen betrifft. Er soll die größte private Sammlung antiker Waffen in Österreich besessen haben, daneben eine Unzahl von wertvollen und seltenen Sammlerstücken, wie Uhren, Meissner Porzellan und viele andere Prestigestücke.

Woher die Einnahmen zur Bezahlung der sicher hohen Kosten des Grundkaufes und des Hausbaues – und dies gerade zur Zeit der Wirtschaftskrise – kamen, konnte aus den Unterlagen nicht geklärt werden. Im persönlichen Nachlass gibt es keine Erklärung dazu – er schreibt nur immer wieder über das Gehalt, das er in Wien von der Länderbank weiter bekommt, das der Familie bleibt und von Diäten in Warschau. Auch im Gauakt gab es keine Hinweise. Sein Sohn berichtet über Bankkredite, die er dank seiner sicheren Stellung problemlos bekam, weiters forcierte die Gemeinde Wien gerade zu dieser Zeit den Bau von Wohnungen und Eigenheimen. Während und nach dem Kriege war der Verdienst von Max Bischof aber sicher hoch genug, um die größte Privatsammlung antiker Waffen in Österreich anschaffen zu können. Schließlich trat Max Bischof auch als Volldirektor mit einer dieser Position entsprechenden Pension in den Ruhestand. Dem Vernehmen nach soll seine Nettopension – damals – öS

67 000 betragen haben. Das entspricht etwa 25 000 Euro nach heutigem Kaufwert.

Polen: Menschen zweiter Klasse

Polen ist Schicksal. Zwischeneuropa genannt, zog es in den bunten 20er und den dramatischen 30er Jahren mit der neuen Unabhängigkeit nicht nur Politiker und Militärs an, sondern auch Männer der Wirtschaft. Sie alle wollten Polen nicht mehr teilen, wie seit 1772 viermal, als Glacis ihrer jeweiligen Macht benützen. Während ein Hitler vom erweiterten Lebenstraum schwadronierte und ein Stalin die polnische Nation zu bolschewisieren trachtete, kümmerten sich Kaufleute und ihresgleichen ums Geschäft. Herrschte doch in Warschau eine einmalige Mischung aus politisiertem Souveränitätsverlangen, Anlehnungsbedürfnis an das Deutsche Reich oder an die Sowjetunion und Teilhabe an der neuen Genusswelle.

Vergessen oder verdrängt, dass das große, das weite Land einst, nach dem Wiener Kongress, ein russisches Königreich war, das sogenannte Kongresspolen mit dem russischen Zaren in Personalunion. Gegen diese Einordnung als Zwischeneuropa rannten polnische Patrioten jahrzehntelang an. Vergeblich. Sie fühlten sich generationenweise als Menschen zweiter Klasse, bestenfalls Opfer der Ränkespiele anderer, wie 1916, als Deutschland und Österreich-Ungarn aus durchsichtigen Kriegsgründen einen eigenen polnischen Staat proklamierten. An Wechsel gewöhnt, erlebten und ertrugen die Polen der Zwischenkriegszeit, dass Josef Pilsudski, Marschall von Polen, ab 1919 auch Staatschef und Sieger über die Russen (wodurch die Grenzen Polens im Jahre 1921 um 250 km nach Osten verschoben werden konnten), ihr Land in unterschiedlichem Format, jedenfalls autoritär im Mussolini-Stil, beherrschte. Man war ja einiges gewöhnt und wusste sich mit Obrigkeiten diverser Art zu arrangieren.

Polen als Land für Lebenskünstler, attraktiv für Unternehmungslustige. Viele von ihnen hielten wenig von der „Neuen Sachlichkeit", wo eigentlich das Gefühl, kaum jedoch die Objektivität den Ton angab. Polen, im Mittelalter geschlagene 500 Jahre – von 1320 bis 1795 unter den Piasten und dann unter den Anjou – im Herzen Europas dominierendes Königtum, behagt in unserer Zeit schon mehr Surrealismus. Unter dem Einfluss Sigmund Freuds setzt man auch an der Weichsel mehr auf unterbewusste Wahrheiten in perspektivischen Räumen oder Abstraktion symbolhafter Formensprache. Für ein neues Lebensgefühl selbstbewusster Nationalstaatler reichte es allemal.

Man fliegt exklusiv. Nach gebeugter Haltung, aus Raummangel, verlässt man das Junkers-Flugzeug erhobenen Hauptes, hilft galant eleganten Damen mit Boa über die Hühnerleiter, man strebt dem Luxusbus zu (Hartgummireifen), man lässt sich vom gediegenen Chauffeur die Wagentüre öffnen, man verbreitet hier im ostpreußischen Königsberg bewusst Berliner Luft. Man habe es den Polen, die keine freie Landverbindung zwischen dem Reich und dessen Ostprovinz dulden (nachdem im Versailler Vertrag große Teile ehemalig deutscher Gebiete an Polen gefallen waren) mit dem ersten Passagierflug der Lufthansa wieder deutsch gezeigt. Man schreibt den 1. Mai 1926.

Die Charleston-Generation folgt politisch wie wirtschaftlich dem grotesken Tanz rhythmischer Verrenkungen. Auch in Polen ... Nach der Hyperinflation sorgt neues Geld allerorten für Aufbruchsstimmung. Es lebt, wer es sich richten, leisten kann. Die eine Spekulation löst die andere ab. Paramilitärs versuchen ihr Glück landauf, landab. Wie die kleine Entente zwischen Frankreich und der Tschechoslowakei erstreben oder blockieren die einen wie die anderen Polen eine europäische Nachkriegsordnung. Die alten Demokratien wurschteln mehr oder weniger vertrauensselig weiter, als ob (fast) nichts geschehen wäre. In den neuen Ländern wird es Mode, im Zweifel zu putschen. Und sei es „nur" für ein besseres Leben. Auf alle Fälle ein Hoffnungsmarkt, nicht zuletzt für Banker vom Schlag eines Bischof. Einflusssucher wie Geschäftsleute mag weniger interessiert haben, wie sich das neue Polen staatlich, ideologisch oder religiös organisiert. Man überließ den allezeit stolzen Polen, wie sie es mit Demokratie und mit Diktatur halten wollten. Hauptsache, das neue Polen funktionierte und blieb einigermaßen stabil.

Hoffnungsmarkt – Bischof konnte einen ausmachen –, weil sich der junge Staat mit der ehrwürdigen Tradition wirtschaftlich besser mauserte als politisch. Mit erkämpfter Osterweiterung verfügte Warschau über einen beträchtlichen Teil der Kornkammer Europas. Erstklassige schwarze Erde, bewirtschaftet in Gutsherrenart und nicht durch arme, ungebildete Kleinbauern, wie im polnischen Kernland mit seinen schlechten Böden. Zudem gab es Rohstoffe mit Zukunft, wie Kohle, sowie eine gewachsene Industrie, bestimmt durch Stahl, Maschinenbau und ein breites Spektrum der Verarbeitung. Dazu eine qualitätsbewusste Arbeiterschaft, mobilisierbar nicht zuletzt durch den neuen Nationalstaat. Erstklassige Voraussetzungen für Investoren und agrarische wie industrielle Zukunftsdenker – und für das Kreditgewerbe. Zu alten Verbindungen, vornehmlich nach Wien, kamen neue nach Berlin, Paris und London. Für unternehmerische Geister ein einladender Mix sowie ein Test auf die Überlebensfähigkeit ihres Landes (das nicht zufällig die erste moderne Staatsverfassung Europas zustande gebracht hatte).
Ohne den uralten Zwist im polnischen Adel und unter den einst mächtigen Oligarchen war es in einem autoritären System nicht nur politisch, sondern auch wirtschaftlich schrittweise möglich, an europäische Standards in Technik und Wirtschaft aufzuschließen. Zunehmende Erfolge in Produk-

tivität und Effektivität ließen Geldmanager aufhorchen. Erträge wollten betreut und Gewinne zeitgemäß angelegt sein, besonders in den stürmischen Zeiten der ersten großen Weltwirtschaftskrise der 30er Jahre.

Wer seiner polnischen Klientel hilfreich zur Seite stand, hatte Zugang zu hohen und höchsten Kreisen des Landes. Wer gut aussah, wie Bischof, Herrenreiter war, hatte es leichter im leichtlebigen Warschau und wer mit Verbindungen in die große weite Welt aufzuwarten verstand erst recht. Krise hin oder her, das Geld saß gelegentlich locker. Man brauchte nicht lange zu warten, um honoriert zu werden, in welcher Form auch immer. Was Warschau mit Wien gemeinsam hatte, war das System der Verbindungen und ihr strategischer Einsatz.

Gegner „unserer Bewegung"

Nach seiner von ihm 1935 gewünschten Rückkehr nach Wien erhielt Bischof eine Ausbildung im „Devisen-, Zweigstellen- und Akquisitionsdienst". Nebenbei war er noch immer Bilanzprüfer der Allgemeinen Kreditbank. Auch für einen Nichtfachmann erscheint dies als ein beachtliches Aufgabengebiet und vor allem ein sehr breites Ausbildungsspektrum. Automatisch ergab sich aus den vergangenen und neuen Tätigkeiten das Erlernen und Beherrschen der polnischen Sprache und das Kennenlernen der polnischen Bankenszene.

In Österreich beginnt aber 1938 der Abstieg, Anfang 1939 mit dem Anschluss scheint seine Karriere zu Ende zu sein. Er beschreibt seine Tätigkeit kurz und bündig als „Delegierter der Zentrale für den Außendienst am Wiener Platz". Die Gründe sind eindeutig: Mit einer Jüdin verheiratet zu sein, bedeutet, ein Ausgestoßener zu sein, einer, der keinen Platz mehr hat in einer Firma, einer größeren Gemeinschaft, wie Bezirk, Stadt oder Land.

Darüber hinaus ist er aus anderen Gründen eine unerwünsch-
te Person, im sog. Gauakt, Nummer 53173, wird er als Geg-
ner „unserer Bewegung" bezeichnet. Er sei ein „fanatischer
Gegner des Anschlusses", ein „besonders eifriger Funktionär
der VF", also der von Dollfuß gegründeten „Vaterländischen
Front". Außerdem sei er mit einer „Volljüdin" verheiratet.
Seine Aufnahme in die NSV (Nationalsozialistische Volks-
wohlfahrt) sowie die Aufnahme der Kinder in die HJ (Hitler-
jugend) wurde aus diesem Grunde abgelehnt. Mehrfache An-
träge zur Aufnahme in die Deutsche Wehrmacht, und zwar
als Offizier, entsprechend seinem Dienstgrad bei den Kaiser-
schützen, wurden nicht bewilligt, da er als wehrunwürdig
abqualifiziert wurde.

Österreichbewusstsein als Ideologie

Dollfuß-Nachfolger Kurt Alois Johann Schuschnigg, 1897 als
Edler von Schuschnigg geboren, hielt sich als Bundeskanzler ideologisch strikt an die ständestaatlichen Vorgaben und
den Selbständigkeitskurs seines Vorgängers. Er setzte bewusst
auf einen christlichen Ständestaat. Ihn sollte ein eindeutiges
Österreichbewusstsein als Ideologie stützen. Schuschnigg
wollte eine Kampfgemeinschaft bewusster Patrioten. Für
sein Programm wollte er den politischen Schutt des Ersten
Weltkrieges durch ehemalige Offiziere wegräumen lassen.
Schuschnigg wollte den Ständestaat mit überzeugten Österreichern wie Max Bischof aufbauen. Gegen den Nationalsozialismus und einen hitlerschen Parteiimperialismus wollte er
mit der Vaterländischen Front kämpfen.
Mit einem Bekenntnis zu ihrem Land sollte – ganz zeitgeistig
– ein österreichisches Menschenbild für alle Gutwilligen und
Traditionsbewussten herausgearbeitet werden. Dem Bundeskanzler ging es um eine Art Kampfgesinnung. Nach autori-

tären Regeln war diese „Front" als Zwangsorganisation nicht zuletzt gegen die Deutsch-Gläubigen angelegt.

Der Wechselwirkung mit und zu Deutschland und mit dem Hitler-Regime vermochte sich Schuschnigg allerdings kaum und immer weniger zu entziehen. Echte Radikalität gegen Ständestaat. Ideologisch verkürzt gelang es Schuschnigg nur vorübergehend, das Ausland mit dem Original eines österreichischen Staatsgefühls zu beeindrucken. Es war schwer, Sympathien für sein kleines Land zu wecken. Auf die Dauer vermochten weder er noch die Vaterländische Front, dem Einfluss und dem Druck des benachbarten Reiches zu widerstehen.

Als Schuschnigg 1936 mit Hitler das sogenannte Juli-Abkommen schloss, entstand neue Verwirrung in den verschiedenen, zutiefst zerstrittenen politischen Lagern Österreichs. Es schuf eine freie Bahn für die Unterwanderung des Ständestaates durch die Nationalsozialisten. Gleichzeitig versuchte Schuschnigg, sich von der Einheitsfront der Vaterländischen zu lösen, den Einfluss von Starhemberg bis zur Auflösung des Selbstschutzverbandes zu verringern, nach Einführung der allgemeinen Wehrpflicht im April 1936 die Landesverteidigung straffer zu organisieren. Ein tollkühnes Vorhaben, von vielen Österreichern nicht begriffen.

Die Unterwanderung durch Nationalsozialisten u. a. durch „volkspolitische Referate", auch in Wiener Gemeindebauten, machte es österreichischen Patrioten schwer und schwerer, an die Eigenstaatlichkeit zu glauben. Außenpolitisch verlor Österreich das aktive Interesse Italiens. Kaum Schutzmacht, arrangierte sich das faschistische Italien unter Mussolini im italienisch-äthiopischen Krieg mit Hitler-Deutschland. Den Beweis, dass Österreich der bessere deutsche Staat sei, konnte der rot-weiß-rote Ständestaat nicht mehr recht antreten. Er war politisch, ideologisch, wirtschaftlich und nicht zuletzt personell unterwandert, das katholische Fundament brüchig geworden.

Der gewiefte Taktiker Schuschnigg drohte sich zu überdribbeln, als er einen letzten Rettungsversuch startete. Zur Verwirrung österreichischer Patrioten schloss er – wie schon angeführt – im Juli 1936 mit der deutschen Regierung ein förmliches Abkommen. Die NSDAP blieb zwar verboten, inhaftierte Nationalsozialisten wurden jedoch amnestiert, zwei NS-Vertrauensleute (Guido Schmidt und Edmund Glaise-Horstenau) zu Bundesministern und Arthur Seyß-Inquart in den Staatsrat berufen, NS-Zeitungen wieder zugelassen. In scheinbarer Großzügigkeit hob Hitler die Tausend-Mark-Sperre wieder auf.

Die Unterwanderung Österreichs durch das NS-Regime ging allerdings weiter. Der „Anschluss" wurde ideologisch und militärisch vorbereitet. Von Rechtsstaatlichkeit war kaum mehr die Rede, die moralischen Kräfte ließen nach, die inneren Gegensätze des zerrissenen Landes nahmen in dem Maße zu, wie die patriotischen Energien versiegten. Der Aufbau des Staates sollte nach den Prinzipien der Vaterländischen Front erfolgen; das Einparteiensystem verkümmerte unter dem Druck von innen und außen, das Frontziel der Selbständigkeit und Unabhängigkeit Österreichs verrutschte und verblasste.

Der dramatische Wandel im hitlerschen Nachbarstaat machte aus dem Reichskanzler ein Idol – auch für mehr und mehr Österreicher. Die Schicht jener schmolz ab, die aus patriotischen oder ideologischen Gründen Österreich führen wollten und konnten. Das Schicksal des zerstrittenen, des aufgewühlten Landes hing kaum mehr an der Widerstandsfähigkeit des Ständestaates unter Schuschnigg. Vielmehr hing alles von der imperialistischen Planung des Hitler-Regimes ab.

Bis Ende 1937 war Berlin politisch und auch militärisch nach Meinung der deutschen Generalität noch nicht so weit, um sich Österreich einzuverleiben. Die Pläne der deutschen

Wehrmacht für die Operation „Otto" waren nach Meinung der Generalität noch nicht ausgereift, als es am 12. Februar 1938 auf Vorschlag des deutschen Gesandten von Papen zu folgendem Dialog zwischen Hitler und Schuschnigg auf dem Berghof bei Berchtesgaden kam.

Der österreichische Bundeskanzler: „Dieser wundervoll gelegene Raum ist wohl schon der Schauplatz mancher entscheidender Besprechung gewesen, Herr Reichskanzler?"

Hitler: „Ja – hier reifen meine Gedanken. Aber wir sind ja nicht zusammengekommen, um von der schönen Aussicht und vom Wetter zu reden."

Der „Führer" war entschlossen, seine alte Heimat in Besitz zu nehmen. Er drohte offen mit Krieg und führte dem bereits eingeschüchterten Bundeskanzler die anwesende deutsche Spitzengeneralität vor.

„Wir weichen der Gewalt." Bundeskanzler Schuschnigg einen Monat später im österreichischen Radio am 12. März 1938. Ein gebrochener Mann und ein unterlegenes Land. „Ein Requiem in Rot-Weiß-Rot" nennt das Schuschnigg später in seinen Memoiren mit der Erkenntnis: „Nun ist alles vorüber."

Die Schüsse an der Rue de Lille

An einem regnerischen Novembertag, man schreibt den 7. November 1938, betrit ein junger Mann gepflegten Aussehens den Waffenladen von Monsieur Carpe an der Rue de Faubourg Saint Martin zu Paris. Sein Name: Herschel Feibel Grünspan. Er ersteht einen Trommelrevolver mit 12 Schuss scharfer Munition, fährt zur Gesandtschaft des Deutschen Reiches an der Rue de Lille und streckt dort den deutschen Gesandtschaftssekretär Ernst von Rath nieder.

Ein Akt aus Rache für die beginnende Verfolgung der Juden oder aus Enttäuschung über die Staatengemeinschaft? Tatsächlich hatten sich 32 Teilnehmerstaaten der Internationalen Konferenz von Evian im Juli 1938 wortreich gesträubt, auf eine Flüchtlingswelle verfolgter Juden aus dem Hitler-Reich mit organisierter Aufnahmebereitschaft zu reagieren. Über 30 000 Juden wurden in der „Polenaktion" (NS-Bezeichnung) von Berlin aus an die polnische Grenze abgeschoben, ihrem Schicksal überlassen, dort saßen sie fest. Auch Herschels Eltern. Mediale Aufregung weltweit. Sonst nichts. Max Bischof konnte damals nicht ahnen, dass die Verfolgung der Juden später sein Leben prägen sollte.

Nach den Schüssen von Paris lässt Reichspropagandaminister Goebbels unverzüglich toben. Die Rache auf die Rache ließ nicht lange auf sich warten. Einzelne Übergriffe auf Juden, auf deren Wohnungen, Geschäfte und Synagogen in Norddeutschland weiteten sich im Stundentakt auf das ganze Hitler-Reich aus. Was sich als spontane Reaktion darstellen lässt, geriet zu einem Pogrom mit weltweit beachteter Wirkung. Tausende Wohnungen wurden besetzt und geplündert, jüdische Geschäfte allerorten ausgeraubt, hunderte Synagogen schon in den ersten Stunden geschändet und systematisch angezündet.

Unter dem verharmlosenden Begriff „Reichskristallnacht" (ursprünglich eine zynisch- ironisch gemeinte Wortschöpfung der Berliner Schnauze) steckt die erste öffentlich angelegte Großtat von gewalttätigem Antisemitismus in Deutschland. Im SA-Befehl vom 9. November 1938 heißt es dazu u. a.: „Sämtliche jüdische Geschäfte sind sofort von SA-Männern in Uniform zu zerstören. Die Presse ist heranzuziehen. Jüdische Synagogen sind sofort in Brand zu stecken. Die Feuerwehr darf nicht eingreifen. Es sind nur Wohnhäuser arischer Deutscher zu schützen, allerdings müssen die Juden raus, da Arier in den nächsten Tagen dort einziehen werden. Der Führer wünscht, dass die Polizei nicht eingreift. Sämtliche Juden sind zu entwaffnen. Bei Widerstand sofort über den Haufen schießen. Dies kann auch erweitert werden auf die Freimaurerei."

Nach Aktenlage wurden über 26 000 Juden festgenommen. Die Angaben über Todesopfer schwanken. Fest steht, dass ihre Zahl im Zusammenhang mit der Reichskristallnacht dramatisch hoch liegt. Belegt sind 91 Morde allein in den ersten Stunden des Pogroms.

Konfiskationsgier der Reichsbank

In der „Ostmark" setzten die Verfolgungen erst etwas später ein, sie verliefen laut Polizeiberichten aber wesentlich heftiger. So stammt fast die Hälfte der jüdischen Opfer der ersten Verhaftungswelle nach der Grünspan-Affäre aus Wien. Schon diese giftige Explosion durch braunen Pöbel musste jedem Unbefangenen in der entmachteten Hauptstadt von Österreich zu denken geben, setzte doch schon vor der Reichskristallnacht eine konsequente Germanisierung auf der politischen Irrfahrt der Österreicher ein – erst recht nach dem Anschluss. Rechtlosigkeit nahm für viele, freilich nicht für alle, unvorstellbare Ausmaße an. Gleichschaltung hoch x. Das wurde Österreichern tagtäglich vorgeführt. Während sich der Anschluss für die schweigende Mehrheit anfänglich als eine Art Arbeitsbeschaffung zu erweisen schien, wurde Eliten und Andersdenkenden prompt klargemacht, wo der Bartel den Most holt – bei den Parteikadern, bei der SS, bei der Gauleitung und in Berlin.

Es begann mit der Konfiskationsgier der Reichsbank. Sie konfiszierte die ansehnlichen Goldbestände der Österreichischen Nationalbank im Wert von mehreren Milliarden Schilling, freie Devisenreserven von 2,4 Milliarden Schilling. Berlin sorgte dafür, dass die Umstellung von Schilling auf Reichsmark die deutsche „Reichshälfte" begünstigte. Es blieb nicht dabei, was im Reich bereits knapp und teilweise rationiert war, satte Bestände an englischen Stoffen oder auch Überfluss an Butter und anderem, wurde aufgekauft. Entzug von Rohstoffen, Halbwaren und Fertigprodukten führte zwangsläufig dazu, dass die Lebenshaltungskosten in der „Ostmark" in zwei Jahren bereits überdurchschnittlich, um gut ein Drittel, stiegen.

Unzweifelhaft verpasste eine imperial angelegte Strukturpolitik des Regimes auch österreichischen Landen einen industriellen Wachstumsschub. New Deal auf mitteleuropäisch mit Hintergedanken. Zeitlich nahe zum Krieg verschoben sich bald die Prioritäten zur reinen, zentral mehr oder weniger gesteuerten Rüstungswirtschaft. Selbst Bauern vermochten die einsetzende Erholung nicht voll zu nützen. Als die Männer zusehends eingezogen wurden, entwickelte sich Kräfteknappheit, bald ein Kardinalproblem der hitlerschen Kriegsmaschine. Für den Anschlussboom mussten nicht wenige einen hohen Preis entrichten, waren doch alle im Netz neuer und auch alter Abhängigkeiten, etwa auf der Seite des Kapitals, wie gefangen. Banker wussten schon damals ein Lied von der Willkür des Parteistaates zu singen. Immer mehr Einflussträger wurden einfach entmachtet. Sehenden Auges parieren oder ausscheiden. Zur Machtübernahme, die bis ins letzte Büro zugriff, schweigen oder sich und die Seinen gefährden. Bischof in Gefahr.

So gut wie keiner vermochte sich der neuen Gewaltherrschaft zu entziehen. Dass das Regime jüdische Vermögen im Wert von geschätzten 2,5 bis 3 Milliarden Reichsmark enteignete, stellt eine der vielen Facetten nationalsozialistischer Tyrannei dar. Sie wirkten total in einer Stadt wie Wien mit einem überdurchschnittlich starken jüdischen Bevölkerungsanteil. Nicht selten übertrafen wilde, selbsternannte Funktionäre in ihren Raubzügen die nicht gerade zimperlichen NS-Kader. Willkür eingeschlossen. Dazu die ständige Drohung gegenüber Unwilligen oder Gezeichneten mit Abtransport in die Konzentrationslager. Mit jüdischer Verwandtschaft muss der ständige Druck unerträglich gewesen sein.

Wie die Betroffenen mit dem ständigen Druck fertig wurden, stellte an sie außergewöhnliche Anforderungen. Nerven lagen blank und der eigene Charakter wurde beständigen Härtetests ausgesetzt. Max Bischof, Spitzenmann der Länderbank in Wien, geriet als überzeugter Österreicher anno 38 endgültig ins Fadenkreuz der braunen Übernahmetruppe mit ihren rigorosen, jahrelang trainierten Überzeugungstätern. So blieb ihm also, wie vielen Führungskräften, schließlich nichts anderes übrig, als sich mit den neuen Machthabern irgendwie zu arrangieren? Im Mittelpunkt einer vielschichtigen Antwort steht bei ihm unzweideutig Polen und Hitlers sogenannter Generalgouverneur Dr. Hans Frank, der ihn als Kenner des polnischen Bankensektors nach Warschau holte. Max Bischof musste lernen, seiner Familie das Überleben zu sichern und gleichzeitig seine Karriere auch als Schutz einzusetzen.

Der „Anschluss" Österreichs war noch kaum verkraftet, die „Heimführung des Sudetenlandes" unter Dach und Fach, die Selbständigkeit der Tschechoslowakei preisgegeben, die Slowakei abgetrennt. Die „Reichskristallnacht" hatte Angst und Schrecken hinterlassen. Als ob diese dramatischen Vorzeichen nicht ausreichten, um die reellen Gefahren für einen ohnedies wackeligen Frieden plausibel zu machen, erfasste ausgerechnet das Hörspiel „Invasion vom Mars" die Massen im Amerika. Sie nahmen als Realität, was Orson Welles künstlerisch mit dem Roman von H. G. Wells „Der Krieg der Welten" Ende 1938 als Fiktion aufspießte. Ein Jahr später wurde es tatsächlich Realität. Deutschland besetzt Rest-Tschechien, das Memelland wird „in das Reich zurückgeholt", Hitler und Stalin stellen mit dem deutsch-sowjetischen Nichtangriffspakt Politik und Ideologie gleichsam auf den Kopf. Wie folgerichtig startet Adolf Hitler mit seinem Angriff auf Polen den Zweiten Weltkrieg, die schwer belastete, schier unvorstellbare Fortsetzung des ersten Waffengangs, als 31-jährigen Krieg von 1914 bis 1945.

„Wenn der Westen zu dumm und zu blind ist"

Hitlers gewaltgeladene Mission lässt sich selten derart unverblümt enttarnen wie in seinem Gespräch mit Carl Jacob Burckhardt. Bevor der gigantische Gewaltausbruch von ihm wissentlich losgetreten wurde, sagte Hitler am 11. August 1939 auf dem Obersalzberg zu dem Schweizer Diplomaten: „Alles, was ich unternehme, ist gegen Russland gerichtet. Wenn der Westen zu dumm und zu blind ist, um zu begreifen, werde ich gezwungen sein, mich mit den Russen zu verständigen, den Westen zu schlagen, und mich dann nach seiner Niederlage mit meinen versammeltem Kräften gegen die Sowjetunion wenden." Wie zur Entschuldigung fügte der losgelassene Diktator an, er brauche die Ukraine, „damit man uns nicht wieder, wie im letzten Krieg, aushungern kann".
Eine politische Drohung, eine militärische Erpressung und gleichzeitig ein diplomatischer Einschüchterungsversuch, war doch Burckhardt nicht irgendein unbedeutender Karrierediplomat, sondern ein Star seines Faches: Beauftragter des Völkerbundes für Danzig, damals unbestreitbar ein deutsch besiedeltes und geprägtes Gemeinwesen, das 1920 zur Freien Stadt Danzig erklärt wurde (die dieser Führer heim ins Reich holen wollte, wie davor Österreich). Er war ein Hommes de lettres, Freund von Hugo von Hofmannsthal, diplomatischer Vermittler mit weltweitem Respekt. Hitlers Tirade stufte Burckhardt als „allermerkwürdigsten Ausspruch" ein. Diese Begebenheit wurde später wegen ihrer Authentizität mehrfach in Frage gestellt, auch von „Kollegen" des hochdekorierten Schweizers. Burckhardt wurde nach dem Zweiten Weltkrieg mit dem Friedenspreis des Deutschen Buchhandels geehrt, war Kommandeur der französischen Ehrenlegion, Eh-

renbürger von Lille und Lübeck und mit mehreren Ehren-doktorwürden bedacht. Sein Wort galt und gilt.

Das Verhängnis begann mit einer gezielten, raffiniert insze-nierten Eroberung Polens und endete in einem bis dahin un-vorstellbaren Chaos mit katastrophalen Folgen für die gesam-te Menschheit. Ein Krieg im schrecklichsten Sinn des Wortes. Seine Brutalität und Totalität übertrafen alles Dagewesene. Er beendete den improvisierten Frieden der 20er und 30er Jahre durch die Ränke der Diktatoren wie Hitler und Stalin ebenso gewaltsam wie systematisch. Er kostete weiterer 75 Millionen Menschen das Leben.

Die alte Ordnung wurde, soweit sie nicht schon dem Ersten Weltkrieg zum Opfer gefallen war, unwiderruflich zertrüm-mert. Politik dankte ab, Totalitarismus schien allerorten zu re-gieren. In einem gigantischen Kräftemessen trieben zwei Dik-tatoren die Menschheit und ihre Zivilisation vor sich her. Der Beginn des Krieges rankt sich um Polen, um die Ordnung oder auch Unordnung in der Mitte Europas durch besiegelte oder erneuerte Einflusssphären.

Im Zeichen von Nationalsozialismus und Bolschewismus vollzogen Hitler und Stalin auf dem Rücken Polens ihre Machtübungen. In einem großen, raffinierten Spiel versuchte die Sowjetunion im Kampf um Einflusssphären, Hitler ihren Krieg führen zu lassen, nämlich gegen den allezeit verdächti-gen Kapitalismus des Westens. In einem tollkühnen Interes-senausgleich zwischen den beiden Diktaturen spielte Polen eine zentrale Rolle. Ungewollt und ungefragt.

In einem durchsichtigen Wettlauf um neue Abgrenzungen zwischen Nationalsozialismus und Bolschewismus, aber auch zwischen West und Ost, wurden im Hochsommer 1939 ge-radezu groteske Machtspiele veranstaltet. Stalin versuchte, Großbritannien und Frankreich gegen Hitler auszuspielen und Hitler versuchte, zunächst durch ein Arrangement mit dem alten Erzfeind Kommunismus in Polen, im Baltikum und auf dem östlichen Balkan Zeit zu gewinnen. Hinter den Kulissen wurden die Interessen der beiden Diktaturen zu Lasten demokratischer Staaten wie Polen abgesteckt.

Hitler und Stalin ließen unversehens alle ideologischen Hemmungen fallen. Die beiden Teufel ließen sich auf einen Pakt ein. Voll Hintergedanken mit unvermindertem Misstrauen und schier unvereinbaren Interessen belauerten sich Berlin und Moskau. Paris und London, durch die Ränkespiele Hitlers und Stalins verdattert, waren hilflos. Wie Demokratien in extremen Situationen zu sein pflegen, entging dem Westen fürs Erste ein Geheimprotokoll zum sowjetisch-deutschen „Freundschaftsvertrag". Kaltblütig teilte es die Mitte Europas zwischen Deutschland und Russland in zwei Einflusssphären. Die vierte Teilung Polens – wiederum ohne aktive Teilnahme, Befragung oder gar Beteiligung der Betroffenen – verschaffte den sich gegenseitig belauernden Diktatoren, historisch gesehen, kaum mehr als eine politische und militärische Verschnaufpause.

Die Propagandaapparate der beiden Diktaturen hatten alle Hände voll zu tun. In totaler Umkehr sei alles vergeben und vergessen, was an jahrelangen Schmutzkübelkampagnen vom jeweils anderen Regime verbreitet worden war. Die eigentliche Sprengkraft liegt in dem Geheimprotokoll: Es regelt detailliert die deutschen und die sowjetischen Interessenssphären. Die Grenze zwischen beiden Blöcken sollte mitten durch Polen, an den Flussen Weichsel, Sam und Narew gezogen werden. Verbleibt ein Restpolen, das spätere Generalgouvernement.

Polen auf dem Altar der Diktatoren

Nicht genug damit, Finnland und Estland überließ Hitler-Deutschland scheinbar generös den Sowjets, Lettland wurde kurzerhand entlang der Dwina geteilt. Als Stalin auch ganz

Lettland einverleiben wollte, telegrafierte Außenminister Ribbentrop aus Moskau an Hitler. Ein Blick des braunen Diktators auf die Landkarte und der dunkelrote Diktator hatte ein weiteres Land samt seiner militärstrategischen Bedeutung einkassiert. Drei ehemalige Hansestädte wurden sowjetisiert. Fast nebenbei wurden die Grenzen zwischen Belorussland und der Ukraine im Sinne Stalins festgelegt. Zu guter Letzt bekam die Sowjetunion auch Bessarabien. Für Hitler-Deutschland war das entweder belanglos, gleichgültig oder unterpreislich, hatte es doch Hitlers Berlin drauf abgestellt, im Osten den Rücken frei zu haben, um gegen den Westen Krieg zu führen. Nach den Erfahrungen des Ersten Weltkrieges wollte Nazi-Deutschland einen Zwei-Fronten-Krieg unter allen Umständen verhindern.

Intern eitel Wonne, fast. Der Rassist Hitler wollte bei allen Machtspielen mit Stalin wissen, ob sein Kontrahent jüdischer Herkunft sei. Der braune Diktator entsandte deshalb nicht nur seinen Außenminister in den Kreml, sondern auch Heinrich Hoffmann, seinen Hoffotografen. Einziger Auftrag: Durch „gezielte Fotografien der Ohren Stalins die rassische Frage" so oder so klären. Angewachsene Ohrläppchen hätten eine jüdische Herkunft ergeben, freie Läppchen eine arische. Den Intrigen der Diktatoren waren die biederen Demokraten im Westen offensichtlich nicht gewachsen. So zögerte die britische Regierung Chamberlains („der Mann mit dem Regenschirm") im Sommer 1939 wochenlang, überhaupt einen Minister nach Moskau zu entsenden. Vertrauliche Gespräche über ein westliches Arrangement mit der bolschewistischen Diktatur waren auf Expertenebene stecken geblieben. Stalin versuchte, Hitler gegen den Westen und den Westen gegen Hitler auszuspielen. Während nun Ribbentrop großspurig mit einem Sonderflugzeug nach Moskau unterwegs war, begnügte sich die britische Delegation aus Sparsamkeit mit konventioneller Fortbewegung. Per Dampfer nach Leningrad. Nicht Schnelldampfer, sondern ein langsames, billigeres Passagierschiff. Es brauchte fünf Tage bis in die kommunistischen Gewässer und war schließlich in Leningrad leicht verspätet. Für den Nachtzug nach Moskau reichte es nicht mehr, die deutsche Diplomatie arbeitete schneller. Abschluss.

Den Rücken frei, wiederholte und korrigierte Adolf Hitler seinen Angriffsbefehl auf Polen. Am 1. September 1939 feuerte die Besatzung des deutschen Linienschiffes Schleswig-Holstein von 4:45 Uhr an auf die Westerplatte vor Danzig. Der Zweite Weltkrieg hatte begonnen, mit ganz anderen Dimensionen als der Erste. Was inzwischen von Europa teilweise dilettiert wurde, nämlich die Macht des Rivalen militärisch auszutricksen und ideologische Meinungsverschiedenheiten zeitweise den Hofschranzen zu überlassen, entwickelte sich zum größten Weltbrand.

Hitler schien freie Hand zu haben. Nach außen gab er sich als gewiegter Taktiker, der es gar mit einem Stalin aufnehmen konnte. Intern belegten alle Gestapo-Berichte und Gauakte: Ruhe an der Heimatfront. Anders als 1914, als die Kriegsbegeisterung kaum Grenzen fand, vollzog sich der Übergang vom – fragwürdig gewordenen – Frieden zum bald totalen Krieg still und unauffällig. 1939 gab es keinen Rausch der Begeisterung. Das missionarische Auftreten des „Führers" und die erste Phase einer Wohlstandsgesellschaft sorgten für einen Übergang vom Frieden zum Krieg in unheimlicher Stille. Männer gaben sich gehorsam. Frauen ahnten die Totalität und hatten Tränen in den Augen.

Die ersten Schüsse waren gefallen, die altmodische Kavallerie der traditionsbewussten polnischen Armee von deutschen Panzern bereits niedergewalzt, als klar wurde: Das ganze Verhandlungsgerede der Berliner während der letzten Monate des Jahres 1939 war Spiegelfechterei und um eines Alibis willen. Im Westen, wo Briten und Franzosen trotz Vertragsverpflichtungen militärisch stillhielten, meinten Zyniker: „Was nützt schon der Sieg über Hitler, wenn aus dem Triumph über das nationalsozialistische Reich nur die Trotzkis und Stalins als Sieger hervorgehen."

So falsch oder übertreibend lagen die Adabeis mit ihrem Bolschewismusverdacht freilich nicht. Anno 39 gehörte schon einiges an Einfühlungsvermögen dazu, die weltanschaulichen Abgründe der heraufziehenden Katastrophe zu erkennen. Die Stimmung war diffus, auch für einen Insider wie Bischof.

Eine schweigende Mehrheit Deutschlands und Österreichs, wie alle Zeit schwer zu bewerten, schien dem Führerkult mehr oder weniger zu erliegen. Sie applaudierte säbelrasselnden Erfolgen wie der Besetzung der Tschechoslowakei oder der Hereinnahme des Memellandes. Alle Welt schwieg. Im Dritten Reich gingen die Wissenden und die Fühlenden mehr und mehr dazu über, sich zu fürchten und zu verkriechen.

Man verschlang Ernst Jüngers „Auf den Marmorklippen" mit seiner verschlüsselten Kritik an der Nazi-Herrschaft, man floh mit dem „Tiger von Eschnapur" in ferne Länder, man genoss den Ernst-Lubitsch-Film „Ninotschka" mit Greta Garbo, man schaute in den poetischen Realismus des Filmes „Die Kinder des Olymps" vom Filmregisseurs Marcel Carné, man konnte den Film „Vom Winde verweht" mit Vivien Leigh und Clark Gable gar nicht abwarten.

Ideologie und Krieg sorgten für Abwechslung ganz anderer Art. Allein der braune Wortschwall, ebenso primitiv wie doppelbödig, vergiftete das allgemeine Bewusstsein in deutschen (nun auch in österreichischen) Landen zusehends. Allein, was sich um den Begriff „Rasse" rankte, löste Alarm aus oder hätte endlich einen vernehmlichen Weckruf auslösen müssen, wenn – ja, wenn der „Westen" besser die Welt der Demokratien begriffen und realisiert hätte. Zur ideologischen Selbstverteidigung war man weder fähig noch bereit.

Einem irrlichternden Hitler und einem lauernden Stalin war man außerhalb der Diktaturen – wo weltweit immerhin die Mehrheit versammelt war – offensichtlich nicht gewachsen. Oder man gab sich Träumereien hin, wie der britische Premier Arthur Neville Chamberlain. Wenn man schon unberechenbaren Sprüngen und Fallen der Diktatoren politisch keine prophylaktischen Taten entgegensetzen konnte oder wollte, dann sollte dies wenigstens propagandistisch geschehen. Tatsächlich geschah so gut wie nichts, allzu lang.

Was versäumt wurde und schließlich Millionen das Leben kostet, lässt sich an einem einzigen Begriff, einem Wortungetüm deutlich machen: Rasse. Das Repertoire der Nazi-Ideologie lässt die hinterhältige Brisanz erkennen, die hinter ihrer Weltanschauung – einem wahrlich vieldeutigen Begriff – steckte. „Rassengedanke" stand für die grundlegende Vorstellung, dass die Kultur eines Volkes von seiner Rasse abhänge und „erbbedingt" sei. „Rasse" wurde zum Zentralbegriff nationalsozialistischer Weltanschauung und Politik erkoren; daraus wird eine Wortkaskade abgeleitet – von „rasseecht", „rasseeigen" über „rassefremd", „rassegebunden" bis „rassestark". „Rassegenosse" verstanden die Nazis abwertend, „Rassemensch" stand für das braune Gegenteil. „Rassenangst" markierte seinerzeit die Furcht vor „Vermischung" mit „Minderwertigen". „Eindeutschung" sollte nur bei „nordischem Rasseneinschlag" möglich sein.

Stünde nicht am furchtbaren Ende dieser Kette der Holocaust, bliebe unwissenden Betrachtern dieses Missbrauchs des Wortes und der Sprache nur Hohn und Spott. Im ernüchterten, entsetzten Blick bleibt freilich die lastende Frage zurück: Was wäre geschehen, wenn die Betroffenen und die ganze Welt rechtzeitig begriffen hätten, was hinter diesen Wortungetümen eigentlich steckt, nämlich ein Mordapparat, staatlich angetrieben?

Bei Hitler und seinen Vasallen ist nachzulesen und nachträglich, wenn nicht zu begreifen, so doch einzuordnen, welch dunkle Macht sie seinerzeit darstellten. Sie trieben es bis zur okkulten Gewalt, unbarmherzig als dämonische Orgie, als systematische Vernichtung europäischer Zivilisation und Kultur. Als es für Millionen zu spät war, konnte Hitlers Feldzug gegen die Humanität zunächst als Phantasie eines Spießers eingestuft werden. Nach 1939 jedoch vermochte er der Vernunft den Krieg zu erklären.

In unbändigem Judenhass haben Hitler selbst und seine Henkershelfer wie Alfred Rosenberg (der baltische Chefideologe der NSDAP, in Moskau erzogen) verdeckt und seit ihrer Machterschleichung, seit 1933, unbekümmert offen auf die „Endlösung" der Judenfrage durch Mord hingearbeitet. Zuerst hinter verschlossenen Türen und dann in aller Öffentlichkeit (auch bei westlichen Diplomaten) ließen sie ihrem Rassismus freien Lauf. Wo und wie sollte der einfache Mann diese Menschenverachtung einordnen?

Wie die braune Diktatur tickt

Spätestens mit Kriegsbeginn vermochte die braune Diktatur ihre ganze Macht zu entfalten. Der Staat, der sich gerne das Dritte Reich nennen ließ, war in unvorstellbarem Maße auf eine einzige Person, auf Adolf Hitler zugeschnitten. Wie alle vor dem „Führer" in die Knie gingen, ist tausendfach belegt. Hitlers Totalitarismus liegt sowohl in seiner Person als auch in der unbedingten Botmäßigkeit seiner Umgebung begründet.

Zickig, eitel, von seiner Mission arischer Weltrevolution eisern überzeugt, gab er sich sprunghaft, rechthaberisch, beratungsresistent, daher unbeeinflussbar und im Großen wie im Kleinen extrem unberechenbar. Hitlers „Bewegung" stellte nicht nur darauf ab, dass seine Partei (in Wahrheit eine zerstrittene Partei) den Staat als Beute nahm. War doch auch die Herrschaft über die Menschen auf Totalität angelegt. Sowohl beim Einzelnen in seiner gewollten Abhängigkeit als auch innerhalb des Parteiapparates.

Umso gefährlicher, dass und wie der riesenhafte Apparat vorging. Von handwerklicher Kriegsführung über Eifersucht bis zur Brutalität, millionenfache Menschenverachtung als System eingeschlossen.

Sittenbild einer Diktatur: Hitlers Paladine gaben sich mehr als ein Jahrzehnt nach außen als loyale Willensträger und erfolgreiche Volksgenossen. Intern ritterten sie wie Duodezfürsten erbittert und erbarmungslos um Hitlers Gunst, um Dirigat über die jeweiligen Cliquen, um Einfluss, um Geld, um Macht und Prestige. Ausgestoßen und brutal vernichtet wurde, wer sich verselbstständigte, wer den Wahnwitz erkannte, wer aus persönlichen oder sachlich-ideologischen Gründen in Ungnade fiel, wer den Corpsgeist verletzte oder auf ein anderes Deutschland hinarbeitete. Dabei gab sich das Regime den Anschein eines monolithischen Blocks.

Tatsächlich bestimmten Hahnenkämpfe, Kompetenzhaschereien, Flügelkämpfe und persönliche Eitelkeiten das wahre Innenleben der NSDAP. Fallweise führungslos, ließ der „Führer" einfach gewähren oder machte aus Zufallsentscheidungen Gnadenerweise. Hinter dem Paravent einer allwissend agierenden Rassenideologie trieb die Funktionärskaste munter eigene Machtspiele. Seine taktische Intelligenz reichte bei Hitler allemal, um seine Vasallen gegeneinander auszuspielen, zu neutralisieren oder dann und wann – vornehmlich bei Erfolg – ein Machtwort zu sprechen.

Stil dieser Reichsmacht passte zum Inhalt und umgekehrt. Weil die Nummer eins Diskussionen verabscheute, wurde der Führungsstil so flach wie möglich gehalten. Da Hitlers Wille, Gefühl und Laune absolut vorherrschten, fanden Abstimmungen im klassischen Verständnis nicht statt. Monologe statt Entscheidungsstrukturen. So sank die Zahl von Sitzungen dieses Reichskabinetts von anfangs einem Dutzend bis

1935, dem Jahr der sogenannten Nürnberger Gesetze über die Definition und Verfolgung der Juden, auf fast null.

Die letzte Kabinettssitzung fand am 5. Februar 1938 in Berlin statt, wohl nicht zufällig wenige Tage vor dem Anschluss Österreichs. Rechtlich wurde schließlich immer weniger mit Gesetzen vorgegangen und immer mehr mit Verordnungen. Das bald unentrinnbare Netz staatlicher Eingriffe und parteilicher Eigenmächtigkeiten wurde personell gar verfeinert. Minister hatten immer weniger, Reichs- und Gauleiter immer mehr zu sagen. Es ging willkürlich oder zufällig hin und her zwischen Einflussträgern des Staates und der Partei. So war es jahrelang an der Tagesordnung, dass sich Minister, Reichsleiter, Gauleiter und Militärs munter *inside fights* lieferten. Sie rätselten vielfach, wer und was denn wohl dem „Führer" genehm sein könnte.

Der Willkür wurde Tür und Tor geöffnet. Die, die Herrenmenschen sein wollten oder gelegentlich auch waren, gewöhnten sich an, nach unten zu treten und nach oben zu buckeln. In einem faschistisch-rassistisch aufgeblähten System eine lebensgefährliche Entwicklung. Ihr fielen Millionen zum Opfer. Hinter der glitzernden Fassade eines diabolischen Könners, wie Goebbels, angestrahlt, verbarg sich Totalität in Reinkultur. Provinzkaiser und Ortskönige konnten ihren Machttrieben freien Lauf lassen. Was mit Schikanen begann, wurde zu einem undurchdringlichen Beherrschungsapparat angewandter Brutalität und organisierter Volksverdummung. Böser Höhepunkt: die NS-Vernichtungsmaschinerie.

Trumpfte die „Bewegung" schon in der Heimat großspurig auf, so erst recht in den besetzten und eroberten Gebieten. Was das bedeutet – auch Max Bischof hat es erfahren.

Als das große Wegschauen begann

Wenn Unvorstellbares, Grauenhaftes geschieht, wenn sich Weltanschauung, mit und ohne Anführungszeichen, mischt mit militärischem Gehabe, Siegermentalität und rassistischem Imperialismus sowie moralischer Skrupellosigkeit, dann lässt sich dies am Beispiel des Ghettos von Warschau drastisch exemplifizieren. Was Verblendung und Willkür an Unmenschlichkeit vermögen, lässt sich an diesem erschreckenden Beispiel, auch nach einem halben Jahrhundert, nur andeuten.

Wo verfälscht, verfolgt, verhaftet und gemordet wurde, setzte in deutschen Landen das große Wegschauen ein. Jedenfalls fiel dem vagabundierenden Führerkult die mitteleuropäische Zivilisation zum Opfer, wie die überlieferte Struktur korrekter Bürokratien. Dies alles ging ausgerechnet von Berlin aus, der Hauptstadt Preußens. Das Land der Toleranz – allerdings zu Zeiten des großen Friedrich.

Dass selbst Hitlers Prätorianergarde, die SS, kaum Zugang zu ihrem obersten Chef hatte – von Normalbürgern ganz zu schweigen –, passt in das Bild eines unberechenbaren, absoluten, abgehobenen Ein-Personen-Kults. Es galten seinerzeit allerdings gewichtige Ausnahmen: Goebbels, Göring und Himmler. Sie agierten oberhalb des Kompetenzchaos und genossen jahrelang das absolute Vertrauen ihres obersten Herrn. (Hitler verfluchte Göring erst in den allerletzten Stunden vor Kriegsende, als der Reichsmarschall – wie übrigens sogar Himmler – auf eigene Faust versuchte, mit den Westmächten anzubandeln).

Augsburg, 10. Mai 1941, fünf Wochen vor dem Angriff der deutschen Wehrmacht auf die Sowjetunion. Um sechs Uhr abends startet in Augsburg eine Me 110, ein bewährtes Kampfflugzeug. Vollgetankt. Am Steuer Rudolf Heß, der Stellvertreter Hitlers, seit dem Ersten Weltkrieg ein begeisterter Flieger. In der Nähe von Glasgow springt der ehemalige Fliegeroffizier nächtens mit dem Fallschirm ab. Heß möchte den Herzog von Hamilton zwecks Friedensgespräch kontaktieren. Diesen 14. Herzog von Hamilton kennt er aus Kinder- und Jugendjahren im ägyptischen Alexandria, wo Heß geboren wurde. Hitlers Nummer zwei wird verhaftet. Seine Mission, typisch für die braune Diktatur, ist gescheitert.

Nach dem Krieg wird er als Hauptkriegsverbrecher auf lebenslang verurteilt. Eine Sensation lässt bis heute Fragen nach Motiven und Hintergründen unbeantwortet. Eigeninitiative? Durchgedreht, wie die NS-Propaganda nach einer Schrecksekunde behauptete? Oder eine Mission des 150 % seinem Führer Ergebenen? Politstrategie gar, um dem Regime durch Absprachen mit den Briten den Rücken frei zu halten beim Angriff auf die Sowjetunion? Während sich gestandene Historiker streiten, glauben Unbelehrbare und Rechtsradikale, mit Heß und seinem ebenfalls ungeklärten Tod in Spandau aktuelle Politgeschäfte machen zu können, ihn zum Märtyrer zu stilisieren.

Was und wie seinerzeit im innersten Kreis um Hitler gesprochen und entschieden wurde, bleibt ohnehin bis heute weithin unbekannt, nicht belegt und unerforscht. Viel spricht dafür, dass Hitler auch unter seinen eigentlichen Vertrauten extrem eigenwillig agierte. Einmal strategisch bis visionär, meistens total abgehoben in weltfremder Realitätsverweigerung. Dann wieder detailverliebt wie ein Spießer. Dazu zählte die Verfolgung der Juden. Ihr ordnete Hitler auch militärische Befehle unter, wie den seltsamen Auftrag an General Rommel, in Nahost durch Israel bis zu den Ölquellen des Irak und am Golf vorzustoßen.

Apropos Öl. Die chronische Knappheit war es wohl, die diesen „Führer" veranlasste, den Vormarsch auf Moskau plötzlich abzusagen und nach Süden zu den dortigen Ölfeldern zu schwenken. Beides gegen den Rat der militärischen Führung. Minister wie Generäle, Parteifunktionäre wie Adabeis konnten im Führerstaat, der weiterhin führerlos daherkam, hinter der Maske des Totalitarismus prächtig im Trüben fischen.

Und sie taten es wie in einem ideologisch getarnten Selbstbedienungsladen, dort, wo Gewalt mit Verbrechen bezahlt wird. In allen Fällen? Der Fall Bischof verlangt, differenziert betrachtet zu werden.

Flucht oder Auftrag?

Noch bevor seine berufliche und familiäre Situation in einer Katastrophe endete, brachte Bischof ein Glücksfall, eine Bekanntschaft die Wende in seinem gesellschaftlichen und beruflichen Leben. Ein Brief aus dem Büro Görings öffnete Tür und Tor für einen neuen Anfang.

Da es wert erscheint, den Briefinhalt wiederzugeben, möchte ich ihn den Lesern nicht vorenthalten:

Ministerpräsident Generalfeldmarschall GÖRING
Beauftragter für den Vierjahresplan
Vorsitzender des Ministerrates für die Reichsverteidigung
Haupttreuhandstelle Ost
Ich beauftrage hiermit
Herrn Bankdirektor Othmar von Weiss-Ulog
aus Berlin sich in das Generalgouvernement Polen zu begeben, um dort nach seinen Weisungen vorbereitende Maßnahmen für die Gründung einer Notenbank sowie die Einführung einer neuen Währung, ferner für die Gründung einer Landesbank und für die Wiederingangsetzung des polnischen Bankwesens.

Herr von Weiss-Ulog wird bei diesem Auftrag unterstützt durch Herrn Bankvorstand Max Bischof aus Berlin
Ich bitte alle Stellen, die Herren bei der Durchführung dieses schwierigen Auftrages zu unterstützen, insbesondere ihnen Verkehrsmittel zur Verfügung zu stellen.
Berlin, den 31. Oktober 1939
(Stempel und unleserliche Unterschrift)

Dies ist der exakte Wortlaut, die exakte Rechtschreibung und Interpunktion. Sinngemäß richtig, nur sind beide Herren nicht aus Berlin. Bischof bemerkt in seiner Autobiographie, dass „Ostmärker" zu diesem Zeitpunkt für eine solche Aufgabe nicht in Frage gekommen wären, so hätte man ihnen kurzerhand mit Ausweisen aus Berlin eine neue Herkunft gegeben. Weiss-Ulog war Linzer – zumindest bezeichnet ihn Bischof in seiner Autobiographie so. Er war Buchhalter in der Länderbankfiliale Graz und ein langjähriger illegaler Nationalsozialist. Vor Bischof war Weiss-Ulog nach Warschau delegiert worden, um bei der Filiale „Ordnung" zu schaffen, nachdem einige „Defraudationen vorgekommen waren". Ordnung zu schaffen, war ihm aber offenbar nicht gelungen. 1939 war Weiss-Ulog in Voraussicht auf die kriegerische Entwicklung aus der Allgemeinen Kreditbank ausgetreten und in die Deutsche Bank nach Berlin übergesiedelt.

Die Unterschrift könnte Winkler heißen. Dr. Max Winkler war Leiter der Treuhandstelle Ost, also jener Behörde, der u. a. die gesamte Organisation des Raubes polnischen Eigentums oblag. Theoretisch war die Treuhandstelle Göring unterstellt, in der Praxis fühlte sich Himmler als Chef, da die eigentliche Leitung der Enteignungen bei den SS-Dienststellen lag.

Wahrscheinlich war es laut Bischof auch Winkler, der Weiss-Ulog empfohlen und angefordert hatte, dieser wiederum kannte die Verbindung Bischof – Polen. Bischof beschreibt die Situation in der Länderbank kurz und bündig: „... als reichsdeutsche Kollegen (...), illegale Parteigenossen in der Länderbank (...) ans Ruder kamen, war eine Anfrage eines ehemaligen Kollegen, Othmar Weiss von Ulog, mit nach Polen zu kommen, ein willkommener Anlass Wien zu verlassen." Seine Sympathie für die neuen Kollegen war sehr eingeschränkt.

Im Weiteren: „Der Chef der illegalen Parteigenossen, ein gewisser Herr Kumini, ein kleiner Saldoskontist aus der Buch-

haltung, meinte zu mir, Leute wie ich sollten zweckmäßiger-
weise auswandern." Diese Schilderung ist eindeutig.

Gehalt aus Wien, Zulagen aus Warschau

Der nächste Schritt war einfach. Inzwischen war die Wiener
Länderbank von der Dresdner Bank übernommen worden,
dort wiederum war ein Dr. Pilder zuständig, der Bischof
für die neue Beschäftigung anforderte und freistellte. Bischof
selber blieb aber offiziell stets Mitarbeiter der Länderbank,
bezog auch von dort, zusätzlich zu Geldern von der Regierung, von der Emissionsbank, sein Gehalt weiter. Der
Umstand, niemals Angestellter der Regierung des Generalgouvernements, sondern nur für Sonderaufgaben abgestellt
gewesen zu sein, war für Bischof nach dem Krieg ein großer
Vorteil. In zweierlei Hinsicht: Zum einen avancierte er in
den banküblichen Schritten, inklusive der daraus erwachsenen Pensionsansprüche, zum anderen war die Rechtfertigung einfacher.

Als die Militärverwaltung im Generalgouvernement durch
die Zivilverwaltung unter dem Generalgouverneur Frank ab-
gelöst wurde, öffnete der Brief auch weiterhin alle Tore zu den
neuen Machthabern.

Frank selber trat an die beiden Bankmänner heran und schlug
ihnen ähnliche Aufgaben im Rahmen der neuen Organisation
vor. Weiss-Ulog ging zur Deutschen Bank nach Berlin zurück,
Bischof blieb.

Wiederum ging es rasant aufwärts, eine Karriere schien vorgegeben, zumal Bischof einen alten Bekannten aus Wien traf.
Dr. Karl Laschtowiczka war bei der Warschauer Diskontbank
in der Zwischenkriegszeit mit ähnlichen Aufgaben wie Bischof betraut gewesen, sie kannten sich seit Jahren. Laschtowiczka suchte einen Ersatzmann für seine bisherige Tätigkeit als Koordinator der polnischen Banken, da er selber von

Dr. Drexel, Reichskommissar für den Distrikt Warschau, als Finanzreferent angeworben worden war.

So übernahm Bischof diese Funktion, war damit dem Regierungsrat Dr. von Coelln, Leiter der Abteilung Wirtschaft des Distriktamtes Warschau, zugeteilt. Als ein Jahr später eine Bankenaufsicht unter der Leitung von Reichsbankdirektor Dr. Dr. Paersch, auch Leiter der Emissionsbank, installiert und zusätzlich Laschtowiczka zu dessen Stellvertreter ernannt wurde, war es fast selbstverständlich, dass Bischof zum „Beauftragten der Bankenaufsichtsstelle für das Generalgouvernement für die Aufsicht der öffentlichen und privaten Banken im Generalgouvernement" aufrückte. Er schied somit aus dem Distriktbereich Warschau aus und war für den angeführten Bankenbereich im gesamten Generalgouvernement zuständig.

Später wurde seine Kompetenz auf Sparkassen und Genossenschaftsbanken ausgeweitet. Schließlich wurde er noch Aufsichtskommissar der städtischen Hypothekarinstitute. Niederlassungen rein deutscher Banken mussten sich den allgemeinen Vorgaben fügen, blieben aber weitgehend unkontrolliert.

Wie aus den Unterlagen hervorgeht, hatte diese Funktion wenig mit den heutigen Aufgaben und Verantwortlichkeiten unserer Bankenaufsicht zu tun. Verallgemeinert könnte man die Funktion als Generaldirektor mit unlimitiertem Weisungsrecht und Kontrolle der Institute unter Aufsicht, respektive mit Bewilligung des Leiters der Emissionsbank, Reichsbankdirektor Dr. Dr. Paersch, bezeichnen. Das diesbezügliche Schreiben mit dem Titel „Der Leiter der Bankenaufsichtsstelle des Generalgouvernements" ist, mit dem 10. Juli 1940 datiert, von Dr. Paersch unterschrieben.

So wurde die gesamte Zinspolitik, Soll- und Habenzinsen, vorgegeben. Ebenso die sonstigen Kreditrichtlinien, die Umrechnungskurse – wie Reichsmark zu Zloty mit 1:2 – und die

Kapitalisierung. Dramatisch war die generelle Sperre von Alt-guthaben, also Guthaben, die vor dem deutschen Einmarsch entstanden waren. Kunden konnten lediglich über Gelder verfügen, die nachher eingezahlt worden waren. Heikel waren Konten von Ausländern, vor allem aus Ländern, mit denen man im Kriegszustand war. Entscheidungen darüber und über Auszahlungen aus gesperrten Konten waren einzig Bischof und seinen Vorgesetzten vorbehalten. Die gleiche Verfügungsgewalt galt für alle Devisenkonten, für Wertpapiere und andere Depots.

Im Übrigen war es den leitenden Mitarbeitern der polnischen Nationalbank gelungen, den Staatsschatz, also das lagernde Gold und andere Werte, noch rechtzeitig vor den einmarschierenden Deutschen in Sicherheit zu bringen. Die Version „in Sicherheit zu bringen" ist aber falsch, da der Transport auf abenteuerliche Weise bis Nordafrika gelangt sein soll, wo er sich aufgelöst haben oder irgendwie, irgendwann verschwunden sein soll.

Es ist eine bekannte Tatsache, dass die Enteignungen zumeist über die örtlich zuständigen Banken abgewickelt wurden, rigoros und ohne Einschränkung wurde jüdisches Eigentum enteignet. Auch ohne Enteignung fiel dieses offiziell dem Staate zu, sobald die Eigentümer außer Landes, unbekannten Aufenthaltes oder tot waren. Situationen, die sehr bald für den Großteil der jüdischen Bevölkerung galten. Im Generalgouvernement war die Behandlung der Juden wesentlich härter und rigoroser als im Reich. Man musste keinerlei Rücksicht nehmen, weder auf große Vermögen noch auf soziale, familiäre, politische oder kulturelle Verbindungen. Außerdem befand sich auch der Großteil der Vernichtungslager in diesem Gebiet.

Polnischer Besitz, teilweise auch ausländischer Besitz, wurde, falls von Wert, größtenteils enteignet, viele Kleinbetriebe wurden liquidiert oder zusammengelegt. Die neuen Eigentümer benötigten Kredite zur Weiterführung der Betriebe. Nach den anfänglich „wilden Arisierungen" und sonstigen Enteignungen wurden Regeln und Gesetze festgelegt, die zumeist den Eigentumsübergang gegen Bezahlung bestimmter Abgaben an den Staat verlangten. Wiederum Bankenaufgaben. Allfällige Entschädigungen an den Voreigentümer wurden auf die eine oder andere Weise zu Gunsten des Staates abgeschöpft, Begründungen gab es genug.

Diese unvollständige Aufzählung von Aufgaben zeigt nicht nur den Kompetenzumfang, sondern auch die Problematik, in die Banken im gesamten Einflussgebiet des Nationalsozialismus verwickelt waren. Im Generalgouvernement war es die Bankenaufsicht, die das neue Reglement zu entwickeln und vorzugeben oder zumindest weiterzugeben und zu überwachen hatte.

In Bischofs Nachlass ist explizit nichts über die Enteignungsabwicklung zu finden, lediglich in den im Nachlass vorhandenen Bankbilanzen und Abrechnungen kann man bei Kenntnis der Begriffe und Verklausulierungen Hinweise dazu finden.

M. B. war als Leiter der Bankenaufsicht in diese Vorgänge natürlich stark involviert. Verfolgt man seine Berichte, so fällt auf, dass er niemals eine persönliche Stellungnahme abgibt, sondern lediglich Zahlen und Fakten anführt. Es überwiegen die parteipolitisch genehmen und den Gesetzen entsprechenden Hinweise. In diesem Zusammenhang war er stets bemüht, Kontakte zu SA, SS, SD und ähnlichen peinlichst zu vermeiden. Jede „unvorsichtige" Stellungnahme hätte das Ende bedeuten können.

Eine Reihe von Historikern, u. a. Götz Aly, vertreten den Standpunkt, dass ein wesentlicher Grund für die Eroberungspolitik Hitlers der Raub von Privat- und Staatseigentum zur Finanzierung der laufenden Aufgaben war. Ein Ende dieser Expansionspolitik hätte auch ein vorzeitiges Ende des

*NS-Regimes gebracht. Daher die Wertigkeit des Bankwesens
und der Tätigkeit von M. B.*

Verbrecherischer Mythos des 20. Jahrhunderts

Nicht die noch so raffinierte Banktechnik eines Siegers ist
es, die auch den Fall Bischof exemplarisch geraten lässt,
sondern der ideologisch vergiftete Treibsatz. Er besteht aus
rassistischen Verirrungen, einem unbändigen Machtwillen
und unterschätzter, durchgestylter Brutalität. Während
der Westen bieder an konventionellen Antworten auf den
unbändigen Faschismus bastelt – Einschaltung des Völkerbundes, Proteste hier, Einsprüche dort, Rückendeckung der
USA und systematischere Gegenpropaganda etwa der BBC
–, versuchte das Dritte Reich, perfekte Tatsachen zu schaffen. Angetrieben und überzeugt von der eigenen Heilslehre,
gingen die braunen Ideologen weit über militärische Kriegs-
strategien hinaus. Sie setzten auf westliche Dekadenz und
ließen sich von den rassenideologischen Einflüssen eines Alfred Rosenberg leiten.

Seine Deutschtümeleien gingen allen Ernstes von einer neuen
Weltordnung aus.

Mit seinem Buch „Der Mythos des 20. Jahrhunderts" verkündet Rosenberg eine „Religion des Blutes" mit kollektivem
Willen gegen Juden und Freimaurer. Der einzelne Mensch
gelte gar nichts. Trotz schwankenden Einflusses auf Hitler
durchsetzte Rosenberg in der ganzen NS-Zeit die braunen
Kader mit seiner verworrenen „Metaphysik" als verbindlicher
Rassendoktrin. Ein Aspekt dieses durchsichtigen Rettungs-
versuches der „nordischen Seele" ist die Germanisierung des
Ostens. Dort sollte es richtig völkisch zugehen. Was hinter
diesem Wortgekleister an extrem gefährlichen Folgen steckt,
ist aktenkundig: millionenfacher Mord und Totschlag in bis
dahin unvorstellbarer Menschenverachtung.

Rosenberg verbreitete den wahnwitzigen Glauben, „dass mit einem europäischen Krieg der Untergang des Weltjudentums" herbeigeführt werden müsse. Er zählte zu den Einflüsterern des „Führers". Man müsse gegen dunkle Mächte angehen (was dem Verfolgungswahn Hitlers entsprach). Unreine Rassen müssten wie die Pest bekämpft und „menschliche Abfallgruben" geschaffen werden. Wie es um seinen Einfluss auf die NS-Diktatur auch bestellt sein mag, Rosenberg, diese schillernde Figur eines verbohrten Rassismus, wurde als Parteiphilosoph vom Nürnberger Kriegsverbrechergericht wegen Verbrechen gegen die Menschlichkeit, wegen Kriegsverbrechen sowie wegen Verbrechen gegen den Frieden zum Tod verurteilt und als 53-Jähriger hingerichtet.

Was diese und ähnliche verbrecherische Ansätze und ihr rücksichtsloser Vollzug bewirkten, lässt sich im Osten ablesen. Schon ein Jahr nach Kriegsbeginn tauchte in Berlin die These auf, das Dritte Reich müsse Ballast abwerfen. Mit nutzlosen, überflüssigen Essern solle kurzer Prozess gemacht werden. Wenige Monate später wurde eine industrielle Vernichtungsmaschine installiert und flugs in Gang gesetzt wie es die Welt bis dahin noch nie erlebt hatte. Aber es ging nicht nur um die Vernichtung der Juden, Zigeuner und vieler Menschen, die unter die Räder der Rassenideologie kamen, sondern auch um die systematische Tötung „lebensunwerten" Lebens unter dem Vorwand der Sterbehilfe.

Die Tötung von behinderten Kindern bildete den ersten Schritt der nationalistischen „Euthanasiepolitik" (wie in Wien am sog. Spiegelgrund vorgeführt). Bald darauf fuhr man mit der Tötung von behinderten Erwachsenen fort. Von den insgesamt sechs Tötungsanstalten im Reich – sie hießen T4 nach der Zentrale in der Tiergartenstraße 4 in Berlin – befanden sich fünf in Deutschland, eine in Hartheim in Österreich. Nach den heftigen Protesten von Bischof Clemens von Galen in Münster wurden die Tötungen offiziell eingestellt, aber unter anderen Bezeichnungen weitergeführt. Die Zahl der „Euthanasie"-Opfer wird auf 275 000 geschätzt. Was im Reich an Schrecken verbreitet wurde, spiegelte sich erst recht in den eroberten Gebieten.

Gegen Juden, Polacken und Gesindel

Kurz nach der Unterzeichnung des 10-jährigen Nichtangriffspaktes und einem Geheimabkommen über die Definition der Interessensgebiete durch den deutschen Außenminister Joachim von Ribbentrop und den russischen Kollegen Wjatscheslaw Michailovitsch Molotow bei Anwesenheit Stalins marschierten zuerst deutsche (1. September 1939) und dann (17. September 1939) russische Truppen in Polen ein. Polen wurde wieder einmal geteilt. Von dem nunmehr deutschen Teil wurde ein großer Anteil dem Deutschen Reich zugeschlagen, der Rest wurde das Generalgouvernement.

Die grundsätzliche Entscheidung Hitlers über die weitere Vorgangsweise in Polen fiel am 16. und 17. Oktober 1939. Das Generalgouvernement sollte als Grenzsicherung gegen die UdSSR ausgebaut werden und die „Säuberung" des alten und neuen Reichsgebietes von „Juden, Polacken und Gesindel" durch deren Aussiedlung ins Generalgouvernement ermöglichen. Der „harte Volkskampf" gegen die polnische Führungsschicht sei fortzusetzen, „gesetzliche Bindungen" seien nicht zu dulden. Das Gebiet, insbesondere östlich der Weichsel, sei wirtschaftlich auszubeuten und als Reservoir für jene „minderwertigen" Arbeitskräfte zu nutzen, die nach der „rassischen Aussonderung" verbleiben. Hitler setzte der anfänglichen Militärverwaltung ein schnelles Ende, um derart seine rassisch-ideologischen Pläne leichter und schneller umsetzen zu können.

Erhaltene Berichte des Oberbefehlshabers Ost, General Johannes Blaskowits, zeigen die Zustände auf: „Es ist abwegig, eini-

ge 10 000 Juden und Polen, sowie es augenblicklich geschieht, abzuschlachten ... Der schlimme Schaden, der dem deutschen Volkskörper (...) erwachsen wird, ist die maßlose Verrohung und sittliche Verkommenheit, die sich (...) wie eine Seuche ausbreiten wird. Wenn hohe Amtspersonen der SS und der Polizei Gewalttaten und Brutalitäten verlangen und sie in der Öffentlichkeit belobigen, dann regiert in Kürze nur mehr der Gewalttätige." Diese Worte fielen anlässlich seines Vortrages vor dem Oberkommando des Heeres, kurz danach wurde General Blaskowits abberufen.

Nachdem Hans Frank, als Generalgouverneur eingesetzt, von Hitler einmal als „Vizekönig" bezeichnet wurde, glaubte er, auch nach Belieben schalten und walten zu können, zumal er Hitler direkt unterstellt war. Doch dies änderte sich sehr schnell. Frank wurde immer stärker in einen Machtkampf mit Himmler – Reichsführer SS, Chef der deutschen Polizei und damit auch der Gestapo etc. – verstrickt, einen Machtkampf den Frank schlussendlich verlor. Damit wuchs die Macht der SS-Gestalten, wie die des Höheren SS- und Polizeiführers Reinhard Heydrich und des SS- und Polizeiführers von Lublin, Odilo Globocnik, dem späteren Chef des Kommandos der „Aktion Reinhard" nach der Wannseekonferenz, wo die Durchführung der bereits beschlossenen Vernichtung der Juden festgelegt wurde. Sie bauten und betrieben die Vernichtungslager, ließen zehn- oder besser gesagt hunderttausende von Häftlingen als Sklaven in ihren Wirtschaftsbetrieben arbeiten.

Als Himmler „Reichskommissar für die Festigung deutschen Volkstums" wurde, erweiterte sich seine Zuständigkeit auf die Aus- und Ansiedlung aller Deutschen, auf die Ausweitung „Deutschen Lebensraumes". Dadurch verstärkte sich sein Einfluss auf das Generalgouvernement als Ansiedlungsland vertriebener Personen, als Durchgangsland, später auch als deutsches Siedlungsgebiet.

Die große und die kleine Welt

Rückblende auf total veränderte Lebensumstände, auch auf die von Bischof: Wer Krieg als Revolution versteht, kommt seit 1939 wahrlich voll auf seine Rechnung. Sie lautet auf Irreführung, Unmoral, Gewalt, Rache und Vernichtung. Pervers wie er sein kann, schafft Krieg jene innere, äußere und finale Spannung, die Menschen bis ins Extreme verführt. Zugleich werden Menschenrecht und Menschenwürde überwältigt, gleichsam unter sich begraben. Der Wahn, der Größenwahn des Hitler-Regimes war seinerzeit noch nicht vollständig entlarvt, als ein Grillparzer-Wort erneut seine Gültigkeit erwies, jenes von der großen Welt, die in der kleinen ihre Probe hält.

Die große Welt: Amerika steuert unter F. D. Roosevelt – zum 3. Mal zum US-Präsidenten gewählt – auf den Kriegseintritt zu (teilweise Wiedereinführung der Wehrpflicht, gigantisches Schiffsbauprogramm), Winston Churchill wird Premier (und gewinnt die Luftschlacht über England), Eugenio Pacelli wird Papst Pius XII, Frankreich kapituliert nach Hitlers zweitem Blitzkrieg, Stalin duldet zuerst die deutsche Eroberung Norwegens und okkupiert dann dafür die baltischen Staaten mit Duldung Hitlers. Es folgt die Umsiedlung fast einer Million Deutscher aus Russland, dem Baltikum und dem Balkan, die teilweise Umsiedlung deutschsprachiger Südtiroler nach Norden, das Dreierbündnis Deutschland-Italien-Japan, die italienischen Offensiven in Nordafrika, Albanien und Griechenland. Thomas Mann warnt über BBC-Radio die Deutschen in 25 achtminütigen Kommentaren vor zügellosem Imperialismus und ideologischer Verführung.

Wie Wien sein Gesicht verändert

Die (anscheinend) kleine Welt: Was „heim ins Reich" wirklich bedeutet, erfahren Millionen Österreicher auf extrem unterschiedliche Weise. Eingeschworene Nationalsozialisten machen Karriere, freilich weniger, als sie sich ausgerechnet hatten. Immerhin schafft Rüstung – fast wie über Nacht – Arbeit für jedermann. Andererseits werden über 72 000 Wiener, darunter zahlreiche Prominente – wie Leopold Figl, christlich-sozialer Politiker, Bundeskanzler von 1945-1953, Verkünder des österreichischen Staatsvertrages, oder Franz Olah, sozial-demokratischer Chef des österreichischen Gewerkschaftsbundes – in einer ersten Verhaftungswelle festgenommen. Weitere Wellen sollten folgen. Die rigorose Nazifizierung, oft getarnt als anbiederische Germanisierung, lässt bei vielen verfliegen, was den Rausch des sogenannten Anschlusses – Motto „Ein Volk. Ein Reich. Ein Führer" – zu machen schien. In Wahrheit findet ein tiefer Mentalitätsbruch statt.

Die „Frankfurter Zeitung", Weltblatt auf der Abschussliste der braunen Machthaber, traute sich immerhin, zu berichten: „Wien hat über Nacht sein Gesicht verändert, die Menschen, die man auf der Straße sah, waren anders, lärmender, gewalt-samer, roher und gröber."

Anders die schweigende Mehrheit. Sie wurde kategorisch einer systematischen „Umvolkung" ausgesetzt. Mit preußisch anmutender Konsequenz wurde ein Ostmarkgesetz durch-gepeitscht. Sämtliche österreichische Verwaltungsstrukturen wurden zwangsweise aufgelöst, auf das Reich übertragen und von Berlin aus total integriert. Penibel in Funktionärsgehabe soll das Gesetz dafür sorgen, einen „Reichskommissar für die Wiedervereinigung Österreichs mit dem Reich" einzusetzen. Gauleiter und Reichsstatthalter wurde zunächst Josef Bürckel, eine Schreckensfigur für Unzählige, die aus politischen oder rassischen Gründen, genauer gesagt oft aus Scheingründen, verdächtigt, bedroht oder ans Messer von Partei und Reich geliefert worden waren. Wie seinesgleichen steigerte Bürckel von Anfang an den Druck auf Menschen, Einrichtungen und Betriebe.

Jüdischer Besitz wurde für vogelfrei erklärt. Neben Firmen, einem halben hundert Banken, wurden 44 000 Wohnungen beschlagnahmt und noch viele mehr ausgeraubt. Historische Strukturen der Länder und der Verwaltungen wurden, u. a. durch Eingemeindungen (wie zu Groß-Wien), vorsätzlich missachtet, teilweise aufgelöst. Privatschulen wurden geschlossen. Sie störten das Erziehungsmonopol der Hitlerjugend. Zwangsweise aufgelöst oder demontiert wurden die Klöster Admont, Altenburg, Klosterneuburg, Göttweig, Wilhering, Kremsmünster, St. Florian, Lambach und Stams. Lehrerbildungsanstalten und Universitäten durften weitermachen, freilich unter strikter NS-Regie.

Bürckels befohlene Gleichschaltung endete zwei Jahre nach dem Anschluss. Sie hinterließ blutige Spuren, besonders für Wien, für die nun entmachtete Metropole und ihre Führungskräfte (alles hört auf Berliner Kommandos) mit 200 000 Juden und 180 000 sogenannten „Mischlingen". Sie alle lebten bis dahin meistens völlig integriert, waren ein geachteter Teil des Gemeinwesens.

An ihnen wurde Rassismus in seiner übelsten Form exekutiert. Geplant bis ins letzte Haus und bis in die letzte Familie, setzten die braunen Herrscher auf eine radikale Veränderung der rassischen Zusammensetzung der Bevölkerung. Zu dekretieren, wer „rassisch geeignet" war, oblag der Hierarchie der NSDAP, von oben bis unten in ihrem hinterhältigen, gefährlichen Wortwust und ihrer unmoralischen Entschlossenheit. Vom Gauleiter bis zum Blockwart sind die Helfershelfer unterwegs. Letztere waren für jeweils 20 bis 30 Personen zuständig. Überwachung total. Man sollte beobachten und unverzüglich der Partei melden, wer wen wie oft und wo trifft, was politisch (und später militärisch) gemeint wird, wer welche ausländischen Radiostationen abhört und so weiter und so weiter in einem erbarmungslosen Überwachungsstaat. Wie ein unentrinnbares Netzwerk diente ein ausgeklügeltes Spitzelsystem der „völkischen Umvolkung" einer rassisch und „blutmäßig" betriebenen „Verdeutschung".

Alles gestreng nach den Regeln der Nationalsozialistischen Deutschen Arbeiterpartei, als „alleiniger Trägerin des politischen Willens des deutschen Volkes". Bürokratisch bis zur Brutalität und Raffgier wurde in antizipatorischem Gehorsam gemeldet und mancher Neid, nicht zuletzt nachbarschaftlich, genüsslich abreagiert. Vom Blockwart über den Ortsgruppenleiter und den Kreisleiter landeten diese zivilisationsfeindlichen Denunziationen beim Gau und seinen Akten. Sie erfasste auch Bischof.

Mit einem Fuß im Konzentrationslager

Alles Quellen der allgemeinen Bedrohung, der Einschüchterung und der Verfolgung in ungeahntem Ausmaß. Wer verdächtigt worden war, lebte in Ungewissheit, jedenfalls gefährlich und immer mit einem Fuß im Gefängnis oder im Konzentrationslager. Eine Spaltung ging durch das Volk. Hier die Mitläufer und die Mittäter, die – oft aus den Unterschichten – nichts anderes als ergeben glaubten: blindlings an bessere Zeiten, an scheinbar erfüllte Träume, an eine fanatisierende Ideologie, an missionarische Versprechungen, an eine (irreführende) Wiedervereinigung alles Deutschen, an eine neuartige Selbstverwirklichung, an imperialen Anspruch in der Mitte Europas.

Dort die Nachdenklichen aus den Eliten, die Zweifler, die Realisten, die Moralisten und die Warner vor Mobilisierung der Gutgläubigen, vor missbrauchten Ideen, vor Gewalt in all ihren Ausprägungen, vor Krieg gegen eigene Leute und gegen die ganze Welt – Warner also vor Extremismus und vor Rassismus, Ziele des Spitzelwesens.

Erst recht gefährdet war, wer jüdischer Herkunft war. Tagtäglich musste er um sein Leben und das seiner Angehörigen bangen. Nachbar denunzierte Nachbar. Jenseits des zivilisatorischen Rechtsstaates wurde gewütet. Juden und ihr Eigentum wurden zum Freiwild. Über 26 000 Betriebe in jüdischem Besitz wurden enteignet, viele liquidiert oder zwangsweise fusioniert. Selbsternannte Rassenschützer vermochten ungeahndet ihr Unwesen zu treiben. Sie stahlen hemmungslos, sie denunzierten hinterhältig.

Die Mehrheit, zunächst unbestreitbar in einem Begeisterungstaumel, wurde bald, als das Regime zugriff und das Kriegsglück schwand, zu einer konsterniert schweigenden oder zum Schweigen verurteilten Mehrheit. Carl Zuckmayer hält in seiner Autobiografie fest: „Was hier entfesselt wurde, war der Aufstand des Neids, der Missgunst, der Verbitterung, der blinden, der böswilligen Rachsucht – und alle anderen Stimmen waren zum Schweigen verurteilt."

Wien war also damals – bald total angeschlossen – derart anders, dass dies gar dem „Völkischen Beobachter", immerhin Zentralorgan der Nazi-Partei, aufgefallen ist. In ihrer Hamburger Lokalausgabe meinte die Zeitung im Herbst 1938, die Judenverfolgung in Wien gerate etwas extrem.

Seitdem lebten jüdische Familien in unvorstellbarer Lebensangst. Jede Gelegenheit – klein, nebensächlich oder gewichtig und lebensentscheidend – wurde vom Regime ergriffen. Denn die Verfolgung setzte mit dem Anschluss schlagartig ein und steigerte sich zu einem infernalischen Überlebenskampf. Tausende, bald Zehntausende waren einem umfassenden Rassenkrieg ausgesetzt. Es wurde schikaniert, eingeschüchtert, verfolgt, verhaftet, gemordet.

Die tatsächlichen Extreme des NS-Regimes gerieten noch viel grauenerregender. In Polen wirkte die Maschinerie des Todes Anfang der 40er Jahre nachhaltig und mit ungebremster, inzwischen eingeübter Brutalität. Dabei spielte das eroberte Land eine passive Rolle in vielerlei Hinsicht.

Mit polnischen Banken gegen Berlin

Die Situation im Generalgouvernement veränderte sich nicht nur durch das von Himmler gesteuerte Um- und Aussiedlungsprogramm, es wurde zum Ausgangslager und Sprungbrett der Ostoffensive. Später erzwangen die Luftangriffe der Alliierten auf die Ruhrindustrie auch eine Verlagerung industrieller Produktionen in den Osten, wiederum zum großen Teil in das Generalgouvernement. So veränderten eine große Zahl von Notwendigkeiten und Einflüssen die ursprüngliche Bedeutung und Organisation.

Stabiler dagegen erscheint die Bankenstruktur. Die leider sehr unvollständig erhaltenen Bankberichte, die Bischof kommentiert, zeigen dies. In Briefen, die er zur Vermeidung und Abwehr von Anklagen nach dem Krieg an verschiedene prominente österreichische Politiker schrieb, weist er immer wieder darauf hin, dass es ihm gelungen war, durch entsprechende Verordnungen den Abfluss von Kapital ins Reich zu verhindern. So wurde das Eigenkapital der Banken Schritt für Schritt derart erhöht, dass auch Filialen deutscher Banken kein Geld an ihre Mutterbanken abliefern konnten.

Damit war eine wesentliche Basis einer positiven Entwicklung der polnischen Banken gelegt. Interessant wäre zu ergründen, wie es ihm gelang, so gegen den Strom zu schwimmen – also entgegen den Tendenzen des Reiches, die besetzten Länder zu Gunsten der Kriegsführung auszurauben – und derart eine einseitige Stärkung der polnischen Banken zu erreichen. Sicher hatte Bischof das volle Vertrauen seiner Vorgesetzten bis hinauf zu Frank. Doch gibt es keine Information über die – somit vergeblichen – Aktionen der Zentralen in Berlin. Gegen die kriegsbedingten enormen Mangelerscheinungen und damit gegen die Inflation, die Preissteigerung und den ausufernden Schwarzmarkt konnte er allerdings nichts machen.

Es gelang ihm auch, so schreibt er, die polnischen Führungsstrukturen der Banken stabil zu halten, zumeist das gesamte *bisherige polnische Personal zu erhalten und das bis zum Einmarsch der Deutschen aktive polnische Bankeninspektorat in die neue Organisation der Bankenaufsicht zu integrieren. Für ihn wesentliche Faktoren des stabilen Bankgeschäftes. Der rasante Aufbau von Produktionen im Rahmen seiner neuen Aufgabe in den Jahren 1941 und 1942 war sicher auch auf den für ihn möglichen Kapitalzugriff bei den Banken zurückzuführen. Schließlich hatte er eine rund 20-jährige Erfahrung im österreichischen und im polnischen Bankengeschäft. Sozusagen von der Pike auf hatte er alle Stadien des österreichischen und polnischen Bankengeschäfts durchlaufen, eine solide Grundlage seiner Leitungsfunktionen.*

Während dieser offenbar so erfolgreichen Periode seiner Tätigkeit in der Bankenaufsicht war Bischof ständigen Angriffen aus der Heimat ausgesetzt. Zusätzlich wird er Ende des Jahres 1940, Anfang 1941 mit einer neuen, zusätzlichen Aufgabe konfrontiert, die nicht nur vom Umfang und den zu erwartenden Schwierigkeiten seine Kapazitäten bei weitem übersteigen, sondern auch seine Weltanschauung korrumpieren, sein Leben sowie das seiner Familie hätte zerstören können. Er sollte die Transferstelle des Ghettos Warschau übernehmen. Diese Organisation war für den gesamten Wirtschaftsverkehr zwischen Ghetto und Umland zuständig. In diesem besonderen Fall sollte das Ghetto in ein Produktionszentrum umgewandelt werden.

Hitlers Hass auf Wien

Rückblende: Wie ein hinterhältiges System mit aller Gewalt egalisiert, gleichhobelt, gleichschaltet, gefügig macht, zeigt ein Vergleich von Wien 1938 mit Warschau 1940. Hier die organisierte Anmaßung der Sieger als Vernichtungsfeldzug gegen polnische Eliten. Dort die fehlgeleitete, missbrauchte Sehnsucht nach Einheit, nach Reaktivierung der gescheiterten Allianz des Ersten Weltkrieges, nach lockendem Ende der Arbeitslosigkeit. Und gleichzeitig der gewaltsame Verschleiß der österreichischen Identität, mit Hitlers unverhohlenem Hass auf Wien, ein überbordender teutonischer Herrschaftsanspruch jener aus dem „Altreich" bis ins letzte Büro. Es handelt sich um eine ausgeklügelte Kampfansage an die Lebensart und das geistige Klima der österreichischen Metropole und eine unvorstellbare Demütigung und hinterhältige Existenzbedrohung Andersdenker sowie Andersgläubiger, vor allem aus der jüdischen Gemeinde. So groß wie die Unterschiede zwischen der österreichischen und der polnischen Hauptstadt seinerzeit auch gewesen sein mögen, in einem wurden sie sich ähnlich gemacht – in der rigorosen Unterdrückung, in vorgeführter Abhängigkeit, im nationalsozialistischem Terror, in enthemmter Rachsucht, in der Anwendung dumpfen Imperialismus.

Vom totalen Herrschaftsanspruch mit seinem ideologisch-rassistischen Netzwerk waren fast alle Branchen vom Berliner Zentralismus erfasst. Beim Zugriff ergeben sich, brutal wie er durchgezogen wurde, frappierende Ähnlichkeiten zwischen Wien und Warschau: Rüstung, Vierjahresplan, Bewirtschaftung, Zwangsauflagen, Devisenkontrollen, Beschlagnahmungen, Enteignungen und Kontrollen der Mitarbeiter und der Märkte aller Art.

Was Machtübernahme im Detail bedeutet, wurde der Wiener Gesellschaft nach dem Anschluss am Beispiel der Creditanstalt vorgeführt. Linientreue Aufseher aus dem „Reich" sorgten befehlsgemäß dafür, dass diese führende Bank des Landes ihre Beteiligung an 16 Großunternehmen aufgab. Auch in anderen Kreditinstituten räumten „reichsdeutsche" Oberaufseher radikal auf. Die Österreichische Länderbank wurde von der Dresdner Bank übernommen und weitgehend von österreichischen Illegalen und reichsdeutschen Ankömmlingen beherrscht.

Wer verdächtig war, wurde zumindest auf niedrigere Posten abgeschoben, wenn nicht gleich verhaftet und ins Konzentrationslager verbracht. Verdächtig war, wer auf Österreich, auf Internationalität und nicht auf Hitler-Deutschland gesetzt hatte, wer Jude oder mit einer Jüdin verheiratet war. Wien, 1938 unter europäischen Hauptstädten mit seiner starken jüdischen Minderheit an dritter Stelle, wurde von braunen Schergen rücksichtslos heimgesucht. Von einer fünftel Million Juden wurden nach Kriegsende kaum mehr als 7 000 in Österreich gezählt. Das enteignete Vermögen wird auf 3 Milliarden Reichsmark geschätzt, was heute etwa 30 Milliarden Euro entspricht.

Was hinter dem Wortzynismus „Behandlung" in der Hitler-Zeit als exzeptionelle Gefahr steckt, nämlich systematisch zu verfolgen und zu töten, bildet eine weitere, eine enthüllende Parallele von Wien und Warschau. Nach dem Anschluss wurde auch in der österreichischen Hauptstadt im Nazijargon „Entjudung" getrieben. Dies wirkte als Modell für die nämliche Brutalität, später in Polen. Judenreferate wurden in bürokratischer Perfektion eingerichtet und von Berlin aus gesteuert.

Sie exekutierten von der persönlichen Freiheit (wie Tragen des „Judensterns") über Enteignungen bis zu den Gaskammern. Es waren „wilde Kommissare", die in Wien und Umgebung mit plebejischem Eifer zugriffen, was später legalisiert wurde. Um die rigide Enteignungspolitik zu administrieren, wurde eine Vermögensverkehrsstelle (VVST) eingerichtet. Die schon erwähnte Treuhandstelle (Ost) hatte bereichsweise ähnliche Aufgaben. Dieses Wiener Modell diente später als Muster für die Übergriffe in Warschau.

Millionenfach angewandt, gab es freilich auch in diesem regierungsamtlichen Rassismus gelegentlich Ausnahmen. So kursiert das Wort von Herrmann Göring „Wer Jude ist, bestimme ich!" (also nicht das Reichsbürgergesetz vom 14.11.1935, dem auch in der „Ostmark" rücksichtslos Geltung verschafft wurde). Allgemein hatte nun der „Arierausweis" vollinhaltlich zu gelten. Im Umkehrschluss wurde penibel exekutiert, dass Jude ist, „wer von mindestens drei der Rasse nach jüdischen Großeltern abstammt".

Trotz dieser engen Auslegung der braunen Rassengesetze und trotz angewandten Denunziantentums wagten Wiener Familien die eine oder andere Überlebensstrategie. Sie zählten zu denen, die unter bedrängten Verhältnissen überlebten, flüchten konnten, im Untergrund vegetierten und nicht zu jenen 65 000 Todgeweihten, die allein in Wien von der Vernichtungsmaschine erfasst und ermordet wurden. Vom ungeheuren Druck, der auf diesen Wienern jahrelang lastete, kann man sich heute kaum noch eine Vorstellung machen. Für Juden war es bald lebensgefährlich, die eigene Wohnung zu verlassen. Betroffenen Familien drohte das Schicksal der Anne Frank tagtäglich. Familienvätern war jedes Mittel recht, um die Seinen vor Verfolgung und parteiamtlichem Mord zu schützen.

Selbstisolierung, wie sie während eines Waffengangs wohl unvermeidlich ist, erreichte im Dritten Reich unvorstellbare Ausmaße. Für Österreicher – naziamtlich Ostmärker – wog es doppelt und dreifach, zwangsweise abgekoppelt zu sein von der Welt, von der Zivilisation, von vielen ihrer geistigen und politischen wie moralischen Strömungen. Dies hängt sowohl mit einem dramatischen Exodus der Intelligenz zusammen als auch mit einer systematischen Provinzialisierung Wiens. Der gute Geist wurde vertrieben oder ermordet, der schlechte Geist maßte sich an, zu kommandieren, zu schikanieren oder mit andersdenkender Gewalt aller Art gefügig zu machen. Die Zahl der Erfassten oder Vertriebenen ist Legion. Wien wurde fremd für die, die bleiben wollten, die, die bleiben mussten oder die, die ihre Heimat zu verlassen hatten. Die materielle Ausdünnung ging mit einer geistigen Hand in Hand.

Schmieren, Bestechen oder die Illegalität blieben für Betroffene oft die einzigen Auswege aus schier unerträglichem Druck oder direkter Lebensgefahr – Gewalt des Systems wie seiner Helfer, die oft eigene Nachbarn, verräterische Freunde waren. Kaum ein Klima zu überstehen. Und für Bischofs eine oft wohl kaum erträgliche Spannung und Angst: Max Bischof ein unfreiwilliger Teil der NS-Vernichtungsmaschine in Warschau, in Wien seine Familie als Teil der Verfolgung.

Ghetto I

Die von dem HSSPF (Höherer SS- und Polizeiführer) Rein-
hard Heydrich schon 1939 empfohlene Vorgangsweise der
Behandlung der jüdischen Bevölkerung sah die Ghettoisie-
rung als erste Zwangsstufe auf dem Weg zu den Konzentrati-
ons- und Vernichtungslagern vor. Grundsätzlich sollte dieser
Entzug aller Rechte für das gesamte Einflussgebiet der Deut-
schen gelten.

Das Wort „Ghetto" wird unterschiedlich erklärt. Einmal soll
es vom hebräischen „ghet", für „Absonderung", herkommen,
eine andere Erklärung geht auf den jüdischen Wohnbezirk in
Venedig zurück. Venedig schloss sich den Vertreibungen der
Juden in Spanien und Portugal von 1492 und 1497 nicht
an, doch wurde 1516 in Venedig ein jüdisches Stadtviertel
in der Nähe von San Girolamo gegründet, das neben dem
Areal einer Kanonengießerei lag. „Getto" bedeutet „Gießerei"
im Italienischen. 1531 wurde dieses Wohnviertel von den Be-
hörden abgeriegelt und mit einem nächtlichen Ausgehverbot
belegt. Erst Napoleon ließ 1797 die Tore öffnen, seit dieser
Zeit dürfen Juden unter Napoleons Herrschaft wohnen, wo
sie wollen.

Es konnte aber auch im Interesse der jüdischen Bevölkerung
liegen, in bestimmten Stadtvierteln zusammenzuleben, um
derart nach ihren gesellschaftlichen und religiösen Traditio-
nen und Regeln leben zu können. So kam es schon in der
Antike zu diesen Absonderungen.

Von den Christen wurden die ersten Verbote des Zusammen-
lebens von Christen und Juden etwa ab dem Jahre 1000
ausgesprochen, den Juden wurde aber zumeist eine Selbstver-
waltung mit eigener Gerichtsbarkeit und Kulturhoheit zuge-
sprochen. Unter Papst Paul IV. kam es ab 1555 (Augsburger
Religionsfriede = cuius regio, eius religio) im Rahmen der

kirchlichen Judenpolitik in einigen Ländern, wie Italien und Frankreich, in einigen deutschen Städten, auch in Osteuropa zu Zwangsghettoisierungen.

Erst mit der Verleihung der Bürgerrechte an Juden in der zweiten Hälfte des 19. Jahrhunderts wurden die Zwangsghettos abgeschafft, allerdings von Hitler wieder eingeführt.

Ghettos im Einflussbereich der Nationalsozialisten wurden nach deren Regeln errichtet und die Einwohner gezwungen, danach zu leben. Doch waren sowohl der Zeitpunkt der Errichtung und Schließung und die Zahl der Bewohner sehr unterschiedlich. Das Gleiche gilt auch für die Versionen der Isolierung von der Außenwelt: kein Zutritt für Nichtjuden, Ausgehverbot für Juden. Mit dem Fortschritt der Radikalisierung, bedingt durch den Kriegsverlauf, der eine Aussiedlung immer mehr einschränkte und schließlich unmöglich machte, wurden die meisten von der Umwelt völlig abgeriegelt.

So ordnete Hans Frank mit seiner dritten Verordnung über Aufenthaltsbeschränkungen vom 15. Oktober 1941 die Todesstrafe für jeden Juden an, der sich ohne Erlaubnis außerhalb des Ghettos aufhalte. Lag zu Beginn der nationalsozialistischen Herrschaft die Tendenz in Richtung Emigration und Deportation ins Generalgouvernement, nach Madagaskar, in den Osten der Sowjetunion, führte die Wannseekonferenz zum Jahresende 1941/Jahresbeginn 1942 eindeutig in Richtung Vernichtung.

Erfolge und die Todesmaschine des A. Hitler

Vor einem wahrhaft dramatischen Hintergrund vollzog sich die große, die historische Wende des Zweiten Weltkrieges zu Gunsten der Alliierten zeit- und sachgleich mit dem Anfang vom Ende der Hitler-Diktatur. Zunächst konnte Hitler glauben machen, das Kriegsglück befinde sich weiterhin auf seiner Seite. Für einen Exzentriker und maßlosen Machtmenschen wie ihn mussten echte wie scheinbare Erfolge zwanghaft seinen narzistischen Größenwahn antreiben: In Wahrheit war anderswo die Saat gesunder Selbstreinigung weltpolitisch und auch militärisch bereits gesät. Sie sollte fulminant aufgehen, freilich nicht für alle und nicht zur rechten Zeit.

Militärisch schien es Anfang 1941 für Hitler zunächst kein Halten zu geben: In Libyen haut Alfred Rommel mit seinem Afrikakorps die Italiener heraus, die schon in Abessinien zurückstecken mussten. Rommels Anfangserfolge lassen den „Führer" gar laut davon träumen, über Ägypten und den Suezkanal hinaus weit nach Osten, bis in die Ölfelder vorstoßen zu können. Auf dem Balkan kapituliert nach 11 Tagen Blitzkrieg die deutschfreundliche Monarchie Jugoslawiens, nachdem ein Putsch den Kriegseintritt Jugoslawiens an der Seite Deutschlands verhindern wollte; Kroatien, im faschistischen Fahrwasser, erklärt sich für selbstständig. Deutsche Truppen marschieren in Griechenland ein, vertreiben die Engländer und erobern Kreta. Der Türkei wird ein Freundschaftsvertrag dekretiert. Japan verspricht gegen Geheiminformationen eilfertig Hilfe und erhält sie von dort – geheim, geheim – unter dem Kodewort „Unternehmen Barbarossa", Angriff auf die Sowjetunion.

Kurze Zeit später wird der Kreml informiert, der deutsche Angriff auf die Sowjetunion stehe unmittelbar bevor. Stalin schenkt dem geheimdienstlichen Tipp keinen Glauben. Der heiße Hinweis stammt von einem ertragreichen Spion aus Tokio, von Richard Sorge, einer der schillerndsten Figuren seiner Zeit. Obwohl im Umgang mit allem Subversiven reichlich erfahren, bezweifelt man im Kreml, dass ausgerechnet der kleine Spion in Tokio richtig liegt.

Sorge, Russlanddeutscher, Alt-Kommunist, zur Tarnung Mitglied der NSDAP, offiziell Korrespondent der „Frankfurter Zeitung", führt ein Doppelleben. Er spioniert bis zu seinem Agententod in höchsten Politkreisen des fernöstlichen Kaisers. Er sendet hunderte Funksprüche und Mikrofilme nach Moskau. Sowjetische Macher sind an sich über japanische Kabalen besser informiert als das offiziell verbündete Berlin. Höchste Politik im Spionagemetier, sogar für Churchill. Der Kriegspremier zu Stalins Glaubensdefizit: Er verhalte sich „wie ein gefühlloser, verschlagener und zugleich schlecht informierter Riese".

Wesentlicher Grund für Stalin, Sorges Informationen niedriger zu hängen, war wohl, dass der rot-rote Herrscher militärisch noch nicht handlungsfähig war. Die Rote Armee war nach deren radikaler Säuberung kaum einsatzfähig. So waren 1940 ganze 64 Jagdflugzeuge vom Typ Jak-1 hergestellt worden. Bedienungsmannschaften für Panzer des Typs T 34 fehlten. Es waren zwar 186 Divisionen der Roten Armee an die russische Westgrenze kommandiert, aber ohne Kampfausbildung, ohne Kampfauftrag, ohne Kampfeswillen. Auf ausdrücklichen Befehl eines leisetreterischen Stalin wurden die sowjetischen Getreidelieferungen an Deutschland vertragsgemäß fortgesetzt. Wie üblich nach Mitternacht, auch vom 11. zum 12. Juni 1941, also mitten in das Aufmarschgebiet der hitlerschen Armada.

31 Elitedivisionen, 3 Millionen Mann

Nach einigem Zaudern und Zögern gibt Hitler den Angriffsbefehl auf die Sowjetunion für den 12. Juni 1941, 3:15 Uhr. Es schlagen los: über 3 Millionen deutsche Soldaten mit zwei Dutzend erfahrenen Elitedivisionen und 17 der 22 deutschen Panzerdivisionen (die meisten Einheiten lagerten und starteten in Polen = Generalgouvernement), dazu 700 000 Mann aus Finnland, Italien, Ungarn, Rumänien und der Slowakei – für einen gewagten Ostfeldzug das größte Landheer aller Zeiten.

Als dreifaches Kriegsziel lässt Hitler großsprecherisch und mit ideologischen und strategischen Absichten hinausposaunen: 1. Vernichtung des Bolschewismus, 2. Vernichtung des Judentums und 3. Erschließung des Lebensraumes Ost. Moskau und Leningrad sollten dem Erdboden gleichgemacht sowie Mittelrussland zur Wüste werden.

Stereotyp pflegte sich Hitler auf Urideen seiner Partei und schwärmerisch auf eine „Vorsehung" zu berufen, auch gegenüber seiner Generalität, die, brav im napoleonischen Stil, konzentriert auf Moskau losmarschieren wollte. Hitler dagegen, auf Prestige bedacht und an Öl lebhaft interessiert, befahl jenen Breitenangriff, der ihm schließlich zum Verhängnis werden sollte. Allein das Riesenaufgebot des Unternehmens Barbarossa ließ – kaum stellen sich Anfangserfolge ein – auf einen weiteren Blitzkrieg schließen. An der deutschen Spitze von Partei und Militär breitete sich die Hoffnung aus, in drei Monaten sei der Russlandfeldzug erfolgreich zu beenden. Auch im Westen ging diese (voreilige) Ansicht um. Das britische Kriegsministerium empfahl in seiner Sprachregelung für die Medien, vor allem für die BBC, zu bedenken, dass der sowjetische Widerstand gegen 153 Divisionen kaum länger als 6 Wochen anhalten werde. Irrtum allerorten.

„General Schlamm" und „Marschall Winter" übernahmen das Kommando in den russischen Weiten. Sie brachten Hitlers Angriff abrupt zum Stehen. Zu großen, unterschätzten Entfernungen mit mittelalterlicher Infrastruktur kam ein früher Wintereinbruch. Den Deutschen fehlten Winterausrüstungen und Wintererfahrung. 30 Kilometer vor der russischen Hauptstadt besiegte die Realität Hitlers Wunschdenken. Das Symbol blieb unerreichbar und der Nimbus einer erfolgsverwöhnten Streitmacht ging ein zweites Mal verloren. Zuerst unter Napoleon und anno 1941/42 bei 30 Grad minus in einer verzweifelten, relativ erfolgreichen russischen Gegenoffensive.

Wimbledon wird abgesagt, die French Open können nicht über die Bühne gehen, ebenso wenig wie der Davis-Cup, die

Eishockey-Weltmeisterschaft oder die Tour de France. Man hatte den totalen Krieg, den ein Hitler für unvermeidlich hielt und den der Westen fürchtete wie der Teufel das Weihwasser. Kein Stein blieb auf dem anderen. Die Totalität des Krieges und seine Schrecken erregenden Begleiterscheinungen ließen alle Erfahrungen, alle Moral hinter sich, auch jene der Politik und der Diplomatie. Hatte man sich doch lange in den Staatskanzleien des Westens der Hoffnung und den Denkmodellen hingegeben, der braune Selbstunterhalter von Berlin sei durch Zugeständnisse oder scheinbare sowie auch unterwürfige Gesten irgendwie zu beruhigen.

Als erst einmal geschossen wurde, war es zu spät geworden, ein Konzept zu kreieren, das jenem Hitlers Paroli zu bieten in der Lage gewesen wäre. Selbst als sie Opfer des reichsdeutschen Imperialismus geworden, besetzt und politisch gefangen waren, glaubten im Westen die überrumpelten Demokraten an konventionelle Lösungen (und manche hofften gar, die Deutschen würden in Russland die Drecksarbeit machen und den lästigen Bolschewismus-Kommunismus ausschalten).

Es dauerte lebensgefährlich lang, bis es den Franzosen, den Belgiern, den Holländern, den Dänen oder den Norwegern dämmerte, was auf dem Spiel steht. Von der Weltanschauung zur Weltmacht. Nur einer erkannte die hintergründigen Gewaltansprüche des Hitler-Regimes und der sogenannten Achse aus Deutschland, Italien und Japan: Franklin Delano Roosevelt. F. D. R., der 32. und am längsten dienende Präsident der USAler. Er war früher und entschlossener gegen faschistische Umtriebe unterwegs als andere.

Hätte die freie Welt Roosevelts Gegenstrategie früher verstanden und wäre sie, die träge Masse der Wegschauer, politisch und dann auch militärisch aufgewacht, das Kräftemessen mit dem Faschismus wie mit dem Kommunismus wäre wohl völlig anders verlaufen, Millionen hätten ihr Leben nicht lassen müssen an den Fronten, im Bombenkrieg und in den Konzentrationslagern. Die alte Ordnung hätte eine organische Erneuerung erfahren. Und die als ewig beschworene Zivilisation wäre friedlich zu erneuern gewesen.

Hätte, wäre, sollte – die Realitäten waren, unbarmherzig wie sie sein können, ganz anders. Um sein Kriegsziel, die bedingungslose Kapitulation des Deutschen Reiches zu erreichen, musste der US-Präsident den Einsatz entscheidend erhöhen. Kein leichtes Unterfangen.

Durchschnittsamerikaner waren alles andere als kriegslüstern. Per Gesetz seit 1936 auf wohlstandsträchtige Neutralität eingestellt, war es in politischen Zirkeln Amerikas zunächst gleichsam Mode, sich lediglich karitativ zu engagieren. Etwa den Engländern, etwas – natürlich ohne Kriegseintritt – materiell beizustehen. Später sollten Waffen und Munition – gewinnträchtig hergestellt – auf US-Schiffen geliefert werden (wurden jedoch von deutschen U-Booten behindert oder bis vor New York reichlich versenkt). H. M. Good Old England, von Luftwaffenangriffen und von U-Booten der Deutschen arg bedrängt, stand monatelang vor dem Kollaps, wie sich nach dem Krieg herausstellen sollte.

US-Abenteuer Zweiter Weltkrieg

Der geschickte Demokrat Roosevelt musste seine ganze rhetorische Begabung und seine präsidentiale Macht aufbieten, um seine Amerikaner „auf das unbequeme" Abenteuer eines Zweiten Weltkrieges einzustimmen. Seiner Administration war längst klar geworden, dass ohne den totalen Einsatz der amerikanischen Ressourcen und ohne das Engagement der US-Bevölkerung, Hitler und seinesgleichen (in Tokio) nicht zu besiegen waren. Washington zeigte erstmals Krallen mit dem Lend-Lease Act. Überlassung oder Verpfändung von Kriegsmaterial aller Art an die im Krieg befindlichen Gegner Hitlers. Good News auch für die unterversorgte Sowjetunion.

Die deutsche Offensive gegen die Sowjetunion war noch keine zwei Wochen alt, als das Schlachtschiff HMS Prince of Wales in der Placentia Bay vor Neufundland prominente Gäste erwartete. Präsident Roosevelt und Premier Churchill. Keine Intimfreunde, jedoch gewiegte Krisenmanager finalisierten sie, was politisch und propagandistisch groß angelegt worden war – die Atlantik-Charta. Dieses Vorausdokument war schließlich auch als Basispapier für die später zu gründenden Vereinten Nationen konzipiert.

Als sich Hitler vorübergehend auf dem Gipfel seiner Expansion auch im Osten fühlen konnte, sollte ihm aus dem Westen eine Charta den Wind der Freiheit und der Menschenrechte ins Gesicht treiben. Als Nachkriegsprogramm konzipiert, geriet die Atlantik-Charta kriegsbedingt zwangsläufig zu einem Mobilisierungsinstrument. Seid einig gegen den Tyrannen.

Präsident und Premier vermochten sich allerdings nicht über die Strategie, über alle Details und über ihre Konsequenzen zu einigen. So blieb vielerlei einer europäischen Nachkriegsordnung umstritten, etwa die deutsche Kriegsschuld oder diverse Grenzziehungen. Jedoch, die beschworene Gemeinsamkeit reichte bei Weitem, um auch bei dieser historischen Gelegenheit Flagge zu zeigen.

Dazu kam eine eindrucksvolle, selbstbewusste Dokumentation westlich-demokratischer Werte: keine Bereicherungen, keine territorialen Veränderungen, freie Wahl der Regierungsform, freier Handel, bessere Arbeitsbedingungen für alle, Garantien für Frieden, Reisefreiheit, Gewaltverzicht. Kein Wunder, dass Stalin vorerst abseits stehen blieb. Auf amerikanische Wirtschafts- und besonders Transporthilfe angewiesen, gab er, der rote Tyrann, in Sachen Atlantik-Charta doch klein bei.

Wendepunkt Pearl Harbor

Japan spielte für den Ostküstenamerikaner Roosevelt zunächst eine zweitrangige Rolle. Dennoch war der japanische Angriff auf Pearl Harbor für ihn eine mehr als passende Gelegenheit, die Kriegerklärung aus Berlin mit der ganzen, kontinentalen Wucht zu beantworten, zu der Washington bereit und fähig war. Die amerikanische Kriegsstrategie ließ sich auch nicht von schwärmerischen Annahmen verleiten, wonach das millionenfache Unternehmen Barbarossa in wenigen Wochen und noch vor Winterbeginn zu Ungunsten Deutschlands und seiner Verbündeten zu entscheiden sei.

Als die japanische Marine ihren kühnen Angriff auf Pearl Harbor vier Monate nach dem deutschen Angriff auf Russland wagte, war also das letzte Signal für einen globalen Krieg gegeben. 3500 tote GIs, 8 Schlachtschiffe und 11 weitere Kriegsschiffe versenkt, 117 Kampfflugzeuge zerstört – das Ganze ohne Gegenwehr. Das reichte als Herausforderung einer keimenden Supermacht.

In ihrem dumpfen Imperialismus und bei ihrer spießigen Brutalität vermochten die Häscher, die im Hitler-Reich das Sagen hatten, den Hauch der Welt weder zu verstehen noch einzuordnen. Sie amtshandelten ohne irgendwelche Skrupel. Gewalt war ihnen alles. Alle Macht der Partei, alle Befugnisse im Kadavergehorsam mit Anfangserfolgen. Davon betäubt und in maßloser Selbstüberschätzung, verlor die Führung des Reichsregimes bald jeden Realitätssinn. Ihr kleinkarierter Rassismus jedoch verschärfte sich mit jedem militärischen und politischen Rückschlag. Wie aus Antisemitismus Völkermord wurde, ist eine der beispiellosen Katastrophen der Geschichte.

Ghetto II

Als Grund für die Errichtung der Ghettos gaben die NS-Behörden in erster Linie die Notwendigkeit an, die Ausbreitung von Seuchen zu verhindern, die Juden von den Deutschen zu trennen, Widerstand, Sabotage und Schwarzmarkt zu verhindern. Tatsächlich wurden die Ghettos immer mehr Orte der Vernichtung durch Hunger und Krankheiten sowie die Vorstufe der Deportationen in die Vernichtungslager.

Nur eine beschränkte Anzahl von Ghettobewohnern wurde für Arbeiten außerhalb des Ghettos herangezogen, die sogenannten Löhne waren äußerst gering und bestanden zumeist nur aus Suppe und Brot. Innerhalb des Ghettos, bedingt durch das Fehlen von Produktionsmitteln und die Isolierung, bestand praktisch kaum eine offizielle Verdienstmöglichkeit. Dadurch waren die Ghettos auf die Versorgung durch die Behörden angewiesen.

Die Lebensmittelkontingente der Regierung waren extrem niedrig, so war Mitte 1941 die tägliche Zuteilung mittels Lebensmittelkarten im Ghetto Warschau nur 184 Kalorien pro Person, was nur 7,7 % der 2400 Kalorien ist, die ein mit leichter Arbeit beschäftigter Erwachsener damals benötigte.

Hans Frank erklärte während einer Regierungssitzung am 24. August 1942: „Dass wir 1,2 Millionen Juden zum Hungertod verurteilen, sei nur am Rande festgestellt." Dies war der Kommentar zu dem bereits fixen Plan der Vernichtung, respektive der bereits begonnenen Vernichtung. Der Präsident der Hauptabteilung für Ernährung und Landwirtschaft des Generalgouvernements formulierte es ähnlich: „Die Versorgung der bisher mit 1,5 Millionen Juden angenommenen Bevölkerungsmenge fällt weg, und zwar bis zu einer angenommenen Menge von 300 000 Juden, die noch im deutschen Interesse als Handwerker oder sonst wo arbeiten ... Die anderen

Juden, insgesamt 1,2 Millionen, werden nicht mehr versorgt."
Tatsächlich verhungerten im Warschauer Ghetto schon in den
ersten 18 Monaten nach der Errichtung 15–20 % seiner
Einwohner. In anderen Gebieten Polens war die Versorgung
teilweise besser. Auch die Juden, die für die Kriegsindustrie
arbeiteten, erhielten bis zu 1500 Kalorien.
Das Ghetto in Warschau war mit 450 000 bis 500 000 Ein-
wohnern bei weitem das größte. Das zweitgrößte war das
Ghetto von Lodz, von den Deutschen auf Litzmannstadt um-
benannt, im Warthegau, also einem Teil Polens, der ins Reich
integriert worden war, mit etwa 200 000 Bewohnern. Das
Ghetto in Warschau wurde im Februar 1940 geplant, sodann
wegen des Planes, die Juden in Lublin zu konzentrieren, zu-
rückgestellt, im April wieder in Angriff genommen und we-
gen des Madagaskarplanes kurz darauf nochmals zurückge-
stellt und schließlich im August auf Grund der Forderung des
Warschauer Distriktarztes Dr. Arnold Lambrecht endgültig
fixiert. Ein mehrheitlich von Juden bewohntes Gebiet wurde
zum Seuchengebiet erklärt, 113 000 Polen wurden ausgesie-
delt, und durch eine 18 km lange Mauer, die auf Kosten des
Judenrates errichtet wurde, abgeriegelt.

Himmlers Befehl: Vernichtet die Juden

Wie schon berichtet, gab es eine Reihe von Deportationsplä-
nen, der letzte war eine Abschiebung in den Osten. Der ge-
plante Überfall auf die Sowjetunion und die Siegessicherheit
waren für die Deutschen nicht nur mit einer weiteren Aus-
weitung des „Deutschen Lebensraumes", sondern auch mit der
angeführten Abschiebung verbunden. Vorhaben, die durch
den Kriegsverlauf verhindert wurden.
Ab dem Frühjahr 1942, nach der von Heydrich geleiteten
und wahrscheinlich auch initiierten Wannseekonferenz, be-
gann die Auflösung der Ghettos.

Am 19. Juli 1942 hat Himmler den Befehl zur generellen Vernichtung der Juden im Generalgouvernement gegeben. Nach Auflösung der Ghettos durften sich nur mehr wenige Facharbeiter in Arbeitslagern aufhalten, aber auch diese Personen wurden bis zum Sommer 1943 größtenteils ermordet. Bei der Befreiung der besetzten polnischen und sowjetischen Gebiete gab es keine Ghettos mehr.

Die berüchtigte Wannseekonferenz wird von manchen Historikern auch als einmalige Verschwörung dargestellt. Eine Verschwörung, die einen großen Kreis von Spitzenvertretern des Nationalsozialismus angesichts des gefürchteten Zusammenbruchs des Reiches noch einmal zusammenschweißen sollte. Zusammenschweißen durch das Bewusstsein der gemeinsamen Schuld, der gemeinsamen Ermordung Millionen Unschuldiger.

Als Frank am 26. Oktober 1939 Generalgouverneur im „Generalgouvernement für die besetzten polnischen Gebiete" wurde, lebten 12 Millionen Menschen in dem 96 000 km² großen Gebiet, darunter 1,5 Millionen Juden. Nach dem Überfall auf die UdSSR wurde Ostgalizien mit 49 500 km² und 6 Millionen Einwohnern dem Generalgouvernement zugeschlagen. Durch die Eroberung Ostpolens kamen weitere 1,2 Millionen Juden hinzu. Insgesamt lebten um diese Zeit 5,5 Millionen Juden in den von den Deutschen besetzten Gebieten Osteuropas.

Die Germanisierungspolitik und die Rassenideologie, die auch in den Polen eine minderwertige Rasse sah und die polnischen Juden als „Untermenschen" bezeichnete, forcierte die Rücksichtslosigkeit, mit der Juden und Polen aus den annektierten Gebieten ins Generalgouvernement vertrieben wurden. Rücksichten auf Rechte oder Privilegien, wie sie in Deutschland, bedingt durch soziale, familiäre oder religiöse Bindungen, Geschäftskontakte oder finanzielle Stärken gegeben waren, existierten hier nicht.

So wurden während der deutschen Besetzung Polens beinahe alle Juden entweder vertrieben oder ermordet. Rund 900 000 Polen wurden vertrieben, die Intelligenz, die Führungsschichten weitgehend ausgerottet. Insgesamt sind an die 6 Millionen Menschen der polnischen Gesellschaft laut Bericht des „Polnischen Büros für Kriegsentschädigung" umgekommen.

Frank hatte, ganz im Sinne Hitlers, den größten Anteil an der Unterdrückung der Bevölkerung, Entrechtung und Ghettoisierung der Juden und Liquidierung der polnischen Führungsschicht. Er und seine direkten Untergebenen in der Regierung und der Hierarchie der Verwaltung, von den Distriktgouverneuren abwärts, waren involviert. Mit Franks Verordnung vom 16. September 1939 verloren die Juden alle Ansprüche auf soziale Sicherheit, wie Arbeitslosenversicherung, Pensionen oder Krankenversicherung. Medizinische Hilfe wurde vorläufig noch gegeben, allerdings gegen volle Bezahlung.

Es folgte am 6. März 1940 die Verordnung, dass jüdische Ärzte, Dentisten, Hebammen wie auch alle übrigen jüdischen Personen mit medizinischen Berufen nur mehr Juden behandeln durften. Umgekehrt durften Arier keine Juden mehr behandeln.

Jüdische Anwälte und Notare erhielten Berufsverbot, desgleichen jüdische Lehrer und Professoren. Damit wurden auch alle jüdischen Schulen geschlossen, Schüler und Studenten der Schulen und Universitäten verwiesen. Andere Verordnungen, wie die vom 26. Jänner 1940, die Juden verbot, Züge oder öffentliche Straßen ohne Sonderbewilligung zu benützen, oder die vom 20. Februar 1940, die überhaupt jede Art von Transport untersagte, waren weitere Schritte zum Ausschluss aus jeder Art legalen Handels. Ab 1. April 1940 wurden Kammern für selbstständige jüdische Handwerker gegründet, die fortan die einzigen legalen Materialquellen *waren, die allmähliche Unterbindung jeder wirtschaftlichen Tätigkeit war vollständig.*

Enteignung als Vernichtungswaffe

Am 17. September 1940 erließ Göring, zuständig für den Vierjahresplan und damit auch für die Treuhandstellen, die Verordnung „Über die Behandlung von Vermögen der Angehörigen des ehemaligen polnischen Staates", in der u. a. die sofortige Konfiskation des jüdischen Vermögens, ausgenommen des persönlichen Eigentums, das mitgetragen werden konnte, angeordnet wurde.

Sozusagen mit einem Federstrich verloren alle jüdische Industriellen ihre Fabriken, die Händler und Gewerbetreibenden ihre Geschäfte und Warenlager, die Grundeigentümer Häuser, Grund und Boden. Verkäufe seit der deutschen Invasion wurden als Täuschung für hinfällig erklärt. Allfällige Ablösen, die zu Anfang bezahlt werden sollten, wurden gesetzlich minimiert und durch Geldbeschränkungen praktisch annulliert. Schon unter der Militärverwaltung waren jüdische Bankkonten blockiert worden, pro Monat durften maximal 500 Zloty abgehoben werden.

Die Kette der Verbote, der Diskriminierung und Ausschaltung aus dem wirtschaftlichen, sozialen und kulturellen Leben mündete in der Vertreibung und Konzentrierung in Ghettos. Die gesetzliche Basis hierfür war die Verordnung Franks vom 13. September 1940 über die „Einschränkung des Rechts, innerhalb der Grenzen des Generalgouvernements zu leben" und über die „geschlossenen Wohnbezirke". Sein Diensttagebuch, das 40 Bände umfasst, war eines der wichtigsten Dokumente im Nürnberger Prozess und trug wesentlich zu seiner Verurteilung zum Tod durch den Strang bei. Sein Auftrag vom 16. Mai 1940 zur „Außerordentlichen Befriedungsaktion" war der wesentliche Anklagepunkt. Der SD-Brigadeführer

Streckenbach sollte den polnischen Widerstand brechen. 3500 Personen der polnischen Führungsschicht und 3500 mutmaßliche „Kriminelle" wurden verhaftet und hingerichtet. Einen wesentlichen Einfluss auf den polnischen Widerstand hatte die Aktion aber nicht.

Blitzkrieg nach Norden und Westen

Von der anfänglichen Aufbruchsstimmung, die das Hitler-Regime verbreitet hatte, kann man sich mit heutigen Maßstäben kaum einen zutreffenden Begriff machen. Das Hitler-Regime auf Siegeskurs, gleichsam unbezwingbar und die weltpolitische Szene beherrschend. Polen mit einer Blitzaktion in die Knie gezwungen, die Westmächte in eine Art Politschock versetzt, was Gegenmaßnahmen auf sich warten lässt, Dänemark und Norwegen besetzt (um einem Gegenschlag der Westmächte zuvorzukommen), um nur einen Monat später den Blitzkrieg nach Westen vorzuführen, Holland, Belgien und Frankreich niederzuwalzen. Die deutsche Flotte steigert den U-Boot-Krieg gegen die transatlantischen Nachschubwege bis zu ernsten Verknappungserscheinungen auf der britischen Insel. Die deutsche Luftwaffe soll durch Terrorangriffe auf Coventry und London eine Invasion Englands vorbereiten. Allein in London kommen 1940/41 über 20 000 Zivilisten um. Die Großstadt lebt mehr und mehr in den U-Bahnschächten.

Auf der anderen Seite, gemeinhin Westmächte genannt, kam Gegendruck nur allmählich auf. Die Appeasement-Politik des britischen Premiers Neville Chamberlain zerfällt unter Hitlers militärischen Anfangserfolgen. Winston Churchill als Premier einer Notkoalition aller großen Parteien erweist sich als Verfechter eines harten Kurses. Er, der enttäuschte Bewunderer der Deutschen, kündigt „Kampf bis zum Sieg um jeden Preis" an. Mit ihm tritt eine überragende, vielseitige Führerpersönlichkeit in den Ring. Dort herrscht die ungleiche Paarung Hitler-Stalin. Der eine, der sich als Künstler fühlt und seinem faschistischen Extremismus huldigt. Der andere eiserner Machtmensch, der einerseits mit ungebremster Menschenverachtung wütet und sich andererseits beim deutschen Angriff aus Unsicherheit drei Wochen lang auf seiner Datscha verkriecht. Stalin fürchtete damals, jederzeit verhaftet zu werden.

Für eine andere Welt gelebter Ideale steht F. D. R., Roosevelt, seit den 20er Jahren gelähmt. Er bewegt sich politisch auf dem Washingtoner Parkett im Krisenzeichen seines „New Deal" meisterhaft.

Vier Außergewöhnliche, deren personalisierter Kampf, nicht zuletzt mit den Waffen der Ideologie, das Weltgeschehen jahrelang unzweideutig bestimmt hat. Folgenreich wie kaum eine personelle Konstellation verschiebt und verändert dieses eigentlich unvergleichbare Engagement der ungleichen vier die Messwerte der Politik wie der Moral. Wohl noch nie zuvor hat ein Waffengang die Zivilisation in ihren Grundwerten derart erschüttert wie der Zweite Weltkrieg und der zeitgleiche Völkermord.

Wie gefangen alle Welt von dieser Auseinandersetzung war, zeigt ein Blick auf jene Szene, die geistige und tatsächliche Strömungen ihrerseits verlässlich zu reflektieren versteht – die Kulturszene. Stefan Zweig schreibt im brasilianischen Exil mit der „Schachnovelle" seine Abrechnung mit dem Faschismus, Graham Greene greift mit „Die Kraft und die Herrlichkeit" das Verhältnis Staat – Kirche auf, ähnlich den Russen Jewgenij Schwarz in „Der Schatten" oder Werner Bergengrün mit „Im Himmel wie auf Erden" sowie Ernest Hemingway mit „Wem die Stunde schlägt". Gegenstück nationalsozialistischer Hetze ist der Film „Jud Süß" nach Lion Feuchtwanger.

Wer sich die wahren Kräfte und Interessen vor Augen führt, erhält einen Begriff von den geistigen Kräften, die in der weltweiten Auseinandersetzung steckten. Es war wahrlich ein Krieg der Welten.

Bezeichnend ist das Verhältnis zum Tod. Während der Einzelne tödliche Gefahren gern übersieht oder verdrängt, kann das Kollektiv unbarmherzig zugreifen. Zum Beispiel die Katastrophe mit dem britischen Passagierschiff RMS Lancastria. Als Truppentransporter zur Evakuierung britischer Truppen vor Saint Nazaire eingesetzt, wird es mit 6 000 Menschen an Bord von der deutschen Luftwaffe versenkt. Je nach Quellen sterben 2 000 bis 4 000. Churchill, um die Durchhaltemoral seiner Schutzbefohlenen besorgt, ordnet totale Geheimhaltung an.

Am anderen Ende der Verantwortungsskala arbeitet ein Adolf Eichmann als Bürokrat des Todes im Reichssicherheitshauptamt zu Berlin an detaillierten Plänen zur Deportation und Vernichtung der Juden in ganz Europa. Ebenfalls geheim. Sein Chef, der Reichsführer SS, Heinrich Himmler, hatte bereits befohlen, nach Lodz (von den Deutschen in Litzmannstadt umbenannt) in Auschwitz ein großes Konzentrationslager zu errichten. Das System griff durch. Keine Chance mehr für Juden. Freie Bahn für willfährige Exekutoren.

Polen als Land und seine Menschen bildeten von vornherein eine Art Drehkreuz für die Politik Hitlers. So begehrte er unablässig für seine Deutschen mehr „Lebensraum" im Osten. Seine Satrapen sollten Polen wie das übrige Europa „judenfrei" machen. Ihnen war von der NS-Partei ultimativ aufgetragen, „faule Polacken", diese „Untermenschen ohne Anspruch auf Bildung und Kultur", zurückzudämmen, ihnen „Disziplin und Unterordnung beizubringen". Zunächst ungeplant, bot sich dem Regime die einmalige Gelegenheit, seinen Vernichtungsfeldzug unbefangen zu beginnen. Dies geschah, noch bevor die Politiker des Westens Hitlers expansive Politik durchschauten und bevor der Selbsterhaltungstrieb der Verfolgten voll einzusetzen begann. Berichte von ersten

Verfolgungen und von Auswanderungen aus dem Reich und aus der „Ostmark" zirkulierten. Landauf, landab ging Angst um unter Juden. Unheimliche Anspannung.

Gestohlenes im Sonderzug des Herrn Frank

Frank war ohne Zweifel ein überzeugter Nationalsozialist, hatte am Hitlerputsch in München teilgenommen und als Anwalt mehrfach Hitler und seine Parteigenossen kostenlos verteidigt. Das war ein Grund für seine Ernennung, obwohl er keinerlei Erfahrung für seine Aufgabe hatte. Da er aber niemals zum inneren Kreis der Machthaber gehörte, hatte Himmler mit Unterstützung Bormanns relativ leichtes Spiel. Über die SS (Schutzstaffel), SP (Sicherheitspolizei), SD (Sicherheitsdienst) und Gestapo (Geheime Staatspolizei) u. a. baute Himmler einen Staat im Staat auf. Da Hitlers Rassenideologie im unmittelbaren Zusammenhang mit seiner Ernennung zum „Reichskommissar für die Festigung deutschen Volkstums" und der damit verbundenen Um- und Ansiedlungspolitik stand, wurde sein Macht- und Einflussbereich immer unangreifbarer. Außerdem waren die persönlichen Angriffe auf Frank, die vor allem Korruption und persönliche Bereicherung umfassten, kaum zu widerlegen. So wurde ihm vorgeworfen, Lebensmittel vom Staatsgut Kressendorf (Krzeszowice) sowie beschlagnahmte Kunstgegenstände mit Sonderzug auf sein Gut am Starnberger See gebracht zu haben. Seine Frau wurde in Pelzmänteln, die den Juden abgenommen worden waren, gesehen.

Korruption wurde auch in der unmittelbaren Nähe Franks aufgedeckt. Eklatant waren zwei Fälle. Da war der Leiter der Warschauer Hauptverwaltungsstelle, SS-Untersturmführer Lorenz Löv, der wegen Unterschlagung als Volksschädling zu lebenslangem Zuchthaus verurteilt wurde, und der Fall des Gouverneurs von Galizien, Karl Lasch, Freund und enger

Mitarbeiter Franks. Wegen Schiebungen zu Ungunsten des Distriktes wurde er verhaftet und am 3. Juni 1942 auf Befehl Himmlers ohne Urteil erschossen.

Auch der schon erwähnte Transfer von Industrieanlagen in das Generalgouvernement und die Bedeutung als Transferland für den Russlandfeldzug und die Umsiedlungsaktionen generierte immer mehr Einfluss aus dem Reich.

Der Höhepunkt der Aktionen gegen Frank fand Anfang des Jahres 1942 statt. So gelang es einer Interessengemeinschaft von Himmler, Heinrich Lammers – Leiter der Reichskanzlei – und Martin Bormann – Leiter der Parteikanzlei –, Frank den Zutritt zu Hitler über mehrere Monate zu versperren.

An diese Machtlosigkeit Franks schloss nahtlos die vollständige Machtübernahme aller Ghettos im Generalgouvernement in der zweiten Hälfte 1942 durch die SS an, die wiederum zu einer fast vollständigen Liquidation der Einwohner führte und die von der Regierung des Generalgouvernements und des Heeres gewünschte und forcierte Umwandlung der Ghettos in Produktionszentren vollständig zerstörte.

In den Jahren 1940 und 1941 – mit dem Höhepunkt der Eingliederung Galiziens ins Generalgouvernement im August 1940, wo Frank sich einigermaßen behaupten konnte und seine Pläne zur Stärkung seines Landes und damit seiner Person durchsetzen konnte – begann der persönliche und direkte Einstieg Bischofs in die jüdische Problematik. Grundlagen für die neue wirtschaftliche Kompetenz Franks waren seine Ernennung zum Vorgesetzten der in Krakau installierten „Dienststelle für den Vierjahresplan" und die Möglichkeit, eine ihm unterstellte Treuhandstelle Ost zu errichten.

Göring als Leiter des von Hitler installierten Vierjahresplans, der für die „Planung des deutschen Wirtschaftsraumes" zuständig war, überließ Frank diese Funktion im Generalgouvernement und verzichtete auf die ursprünglich direkt errichteten Treuhandstellen. Da die Hauptfunktion dieser

Treuhandstellen in erster Stelle die Beschlagnahme von Ma-
terial, Maschinen und anderen Werten sowie der Transport
ins Reich war, hatte Frank nun mehr freie Hand, dies zu
verhindern.

Überleben mit gefälschten Taufscheinen

Während Bischof als Privilegierter in Warschau nach außen
ein angepasstes Herrenleben führte (und sich gleichzeitig um
die Seinen ernsthaft sorgte), wurden sie in Wien bedroht, ge-
peinigt und verfolgt. Er Teil der unbarmherzigen Repressi-
onsmaschine Hitlers, musste sie, die Ehefrau, sich mit den gemeinsamen Kindern vor der nämlichen Maschine tagtäglich
fürchten. Er vermochte aus der Ferne mit gefälschten Tauf-
scheinen die ärgste Lebensbedrohung von ihr abzuwenden.
Sie jedoch musste mit ihren Kindern in einer fremd gewordenen, weil nationalsozialistischen Umwelt irgendwie zurecht-
kommen. Auf eigene Faust.

Wien war auch damals, in den 40er Jahren des vorigen Jahrhunderts, anders. An gefügigen Trabanten war kein Mangel.
Sie setzten auf jene Aufbruchsstimmung, die nach dem Anschluss geraume Zeit in der sogenannten Ostmark mehrheits-
fähig gewesen war. Das Dritte Reich als Heilsversprechen gegen Rückständigkeit und vor allem Arbeitslosigkeit. Was als
neue Gründerzeit verkauft wurde und tatsächlich konjunk-
turell durchzog, stellte sich bald als verkappte Rüstungswirtschaft heraus.

Hunderttausende fanden wie über Nacht Arbeit. Vom Bau mit
gigantischen, überproportionalen Aufträgen – etwa im Auto-
bahnbau – ausgehend, gab das Stahlprojekt der Hermann-
Göring-Werke in Linz den Expansionstakt vor. Rückstand
an Investitionen seit der Kaiserzeit machte es relativ leicht,
mit Prestigevorhaben aufzutrumpfen: Planerisch wurde bei
Strom, Eisen und Stahl, Aluminium und Öl angesetzt. Bei-

spiel für viele: die Wiener Neustädter Flugzeugwerke WNF (im späteren Totalausbau mit 23 000 Beschäftigten größte Produktion von Jagdflugzeugen im ganzen Dritten Reich).

Derlei Arbeitsbeschaffung zog. Sie relativierte zunächst den Würgegriff der neuen Machthaber – bis der wahre Charakter des NS-Regimes durchdrang. Der Krieg machte aus Begeisterung und Nibelungentreue bald Unterwürfigkeit und Verzweiflung. Mit dem Eifer von Opportunisten übertrafen manche der Angepassten die importierten Herrscher.

Und die allgemeine Stimmung unter den Wienern kippte. Gestapo-Berichte belegen es. Nach ihnen vollzog sich dies spätestens mit Einstufung und Behandlung der Wiener als abhängige Provinzler, mit der großen Wende des Kriegsglücks und mit dem Beginn sowie mit der Konsequenz der alliierten Bombenangriffe. Fanatiker, Karrieristen und Parteifunktionäre freilich trieben ihr Unwesen bis zum schauerlichen Ende der Hitler-Zeit.

Je schlechter die Kriegslage für das Regime, desto unbarmherziger die großen und vor allem die kleinen Schergen. Zwischen „Heimat" und „Front" wurde da wie dort am Wehrwillen genagt. Was der Moral zusetzte, waren nicht nur Todesanzeigen gefallener Soldaten (die später, beim Massensterben, in den Zeitungen verboten wurden), sondern Berichte über Bombenangriffe und ihre zerstörerischen Folgen.

Mehr als ein Hauch von Terror zog durchs Land, nahm doch auch die Zahl von Todesurteilen wegen Wehrkraftzersetzung (etwa durch Abhören von „Feindsendern" wie der BBC) ständig zu. Zur Todesangst von außen, von der Front und von den Bomben, kam die innere Gefährdung durch Partei, Gestapo und Denunzianten.

Ein gefährliches Klima für Verdächtige, für Verfolgte und für Andersdenkende. In ihm und mit ihm hatten auch die Bischofs zu leben, musste doch zwischen Wien und Warschau unausweichlich eine familiäre Atmosphäre der Angst und

Unsicherheit bestehen. Dort der Mann nahe der Macht, Teil der herrschenden Kaste, privilegiert, informiert, verfügungsberechtigt, mit Zugang zu höchsten Kreisen und dem Wissensstand der Besatzungsmacht und des NS-Apparates.

Hier Bischofs tapfere Frau, Verdacht und Misstrauen weithin ausgesetzt, ihre drei Kinder von Schikanen bedroht, ihre Villa im Wiener Vorort Hietzing von Nachbarn mit Parteiverbindung mittels Zwangsverkauf begehrt und tatsächlich oder unvermeidlich ständig minutiös beobachtet (und, was sie nicht wissen konnte, Gegenstand von Polizei- und Parteiberichten bis zum Gauakt). Er, der Lebensgefahren seiner Familie voll bewusst, vermochte zwar durch Fernsteuerung das Ärgste in Form einer Deportation und Enteignung zu verhindern. Ihr jedoch blieben die Angst und die tägliche Sorge, ob sie ihrem Mann noch rechtzeitig über eigentums- und lebensbedrohende Aktionen der Behörden Nachricht werde geben können.

Bewusst oder unbewusst traf Bischofs Frau, was im Referat IV B 4 des Reichssicherheitshauptamtes unter dem „Ostmärker" Adolf Eichmann ausgeheckt worden war. Er gestaltete die Judenfrage auftragsgemäß zu einem entlarvenden Gesamtwerk des Bösen, der Vernichtung. Es fing mit einem „J"-Stempel auf deutschen Reisepässen (auf ausdrücklichen Wunsch der Schweizer Regierung) an und endete im Holocaust.

Zwei schwarze Dreiecke auf gelbem Stoff

Typisch für den Leidensweg von Millionen ist der Judenstern: zwei ineinandergeschobene schwarze Dreiecke auf gelbem Stoff mit der Aufschrift „Jude". Die Polizeiverordnung vom 1. 9. 1941 schreibt für jeden Juden vom 6. Lebensjahr an, in Bürokratenmanier vor, diesen „Stern" offen und erkennbar auf der linken Brusttasche zu tragen. Bei Nichtbeachtung dieser Vorschrift erfolgt die sofortige Einlieferung in ein Konzentrationslager.

Was diese Brandmarkung bei den Betroffenen an Gefühlen, an Angst und Demütigungen auslöste, lässt sich heute kaum mehr ahnen. Damals freilich musste dieser Rassismus die letzten Reste von Würde und Lebensqualität geraubt haben. Wahrlich unvorstellbar, welcher Feuer- und Wasserprobe die Bischofs, wie auch Millionen andere, ausgesetzt waren. Das Nazi-System hat zu seinem Sprung in den Totalitarismus angesetzt und ihn bürokratisch vollzogen.

Wussten Verantwortliche dieses mörderischen Netzwerkes eigentlich, was sie taten? War das hitlersche System wirklich derart omnipotent, dass es in der Lage war, normale moralische und politische Kontrollmechanismen bei Gebildeten wie bei Normalbürgern außer Kraft zu setzen? In unserer heutigen überfütterten, selbstgefälligen Informationsgesellschaft mag sich flott urteilen lassen: eindeutig mit Unverständnis und Abscheu. Anders im Maß der damaligen Zeit. Man muss nur das seinerzeit gestörte Verhältnis zu gelebter Menschlichkeit bedenken, zu Andersfühlenden, Andersdenkenden und Andersgläubigen. Wie der Zeitgeist, war es nicht zuletzt die Sprache – und mit ihr die Denkweise, die die Menschen schier unausweichlich in ihren Bann zogen. Im Guten wie im Bösen.

Der totale Bruch der Moral und des Gewissens lässt sich eindrucksvoll am Beispiel der Identität erkennen. Zuerst bedroht, dann eingenommen oder lächerlich gemacht, war sie zentraler Gegenstand systematischer Verdrehung, Unterwanderung und Botmäßigkeit. Wie der gebürtige Österreicher Hitler „seine" Österreicher eingenommen, ge- und missbraucht, genötigt oder gleichgeschaltet hat, sucht seinesgleichen: quer durch alle sogenannten Gesellschaftsschichten wie in einer Art Gehirnwäsche unter dem mehr oder weniger unerbittlichen Kommando von Demagogen, Machtmenschen, Nationalisten, Rassisten, ahnungslosen Mitläufern und missbrauchten Idealisten. Dazu kollektive Zwänge. Schließlich wollte oder konnte die – gar nicht so schweigende – Mehrheit aus der Geschichte nicht einfach so aussteigen.

In dieser mühsamen Identitätsfindung steckt auch ein Max Bischof. Er, der überzeugte Österreicher, hatte in seinem Fluchtdomizil Warschau unter dem ungeliebten Berliner Regime sein Österreichbewusstsein und seine Ideologie zu tarnen. Manchmal mag ihn insgeheim beschäftigt haben, dass die eigentliche Reichsidee über Österreich führt und nicht über Deutschland, in keinem Fall über das nationalsozialistische Deutschtum mit seinem ideologischen Ballast, seiner spießigen Enge und seiner Brutalität. Diese hat er nun reichlich kennen und fürchten gelernt.

Mussten Bischof doch die Ambitionen, die Zusammenhänge und die Konsequenzen eines unentrinnbaren Systems von Anfang an bewusst gewesen sein. Stand er, der pflichtbewusste Karrierist, doch mitten im System, das er verachtete und dem er zutiefst misstraute, nicht zuletzt wegen bürokratischer Ansätze und durchorganisiertem Vernichtungstrieb.

Ghetto III

Schon im November 1939, also noch unter der Militärregierung, erklärte der Militärbefehlshaber, der Stadtkommandant General Neumann-Neurode, einen Teil der überwiegend von Juden bewohnten Altstadt von Warschau zum Seuchengebiet. Darauf bauten alle weiteren Aktionen auf.

Als das Ghetto im Oktober/November 1940 entstand und durch eine Mauer vollständig von der Außenwelt abgeschlossen wurde, umfasste es nur mehr zwei Drittel des ursprünglichen Seuchengebietes. Auf einer verbauten Fläche von 3,36 km² wurden nach der Aussiedlung von 113 000 Polen rund 450 000 bis 500 000 Menschen zusammengepfercht. Es umfasste nur 3 % der Fläche von Warschau, aber 30 % der Bevölkerung. Durchschnittlich wohnten 7,2 Personen in einem Raum, pro Person stand 1,3 m² Wohnraum zur Verfügung.

Die sanitären Verhältnisse waren katastrophal und entsprechend groß auch die Seuchengefahr. Nachdem der seinerzeit großzügig angelegte jüdische Krankenhauskomplex in Warschau unter Zurücklassung aller fixen Einrichtungen und eines Großteils der Instrumente und Medikamente der Stadtverwaltung überlassen werden musste, konnte bei Epidemien kaum Hilfe angeboten werden. Neben Typhusepidemien, Fleckfieber, Tuberkulose waren aber bald Hungerödeme die häufigste Todesursache. Nur etwa 20 000 Menschen hatten genug zu essen, 200 000 konnten sich gerade am Existenzminimum durchbringen, der Rest von bis zu 280 000 war dem allmählichen Verhungern ausgeliefert. So war es zumindest bis Mitte 1941.

Neben der Ausrottung durch Hunger und Kälte war das Zusammenpferchen der jüdischen Bevölkerung auf kleinstem Raum unter katastrophalen sanitären Verhältnissen eine von den Deutschen bewusst geförderte Methode der Ausrottung.

Zusätzlich wurde immer wieder die Lieferung bestimmter Medikamente, die vom Judenrat als Selbstverwaltungsorganisation über die Transferstelle bestellt wurden, untersagt. Der direkte Ankauf außerhalb des Ghettos war grundsätzlich verboten.

Nachdem die Versorgung durch die Regierung maximal 10% des Bedarfs deckte, die Bargeldreserven im Ghetto durch Abgaben, Razzien und Konfiszierungen dezimiert waren und es für die Bewohner kaum Einkommen durch offizielle Arbeit gab, waren es im Wesentlichen nur die von den deutschen Behörden geduldeten Unterstützungen von jüdischen Organisationen aus den USA, vor allem das „Joint Distribution Comity" (JDC), die einen Teil der Einwohner mit Millionen-Dollar-Spenden vor dem Verhungern bewahrten. Das Verfahren war äußerst kompliziert und verbürokratisiert, da der Transfer von Dollar in die okkupierten Zonen nicht erlaubt war. Das JDC musste die Devisen deponieren und Zug um Zug die Gelder in örtlicher Währung den gesperrten Gelddepots reicher Juden entnehmen. Ähnliches geschah mit den zurückgelassenen Geldern von ausgewanderten Juden.

Es gibt einen detaillierten Bericht aus dem Jahre 1940 über das Budget der Ghettoverwaltung. Mehr als 50 % der Ausgaben, die von Medikamentenkäufen dominiert wurden, konnten nur durch Spenden gedeckt werden. Für die Bezahlung der Mitarbeiter der Verwaltung blieb kein Geld.

Nachdem Himmler im Oktober 1941 die Ausreise von Juden aus Deutschland und den besetzten Gebieten verboten hatte, versiegten diese Möglichkeiten allmählich. Beim Kriegseintritt der USA am 12. Dezember 1941 nach der deutschen Kriegserklärung vom 11. Dezember endeten alle direkten Überweisungen aus den USA. Auch indirekte Hilfeleistungen und Hilfeleistungen von anderen, aber wesentlich kleineren Organisationen wurden immer weniger oder überhaupt verboten.

Die anderen Wege, Leben zu erhalten, waren die gerade in Warschau besonders intensiv betriebenen illegalen Produktionen, der Schmuggel von Altwaren ins Ghetto und von Fertigwaren aus dem Ghetto. Von offizieller Seite verboten, wurde dies doch immer wieder geduldet und teilweise von jenen unterstützt, die daran verdienten.

Die kaum erfolgreichen Aufbauversuche einer Ghettoindustrie durch den Judenrat erfolgten aber nicht nur, um das Überleben zu ermöglichen, sondern auch, um den Deutschen zu beweisen, dass Juden zur produktiven Arbeit fähig sind, eine wertvolle, ja unentbehrliche Unterstützung der deutschen Kriegsindustrie bieten. Eine verzweifelte Überlebensstrategie, trotz des Fehlens von Maschinen und entsprechendem Rohmaterial. Improvisation, Ersatz- und Altmaterial, Schmuggel von unbedingt Notwendigem ermöglichten aber erstaunenswerte Ergebnisse.

Gruppen von Altmaterialsammlern waren teilweise unter Lebensgefahr unterwegs, versteckte Lager von arisierten Unternehmungen wurden Stück für Stück ins Ghetto geschmuggelt. So gab es eine große illegale Spielzeugproduktion, die hauptsächlich von Kindern betrieben wurde, und eine offizielle Bürstenbinderei, daneben kleine teils offizielle, teils inoffizielle Textilproduktionen. Insgesamt aber soll es nur einige hundert offizielle Beschäftigte gegeben haben, der Hauptteil der Produktion war dem Schmuggel gewidmet.

Es gibt fast keine Angaben über Produktionszahlen, weder über die legale noch über die illegale Version. Ursachen dafür sind die enge Vermischung beider und das hohe Risiko des Einschreitens der Behörden. Seitens der deutschen Behörden wurden laufend Verordnungen erlassen, um jeden illegalen Handel zu unterbinden. Auf das illegale Verlassen des Ghettos stand die Todesstrafe, die Ghettomauern wurden erhöht, Stacheldraht und Glassplitter auf und an der Mauer befestigt. Die Mauer und die Übergänge wurden von der deutschen

Gendarmerie bewacht, weiters von der sogenannten „blauen Polizei" (das waren blau uniformierte polnische Polizisten) sowie von ukrainischen, lettischen und litauischen Mannschaften, aber auch von jüdischer Polizei.

Glitschig vom vergossenen Blut

Doch der Schmuggel ging über die Ausgänge mittels der Lastwagen, die offizielle Transporte durchführten. Bestechung war die übliche Vorgangsweise. Er ging aber auch durch Kanäle und Tunnel, über die Mauer, manchmal auch durch Mauerlöcher in benachbarte Häuser weiter. Ständig gab es Opfer, häufig Kinder. Doch auch „wenn das Pflaster vom vergossenen Blut noch glitschig war, gingen schon andere Genossen auf das Zeichen der ‚Kerze‘, des Aufpassers, dass das Terrain frei sei, an die Arbeit."

Emanuel Ringelblum, der Berichterstatter des Ghettos, schrieb dies.

Vor seiner Flucht, die leider tödlich endete, versteckte er hunderte Berichte in Milchkannen, die vergraben wurden. Einige davon wurden nach Kriegsende gefunden. In einem Artikel mit dem Titel „Polnisch-jüdische Wirtschaftsbeziehungen" beschreibt er ausführlich diese Schattenwirtschaft. Täglich gäbe es hunderte polnische Schmuggler und auch über die Transferstelle werde „wackere Hilfe" geleistet, u. a. bei der Produktion von Hosen und Windjacken, sogar noch, nachdem schon die SS das Ghetto übernommen hatte. All dies war nur durch laufende Bestechung möglich. Von der Gestapofiliale im Ghetto, das „Amt zur Bekämpfung von Wucher und Schiebergeschäften", sowie von der „Preisüberwachungsgesellschaft" und den sonstigen Polizeiagenten mussten sich legale und illegale Unternehmungen laufend freikaufen.

Diese illegalen Produktionen und nachfolgenden Verkäufe an „arische" Abnehmer waren ein großes Problem für die *ab 1941 von Max Bischof geleitete Transferstelle, eine breite offizielle Produktion im Ghetto aufzuziehen. Der eingespielte Schmuggelverkehr erfasste von Beginn an auch die neuen Produktionen und entzog große Teile der offiziellen Abwicklung.*

Jedenfalls reichten die Gesamteinnahmen bei weitem nicht aus, um einen großen Teil der Einwohner vor dem Verhungern zu bewahren. Dieser Überlebenskampf, verstärkt durch die absolute Rechtlosigkeit der Ghettobewohner, gab dem Judenrat, vor allem bei einer forcierten Zusammenarbeit mit den Deutschen, auch die Möglichkeit der eigenen Bereicherung, der Bevorzugung von Verwandten und Anhängern, vor allem aber des eigenen Überlebens.

Die Saat des Bösen

Es ist einmalig in der Geschichte, dass sich minutiös nachvollziehen lässt, wie die Saat des Bösen aufgeht. Hitler, Himmler, Göring und Heydrich konnten sich durch die Elendsberichte aus dem Ghetto in ihrem rassischen Vernichtungstrieb gleichsam bestätigt fühlen, haben sie doch die Spur des Verbrechens seit Jahren systematisch gelegt. Ihr ungezügelter Rassismus lässt sich auf das völkische Geschwafel in Hitlers „Mein Kampf" pseudoliterarisch zurückführen. Wenige haben diese Ausbringungen über Germanentum und Lebensraum gelesen, noch weniger ernst genommen. Ernster zu nehmen war Hitlers nationalsozialistischer Beherrschungs- und Vernichtungswillen, wie er in der legendären Hossbach-Niederschrift vom 5. November 1937 unverhohlen und ausführlich bekundet wird. Der Generalstabsoberst Hossbach referiert fast wortwörtlich, was dieser Reichskanzler an externem Imperialismus seiner militärischen Führung als Ziel deutscher Politik darstellt: Erhalt der deutschen Volksmasse, Vermehrung und Lebensraum. Geheime Reichssache, von Ministern und Feldmarschällen abgenickt, wissentlich oder gehorsam.

Ungleich deutlicher, entlarvender sowie gefährlicher, was im sogenannten Wannsee-Protokoll festgeschrieben steht. Mit Erschauern ist dort nachzulesen, wie mit unvorstellbarer Perfektion und eiskalt die „Endlösung der Judenfrage" abgehandelt wird. Da steht in bürokratischer Überheblichkeit als Aufgabenziel, „den deutschen Lebensraum von Juden zu säubern". Und weiter in dieser satanischen Planung: „Im Zuge dieser Endlösung der europäischen Judenfrage kommen 11 Millionen Juden in Betracht."

In seelenloser Bürokratenmanier werden die einzelnen Länder mit genauen Zahlenangaben für die Endlösung aufgeführt. An der Spitze der seitenlangen Liste steht das Generalgouvernement mit 2 284 000 Juden. Auf der Liste des Todes stehen weiters 5 Millionen aus der UdSSR, 865 000 aus Frankreich, 820 000 aus den „Ostgebieten", 742 000 aus Ungarn, 342 000 aus Rumänien, 330 000 aus England, 88 000 aus der Slowakei, 55 000 aus dem europäischen Teil der Türkei, 18 000 aus der Schweiz und so weiter. Das Wannsee-Protokoll vermerkt wie ein Buchhalter des Todes: „Zusammen über 11 Millionen."

Warum hat der Westen, warum hat die Welt nichts unternommen gegen diese ungeheuerliche Vollendung des Rassenwahns? Wurde Bescheid gewusst und bewusst geschwiegen? Bis heute fehlt eine verlässliche, eine überzeugende Antwort. Jedoch gibt es entlarvende Indizien für politische Oberflächlichkeit, für administrative Schlamperei und für klammheimlichen Antisemitismus. Sie stammen u. a. von Walter Laqueur. Der angesehene amerikanische Historiker deutsch-jüdischer Herkunft aus Breslau hat in „Der Mann, der das Schweigen brach", einem seiner zahlreichen Bücher, penibel belegt, wie die Informationsströme seinerzeit gelaufen sind.

Ausgelöst wurden sie von Eduard Schulte, Industrieller und zeitweise Wehrwirtschaftsführer im Dritten Reich. Er hatte wenige Tage nach der Wannsee-Konferenz von dem schauerlichen Vernichtungskomplott erfahren. Obwohl überzeugter Gegner des Nationalsozialismus, verfügte Schulte über erstklassige Kontakte zu Führungsetagen des NS-Regimes, war er doch Generaldirektor eines Bergwerkunternehmens mit Schwergewicht auf Zink. International gehandelt, kriegswichtig, ein Türöffner. Vom Wannsee-Protokoll im Detail informiert, gab er diese brisante Information an den Repräsentanten des World Jewish Congress in Genf, Gerhard M. Rieger, unverzüglich weiter. Rieger unterrichtet sofort die Regierungen in London und Washington. Keine Reaktion. Beamte des amerikanischen State Department und des britischen Foreign Office wollten oder konnten dem Mordbefehl aus Deutschland keinen Glauben schenken. Erst ein halbes

Jahr später wandten sich die Westalliierten gegen einen Genozid. Dies geschah allerdings in der gewundenen Sprache der Diplomaten, die alles oder auch nichts besagen kann.

Schulte muss von vornherein die Bedeutung des Ausrottungsbeschlusses und sein persönliches Risiko der Informationsweitergabe klar gewesen sein. Er blieb in der Schweiz und arbeitete dort mit Allen Dulles, dem Bruder des späteren amerikanischen Außenministers John Foster Dulles, zusammen. Allen Dulles leitete von Bern aus eine Außenstelle des Office of Strategic Service, des legendären OSS, als Geheimdienst des Pentagon, Vorläufer der Central Intelligence Agency, des CIA.

Was die tragische Unterlassung einer menschenwürdigen Reaktion des sonst so betont menschenfreundlichen Westens profiliert, ist das Zögern. Zumindest auf britischer Seite hält sich die Vermutung, die Nichtweitergabe der brisanten Information habe ihrerseits rassische wie auch außenpolitische Gründe: Beamten im Foreign Office wird nachgesagt, aus antisemitischen Gründen geschwiegen zu haben. Gründe, die auch mit der Einwanderung von jüdischen Flüchtlingen nach Israel zu tun haben können, die den Engländern zumindest zeitweilig unerwünscht geworden waren. Wie die Tat des Bösen Böses bis in unsere Tage nach sich zieht.

Mastermind des Holocaust

Das ideologisierte Ausrottungssystem kreist Anfang der 40er Jahre um einen Namen: Reinhard Heydrich. Herr über einen gewaltigen und zweifelsfrei gewaltsamen Vernichtungsapparat einmaliger Dimension. Er, dieser Mastermind des Holocaust, war ein verschlagener Diener eines Staates im Staat, nämlich der Schutzstaffel, der SS. Geschrieben in altgermanischer Runenschrift und Grauen erregendes Symbol der Willkür über Leben und Tod. Ein hochintelligenter Machtmensch, voll von Sadismus, beherrscht von der Ausrottung oder rassischen Umzüchtung willfähriger oder total beherrschter Menschen. Als nazistischer Gesinnungstäter zählt Heydrich, später „Henker von Halle" genannt, ohne jeden Zweifel als Organisator – auch des Holocaust – zu den großen, den verachtenswertesten Verbrechergestalten der Geschichte.

Im Vergleich zur Machtfülle und der außerordentlichen Umsetzungsenergie und Intelligenz Heydrichs wirkte Adolf Eichmann nur wie ein willfähriges Organ. Mag der eine dem anderen an Brutalität, an Vernichtungstrieb und an parteitreuem Ehrgeiz gleichen – Eichmann bleibt als linientreuer, kleinkarierter Exekutor heydrichscher Planungen die Symbolfigur des Bösen. Ihn zeichnet die zynische Bürokratenneigung zum organisierten Völkermord aus.

Heydrichs satanische Karriere spricht für sich. Kaum im Geheimdienstmilieu als kleines Rädchen im Werk dieser dunklen Branche, fällt Heydrich in seiner Umgebung, der Reichsmarine, als fescher Sportler, etwa beim Fechten, auf. Plötzlich wird er wegen „ehrwidrigen Verhaltens" von Admiral Raeder, dem späteren Marineoberkommandierenden, aus der Marine entfernt. Heydrich hatte eine seiner Damenbekanntschaften abgehängt, indem er ihr seine Verlobungsanzeige mit einer anderen, in der Zeitung veröffentlicht, kommentarlos zugeschickt hatte. Komment-Verstoß.

Aus Familientradition mit völkisch-patriotischen Einflüssen oder aus verletztem Stolz gefeuert, stieß Heydrich, der Ehrgeizling, 1931 zu den Nationalsozialisten. Himmler, von der intellektuellen Arroganz Heydrichs mehr als einmal beeindruckt, förderte ihn bis zuletzt. Das Vernichtungsduo verstand es, das absolute Vertrauen Hitlers geschickt und skrupellos zu nutzen, zuerst beim Aufbau eines Geheimdienstes des Sicherheitsdienstes, des SD, dann beim Auf- und Ausbau des Reichssicherheitshauptamtes, des RSHA. Offiziell eigentlich Teil des Reichsinnenministeriums, verdankt dieses sinistere Behördenkonglomerat seinem rücksichtslosen Chef Heydrich, dass das RSHA bald von allen innerhalb und außerhalb des Partei- und Machtapparates gefürchtet wurde. Totalitarismus pur: SS, SD, RSHA.

Für Heydrich waren Juden Freiwild. Unter diesem machtbewussten Exekutor hitlerscher Wünsche und Andeutungen wurde alles zusammengefasst, was Geheimpolizei damals ausmachte: Kriminal- und Geheime Staatspolizei (Gestapo), Sicherheitspolizei (SD), der Sicherheitsdienst der SS und einschlägige Parteidienststellen samt Hintermännern.

Was das Angstpotential rund um das RSHA verstärkte, waren dessen totalitäre Durchgriffsbefugnisse: Beobachtungen und Bewertungen von jedermann mit einem engmaschigen Spitzelsystem; Abhöraktionen; Informationsaustausch der diversen Staats- und Parteiapparate, etwa auch der Gauakte; Verhaftungen; „Behandlungen" – die Tarnbezeichnung für Folter; Transporte, Errichtung und „Betrieb" von Spezialgefängnissen und Konzentrationslagern, insbesondere im Zuge der „Endlösung" nach diesem millionenfachen Mordprogramm.

Zu diesem Schreckenspotential zählte, dass Heydrich, der Deutsche, und seine Spießgesellen, wie Globocnik, der Österreicher, eigenmächtig und unkontrolliert selbst letzte Reste eines Rechtsstaates oder gar des Völkerrechtes wegfegten und in eigener Machtvollkommenheit schalten und walten konnten. Nicht nur im Reich, sondern in allen besetzten Gebieten. Militärs und Ortskaiser, wie Frank in Warschau, mussten mehr und mehr erfahren, dass Heydrichs Beherrschungsmaschine durch alle Poren des Reiches und der eroberten Gebiete zu dringen vermochte. Wie schnell wurde aus Angst Hass.

Die Orgien dieses Hasses und die industrielle Ausrottung der Juden und anderer Völker hatten sich noch nicht voll entfaltet, als den eitlen Machtmenschen Heydrich sein Schicksal erfasste. In Doppelfunktion als Hitlers oberster Polizeichef und stellvertretender Reichsprotektor für Böhmen und Mähren mit Sitz in Prag wurde Heydrich, dem Todbringer, seine ideologisch aufgeblasene Eitelkeit zum Verhängnis. Als er, Macht in Person, in üblicher Demonstration von Beherrschung der Tschechen im offenen Wagen und ohne Bodyguards auf den Hradschin fuhr, schlug die tschechische Widerstandsbewegung zu. Es geschah auf Anordnung von Edvard Beneš, der sich im Londoner Exil aufhielt, durch zwei Widerständler. Sie waren von der Royal Air Force in die Nähe von Prag gebracht und per Fallschirm abgesetzt worden.

Einige Schüsse und eine Handgranate reichten. Heydrich, der progressiv selbstsichere Herr über Schicksale, verschwand im Schattenreich. Danach aber wurden als Strafaktion im böhmischen Dorf Lidice sämtliche männliche Bewohner über 16 von Einsatzkommandos ermordet, die Frauen in das Konzentrationslager Ravensbrück verbracht. Heydrichs Todesmaschine jedoch lief quer durch Europa weiter.

Deutsches Blut als „Kulturdünger"

So radikal, wie es hinter den Mauern des Ghettos zuging, sollten auch die jüdischen Insassen weltanschaulich an die Kandare genommen oder aber isoliert werden. Sicherheitshalber und liebedienerisch gemäß Generalplan Ost mit der Deklassierung zu „Untermenschen". Dort wird in unverwechselbarem Nazi-Jargon vor einer gewissen Gefahr gewarnt, „dass deutsches Blut wieder einmal Kulturdünger für andere Völker werden könnte". Braune Denkweise gegen eine ideologische Blutvergiftung. Germanisierung nächsthoher Stufe, wie sie etwa in Wien nach dem Anschluss bereits unerbittlich durchexerziert worden war. Zuerst in einem diktatorischen Experiment und dann in unverblümtem Vernichtungstrieb. Für den bösen Geist des Josef Goebbels hatte sich Kultur längst als Paukboden für Rassismus und Macht erwiesen. Mit regimetreuer Konsequenz wurde aus dem hintergründigen Spiel bald blutiger Ernst.

Abartige Regeln gingen anmaßend davon aus, dass jüdische Künstler nichts Originelles hervorzubringen in der Lage seien. Ihrer „Rasse" sprach der Hitlerismus jede schöpferische Potenz schlichtweg ab. Ohne Erdverbundenheit zeigen Juden, wie es heißt, höchstens Leistung in oberflächlicher Nachahmung. Echtes deutsches Gefühl werde mit banaler Sentimentalität missbraucht. Juden verstünden sich weder auf Kampf noch auf Heroismus. Also Richard Wagner statt Arnold Schönberg, Arno Breker, der völkische Bildhauer, statt Max Liebermann usw.

Die geistige Isolierung in den Ghettos ging mit der physischen ebenso gewollt wie unentrinnbar einher. Pein und Existenzangst machten das Leben in seiner unmittelbaren Bedrohung tagtäglich unerträglich, spielte doch das Regime mit Informationsmangel als Kern seiner psychologischen Kriegsführung gegen alles Jüdische.

Die, die hinter Mauern des Holocaust zu leben verdammt worden waren, vermochten kaum zu erkennen und einzuordnen, was ringsum in der Welt geschah. Sie drohten, geistig und kulturell zu verdursten. Das Regime gab sich als Nabel der Welt. Es fühlte sich im Besitz der einzig selig machenden Erkenntnisse und verwechselte militärischen Bodengewinn mit politischer Führungskraft. Seine inhaltliche Isolierung wurde höchstens eingeweihten NS-Führungskadern bewusst und auch dies oft nur hinter vorgehaltener Hand.

Der Westen und die Anti-Hitler-Koalition erkannten ihre moralische und tatsächliche Überlegenheit nur unzulänglich oder phasenweise gar nicht. Dass ein Hitler (Berliner Spott nannte ihn, die Abkürzungsmanie karikierend, „Gröfaz", gleichbedeutend mit „größter Führer aller Zeiten") auftrumpfte, reichte eigentlich nur für flüchtige Propaganda. Seine Gegner hatten zwar die besseren Kräfte und redlicheren Argumente auf ihrer Seite. Aber im Krieg der Worte zogen sie allzu oft den Kürzeren. Dennoch: Die sich ausbreitende Isolierung Deutschlands – am Ende total wie der Krieg – wurde kulturell frühzeitig offenkundig.

Totale Isolierung Deutschlands

Die drinnen im Reich lebten, konnten oder wollten den leichtsinnigen Alleingang nicht wahrhaben: Gewohnheit, Sympathie, Karrieredenken oder Angst vor Repression. Nicht alle in Hitlers Machtbereich erreichte oder beeindruckte zum Beispiel jene symptomatische Liste von europäischen Komponisten die – nicht angepasst oder verfolgt – in Amerika Unterschlupf gefunden hatten: Béla Bartók, Arnold Schönberg, Kurt Weill, Ernst Krenek, Ernst Toch, Erich Korngold, Igor Strawinsky, Paul Hindemith, Bohuslav Martinu, Alexandre Tansman.

Alle Teile jenes Braindrains von Europa in die USA, der ursächlich mit Verfolgung zu tun hat. Diese reichhaltige Lieferung von Elite hat, wie anderer Zuzug, der neuen Welt jenen Schub versetzt, den sie wohl gebraucht hat, um zur Weltmacht bis zur Atombombe aufzurücken. Die USA wurden es im Wesentlichen durch die Flucht von Intelligenz, Wissenschaftlern, Künstlern vor Hitler und dessen Verfolgung.

Sie verband das Streben nach jenem Menschenrecht, das in normalen Zeiten wie in der jetzigen Periode als selbstverständlich konsumiert oder gar gering geschätzt und lächerlich gemacht wird – Freiheit. Auch dort, wo sie gegeben war, wurde und wird ihr Wert nicht immer voll akzeptiert. Zum Beispiel Ernest Hemingways „Wem die Stunde schlägt" oder „Citizen Kane" von und mit Orson Welles oder Upton Sinclair mit „Zwischen den Welten" sowie „Das Lied von Bernadette" von Franz Werfel oder, oder, oder. Überwiegend links orientiert, dennoch ohne Maulkorb und ohne Todesangst. Zeichen dieser düsteren Zeit, einfach zeigen, was es heißt, frei zu fühlen, frei zu denken, frei zu handeln, in Freiheit zu leben.

In der alten Welt tobte die braune Macht zunächst ungebremst. In provinzieller Einfalt eines ungeheuerlichen Rassenwahns und unbeglichener Politrechnungen nach dem Ersten Weltkrieg fand mit dem Dritten Reich zivilisatorisch systematische Selbstzerstörung statt. Sie begann und endete bei der Kultur als Teil der Zivilisation, nicht zuletzt im bedrängten, gepeinigten Kosmos des Ghettos von Warschau.

Zuerst das Eigentum, dann die Freiheit, schließlich das Leben

Heute sind der Druck der Lebensumstände, das Umfeld des Verbrechens und der daraus resultierende Einfluss kaum nachvollziehbar. Die Deutschen verstärkten laufend den Druck und den Terror, erhöhten die Forderungen und reduzierten die Mittel. Razzien zum Aufspüren von versteckten Wertgegenständen, Geld und Schmuck sowie Konfiszierungen von ins Ghetto mitgebrachten Kleidungsstücken – vor allem Pelzen – für die Versorgung der Armee waren an der Tagesordnung. Die per Verordnung vorgeschriebenen Ablieferungsaktionen wurden stets von Strafzahlungen wegen zu geringer Ablieferungsmengen begleitet, da die Deutschen stets große Mengen an versteckten Werten vermuteten. Den Menschen blieb nichts, was zum Lebenserhalt notwendig war.

Zuerst war es das Eigentum, dann die persönliche Freiheit, schließlich war es das Leben selber, was sie verlangten. Der Judenrat sollte die deutschen Befehle vermitteln und ausführen. Gleichzeitig wurde der Judenrat von „unwilligen Mitgliedern gesäubert" oder sie entzogen sich freiwillig der Verantwortung. Judenräte, die nicht kooperierten, hatten mit unmittelbaren persönlichen Konsequenzen zu rechnen. So ist selbst die Tatsache, dass die verschiedenen Judenräte bei ähnlichen Situationen, wie Selektionsaufträgen, die für viele ein Todesurteil bedeuteten, unterschiedlich handelten, kein objektiver Grund für Verurteilung oder Freispruch.

Heydrichs Vorgaben vom 21. September 1939 – die Ghettoisierung der Juden und die Organisation der Verwaltung – hatten teilweise ihre Vorbilder in den „Selbstverwaltungen" in den jüdischen Gemeinden in Zentral- und Westeuropa, wie die „Israelitische Kultusgemeinde in Wien" oder die „Reichsvereinigung der Juden in Deutschland".

Der Begriff „Judenrat" tauchte bereits im April 1933 in einem deutschen Verordnungsentwurf auf, in dem die Funktion als ausführendes Organ der deutschen Befehle bereits vorgegeben war. Dies galt nicht nur für die Verwaltung der jüdischen Gemeinschaften, sondern auch für die Erfassung aller Gemeindemitglieder. Daraus folgten die Enteignungen, Delogierungen, Ghettoisierungen, aber auch die Erstellung der Deportationspläne, vom Generalgouvernement nach Madagaskar oder Russland und schließlich auch für die „Endlösung" ab 1942.

In seiner Verordnung vom November 1939 schrieb Frank vor, dass alle jüdischen Gemeinden bis 10 000 Mitglieder einen 12-köpfigen und darüber hinaus einen 24-köpfigen Judenrat zu bilden hätten. Die erste Aufgabe des Judenrates sollte die Registrierung der „Arbeitszwangspflichtigen" in Form von Karteikarten sein; alle männlichen jüdischen Einwohner von 14 bis 60, später von 12 bis 60 fielen darunter. Die Kartei musste den Deutschen zur Verfügung gestellt werden. Das Weitere erfolgte in kurzen Abständen.

Speziell im Generalgouvernement war die personelle Kapazität der Deutschen bei weitem nicht ausreichend, um selber in größerem Ausmaß aktiv zu werden. Darüber hinaus war es viel einfacher, im Hintergrund zu agieren und die Proteste der jüdischen Bevölkerung abzulenken, wie Auerswald, der „Kommissar für den jüdischen Wohnbezirk in Warschau", in einem Brief schrieb.

Wesentlich dramatischer ist der Bericht des Kriminalkommissariats im Ghetto von Lodz im Warthegau, ein ins Reich integrierter Teil des ehemaligen Polens. Dieser Bericht vom 23. Juni 1942 stellt fest, dass die Juden ihre „Rassengenossen", die über sie herrschen, noch mehr hassen als die Deutschen, dass der brennende Hass allen Ratsmitgliedern gilt, insbesondere dem „Ältesten", also Chaim Rumkowski. Darüber wird noch zu berichten sein, da Lodz Produktivitätsvorbild für Warschau war.

Die Wahl oder Berufung des jeweiligen Obmannes, Ältesten, Vorsitzenden – die Titel und Namen variieren – sowie der Mitglieder war unterschiedlich. Verschiedene deutsche Behörden oder Funktionäre waren zuständig dafür, entweder in Form einer Ernennung oder durch Vorgabe einer Wahl, die aber wieder nach Gutdünken der deutschen Funktionäre anerkannt oder nicht anerkannt werden konnte.

Im Ghetto von Warschau wurde Adam Czerniaków vom Bürgermeister von Warschau, Stefan Starzynski, im September 1939 während der Kämpfe zum Vorsitzenden des „Jüdischen Bürgerkomitees" ernannt. So war es für die deutsche Sicherheitspolizei, die den jüdischen Gemeinderat stürmte und das Gebäude beschlagnahmte, einfach, ihn zum Leiter des Judenrates zu bestimmen. Die Pflichten und Rechte des „Obmannes des Warschauer Ghettos" wurden mit der Funktion und Autorität eines polnischen Bürgermeisters gleichgesetzt. Damit wurde dieser persönlich verantwortlich für die Durchführung und Befolgung aller deutschen Befehle.

Der Obmann durfte sich bei Tag und Nacht frei bewegen, die deutschen Stellen kontaktieren und alle Maßnahmen ergreifen, die der Ankündigung, Durchführung und Kontrolle der Anweisungen dienten. Damit war die direkte Befehlskette bis zu jedem einzelnen Bewohner des Ghettos gewährleistet. Czerniaków musste nun jene 23 Männer ernennen, die unter seinem Vorsitz alle Aufgaben für alle Lebensbereiche der jüdischen Gemeinde zu übernehmen hatten. Für den wirtschaftlichen Aufbau konnten sie wenig machen – ein immer wieder von Max Bischof geäußerter Kritikpunkt, der ihm wenig Sympathie beim Judenrat einbrachte. Erst durch die organisatorischen Änderungen in der Transferstelle flossen dem Judenrat mehr Mittel zu.

Schlussendlich ist Czerniaków an dem Zwiespalt, seine Gemeindemitglieder zu schützen oder den deutschen Befehlen zur Selektion im Sinne eines erhofften Schutzes der Verbliebenen zu folgen, zerbrochen. Czerniaków hatte schon bei Antritt seines Amtes allen Ratsmitgliedern mitgeteilt, wo er ein Fläschchen mit 24 Zyankalikapseln versteckt hatte.

Ganz anders im Ghetto von Lodz. Der Ghetto-Diktator Mordechai Chaim Rumkowski, der im Oktober 1939 den Vorsitz des Ältestenrates übernommen hatte, regierte unter dem deutschen Ghettoverwalter Biebow innerhalb des Lagers mit eiserner Hand. Er errichtete 120 Fabriken, wo für die Deutschen gearbeitet wurde. Der Lohn war zumeist nur ein Stück Brot und eine Suppe. Über 43 000 Menschen starben im Ghetto, größtenteils durch Krankheiten, von Hunger geschwächt.

Auch Rumkowski kam mit Familie in Auschwitz um. Rumkowski hat, wie andere Judenräte, auch tausende Menschen seiner Gemeinde an die Deutschen zur Deportation in die Vernichtungsstätten ausgeliefert, doch damit hat er anderen das Leben verlängert, nicht gerettet, sondern nur verlängert. Lodz wurde als letztes Ghetto geräumt, es überlebten mehr Menschen als in jedem anderen Ghetto. Noch Anfang August 1944 lebten über 60 000 Juden im Ghetto, die möglicherweise überlebt hätten, wenn die Rote Armee nicht etwa 70 km vor Lodz, am Weichselufer bei Warschau, den Vormarsch unterbrochen hätte. So wurden die Deportationen Anfang August intensiviert und per Ende August abgeschlossen. Die meisten wurden in Chelmno und in

Auschwitz ermordet. Von den 200 000 Bewohnern überlebten nur 1 000.

Zu einer derart organisierten Produktion kam es nur in diesen beiden Ghettos, bei allen anderen gab es im Wesentlichen nur die auswärtige Zwangsarbeit. Die Absicht der Judenräte, die Zwangsarbeiterrekrutierung zu steuern, um derart die Gemeinde nicht vollständig der Willkür auszuliefern, wurde immer mehr durch den Hunger im Ghetto verändert. Arbeit, vor allem außerhalb des Ghettos, bedeutete aber die einzige Überlebenschance für diese Menschen und manche ihrer Angehörigen, wenn auch der Lohn wie üblich nur aus Brot und Suppe bestand. Die geringe Bezahlung erging an den Judenrat. Doch die auswärtige Arbeit ermöglichte Kontakte mit der Außenwelt, Tauschgeschäfte im Bereich von Lebensmitteln und Medikamenten sowie sonstigen Schmuggel. Alles das war mit der Chance zum Weiterleben gleichzusetzen.

Die dokumentierte Todesrate zeigt aber, dass der Möglichkeit, Leben zu erhalten, zu einem großen Teil unmenschliche Arbeitsbedingungen gegenüberstanden. Der Bericht von 1941 eines Inspektors des Warschauer Judenrates schildert die Umstände. Die Arbeiter mussten in dach- und fensterlosen Ställen, bis zu 75 Personen auf Betonflächen von 30 m², ohne Decken nächtigen. Waschgelegenheiten gab es vielfach nicht, so dass sich die Arbeiter wochenlang, oft monatelang weder reinigen noch die Wäsche wechseln konnten. Medizinische Betreuung gab es nicht, Kranke und Gesunde mussten jeweils auf denselben Plätzen nächtigen, wurden nicht getrennt. Die Aufseher misshandelten die Arbeiter oft derart, dass sie mit Wunden, Herzfehlern und sonstigen Krankheiten in die Ghettos zurückkehrten. Viele dieser Rückkehrer starben im Winter an Lungenentzündung und Erfrierungen, die sie sich u. a. bei Ent- und Bewässerungsprojekten zugezogen hatten.

Trotz dieser unmenschlichen Zustände waren die Judenräte, vor allem in Warschau und Lodz, bemüht, ein Pseudoleben im Ghetto zu schaffen, das den Lebenswillen aufrechterhalten sollte. Das waren vor allem kulturelle, aber auch religiöse Einrichtungen. So war es Czerniaków als einzigem Ältesten gelungen, von Frank die Erlaubnis zur Einhaltung jüdischer Feiertage, wie Rosch ha-Schana, Jom Kippur, Pessach, Schawuot und Sukkoth, sowie zu religiösen Feiern in den Bethäusern zu erreichen. Auch wichtige christliche Feiertage durften eingehalten werden. Die Einhaltung der jüdischen Speisevorschriften war auf Grund des Mangels unmöglich, die traditionelle Kleidung, wie Kaftan, war zwar verboten, doch gab es bald keinen Kleidungsersatz mehr. Bärte und Schläfenlocken waren grundsätzlich verboten.

Bis zum Sommer 1942 gab es im Ghetto von Warschau 16 Rabbinate mit 16 Rabbis, die das Jurisdiktionsrecht bei rein religiösen Problemen hatten. Sie führten das Geburts-, Sterbe- und Heiratsbuch und führten alle religiöse Feiern und Vorschriften durch. Offizielle Geburten gab es nur in der Anfangszeit, bald erhielten jüdische Frauen schwere Strafen im Fall von Schwangerschaften. Ein spezielles Problem für die Rabbis war die Scheidung zwischen jüdischen und „arischen" Ehepartnern. Durch eine Scheidung konnte die Einlieferung des „arischen" Partners und der Kinder ins Ghetto verhindert werden. Nach der Übernahme des Ghettos durch die SS wurden die Rabbinate aufgelöst, die Rabbis entweder noch im Ghetto erschossen oder in Treblinka ermordet.

Die Deutschen hatten sofort nach dem Einmarsch für alle Polen eine Minimierung der Schulbildung beschlossen. Einer Gedenkschrift Himmlers mit dem Titel „Einige Gedanken über die Behandlung der Fremdvölkischen im Osten" vom Mai 1940 schloss sich Frank vollinhaltlich an. Der Kernsatz lautete wie folgt: „Für die nichtdeutsche Bevölkerung des Ostens darf es keine höheren Schulen geben als die vierklassige

Volksschule. Das Ziel der Volksschule hat lediglich zu sein: einfaches Rechnen bis höchstens 500, Schreiben des Namens, eine Lehre, dass es ein göttliches Gebot ist, den Deutschen gehorsam zu sein und ehrlich, fleißig und brav zu sein. Lesen halte ich nicht für erforderlich."

Bei einem Gespräch zwischen Goebbels und Frank am 31. Oktober 1939 stellte Frank fest: „… den Polen dürfen nur Bildungsmöglichkeiten zur Verfügung gestellt werden, die ihnen die Aussichtslosigkeit ihres völkischen Schicksals zeigen." Goebbels setzte fort, dass das ganze Nachrichtenwesen der Polen zerschlagen werden müsse: „Die Polen dürfen keine Rundfunkgeräte und nur reine Nachrichtenzeitungen, keine Nachrichtenpresse erhalten. Grundsätzlich dürfen sie auch keine Theater, Kinos oder Kabaretts bekommen."

Jüdische Schulen wurden zur Gänze geschlossen. Erst im September 1940 autorisierte ein Erlass Franks die Judenräte, wieder Schulen einzuführen. Dies geschah im Hinblick auf den Plan, die jüdische Arbeitskraft auszunützen und auszubeuten. Entsprechend waren auch nur Volks- und Berufsschulen sowie Lehrerbildungsanstalten zugelassen. In der Praxis verhinderten Schikanen und sich widersprechende Weisungen verschiedenster Behörden bis Herbst 1941 die Umsetzung in die Praxis. Im September 1941 eröffnete der Judenrat endlich 16 Volksschulen für 10 000 Kinder, das waren etwa 20 % der Kinder im Schulalter. Im Dezember folgte Centos, eine jüdische Vorkriegsorganisation zur Waisenkinderbetreuung, mit Schulen für etwa 25 000 Kinder.

Zweifellos konnten diese Schulen erst unter dem Einfluss der Transferstelle gegründet werden. Jede Weiterbildung darüber hinaus war, da verboten, nur im Geheimen möglich und fand teilweise privat statt, teilweise unter dem Deckmantel der Berufsschulen oder aber in Krankenhäusern. Bedingt durch die geringen Mittel des Judenrates, war es aber kaum möglich, die Schulen einzurichten, die Räume zu heizen oder die Kinder einzukleiden und zu ernähren. Ein weiteres allgemeines, absurdes Hindernis waren die Sprachvorschriften der deutschen Behörden. Vielfach war Jiddisch oder Hebräisch als Unterrichtssprache vorgeschrieben, Polnisch teilweise nur geduldet. Die Kinder aber waren bisher mehrheitlich in polnische Schulen gegangen und hatten mittels polnischer Lehrbücher gelernt.

Kultur im Schatten des Krieges

Gary Cooper oder Clark Gable? Über diese nebensächlich scheinende Besetzungsfrage wurde seinerzeit im Westen landauf, landab mit Impetus debattiert. Anlass war natürlich ein Produkt der Traumfabrik Hollywood. Es handelt sich nicht um irgendein seichtes Unterhaltungsstück, sondern um den wohl populärsten Film aller Zeiten: „Vom Winde verweht". Oberflächlich ging es um die Paarung nach dem Südstaatenroman „Gone with the wind" von Margaret Mitchell, die für ihr breites Historienstück 1937 den Pulitzerpreis erhielt. David O. Selznick wollte natürlich nicht nur jene 5 000 Dollar einspielen, die er für die Verfilmungsrechte einer als ungeeignet geltenden Vorlage zahlen ließ – um anschließend hunderte von Millionen Dollar mit dem dauerhaften Welterfolg einzuspielen. Aufsehenerregend war nicht nur die Besetzung mit der Engländerin Vivien Leigh als Scarlett O'Hara und Clark Gable als Rhett Butler. Nicht die ungewöhnlich lange Produktionszeit des Rassendramas von dreieinhalb Jahren sorgte für Beachtung. Die hollywoodgemäße Premiere am Tatort Atlanta ergab anno 1939 Schlagzeilen. Neben der branchenüblichen Prominenz waren die letzten Teilnehmer des Amerikanischen Bürgerkrieges eingeladen, lebende Zeugen des hintergründigen Kampfes zwischen Nord und Süd, Weiß und Schwarz. Film hin, Politik her, was damals im demokratiebewussten Amerika alles so nachwirkte. Den schwarzen Mitwirkenden wurde die Teilnahme an der Premiere wegen der Rassentrennungsgesetze im US-Bundesstaat Georgia verweigert, auch Hattie McDaniel. Die schwarze Dame wurde ein Jahr später wegen ihrer Bravourleistung in dem Monsterfilm mit einem Oskar ausgezeichnet. Rassismus auf Amerikanisch als Zeichen der Zeit.

Wie Rassismus totalitär angelegt und durchgezogen wird, zeigt eine andersartige Filmstrategie, nämlich jene von Reichspropagandaminister Josef Goebbels. Mit ihm sollte Hitlerismus, eingepackt in einigen deutschen Tugenden, verbreitet werden. So gingen Ende der dreißiger und Anfang der vierziger Jahre diese hochsubventionierten Projekte über den Schreibtisch des virtuosen Medienmachers: „Bismarck" mit Paul Hartmann, „Friedrich Schiller" mit Horst Caspar und Heinrich George, „Der Postmeister" mit Heinrich George und Hilde Krahl, zwischendurch zur Volksbelustigung „Operette" mit Willy Forst und als scheußliches Hetztraktat „Jud Süß" mit Ferdinand Marian, Werner Krauss und Kristina Söderbaum.

David O. Selznick und Josef Goebbels als Symbolfiguren von zwei Welten. Extremere Unterschiede sind kaum denkbar zwischen der gelebten Freiheit einer demokratischen, erfolgsgewohnten Gesellschaft, die vor eigenen Fehlern und Schwächen nicht scheut und damit die Durchschlagskraft ihrer Werte beweist. Auf der anderen Seite ein totalitäres, ein ausgeklügeltes System. Am Beispiel der Kultur lässt sich nachträglich erkennen, wie systematisch und rücksichtslos im Nazistaat vorgegangen wurde.

Zu den tragischen Erkenntnissen zählt, dass Systematik und Willkür nicht oder zu spät erkannt wurden, von den Betroffenen wie von der Welt ringsum. An Warnzeichen war auch und besonders in diesem sensiblen Bereich kein Mangel. Zum Beispiel in der Parteisprache der Berliner Herrschaft hieß es regelmäßig, die Kunst der „nordischen Rasse" sei ihrem „jüdischen Pendant" haushoch überlegen. Der Propagandaapparat des Regimes reklamierte lautstark nationale Werte wie Kampfbereitschaft oder Heroismus für dieses Reich. In ihrer Suada griffen die Mini-Goebbels hoch, indem sie sich in ihrer primitiven Germanisierung auf den faustischen Drang zum Schöpferischen beriefen. Zum braunen Musikverständnis zählte die Tonalität, also die Ablehnung alles Atonalen, verfochten z. B. von Arnold Schönberg. In ihrer Verblendung war es üblich, den Juden jede Substanz abzusprechen und höchstens einen gewissen Nachahmungstrieb zu konzedieren. In der Sucht nach Tonalität wurden Richard Wagner und Anton Bruckner überstrapaziert.

Kulturelle Aktivitäten im Ghetto

Kulturelle Aktivitäten wurden von den Deutschen in den jüdischen Ghettos eher geduldet als in polnischen Siedlungen, da nach Meinung der Deutschen die politische Macht in den Ghettos sehr gering war.

In den meisten Ghettos war es verboten, polnische oder deutsche Zeitungen zu lesen, lediglich die „Geto-tsaytung" in Jiddisch aus Lodz und die Gazeta Zydowska in Polnisch aus Warschau waren erlaubt. Beide Zeitungen wurden unter der Verantwortung des jeweiligen Judenrates herausgegeben und von den Deutschen zensuriert. Besonders in Warschau wurden aber eine große Zahl von Untergrundzeitungen von verschiedenen politischen und religiösen Gruppierungen herausgegeben, etwa der „Bund", genauer „Allgemeijner Arbeter-Bund in Russland, Lite und Poiln".

Diese 1887 in Wilna gegründete jüdisch-sozialistische antizionistische Partei, gab fünf Zeitungen in Polnisch und Jiddisch heraus, daneben gab es noch die Hashomer, linksradikale Zionisten, weiters Poale Zion, sozialistische Zionisten, und andere mehr mit jeweils zwei bis drei Zeitungen. Die meisten waren auch in anderen Ghettos verbreitet.

Das Theaterspielen war in Warschau und Lodz erlaubt, in anderen Ghettos zumeist verboten. Das Musizieren war in den meisten Ghettos erlaubt, doch mehrheitlich war nur das Spielen von Kompositionen „nichtarischer" Komponisten zugelassen.

Sämtliche kulturelle Aktivitäten fielen in die Aufsichtskompetenz des Judenrates und mussten von den deutschen Behörden in jedem Fall bewilligt werden. Daher entstanden kurz nach der Abriegelung des Ghettos von Warschau Untergrund-Kultur-Organisationen. Die größte Organisation, die „Ikor" – Jüdische Kulturelle Organisation –, organisierte, leitete und forcierte aber in einem viel stärkeren Maße weitverzweigte wissenschaftliche und kulturelle Tätigkeiten. Wissenschaftliche Vorträge und literarische Zirkel wurden besonders gefördert. Selbst Ausstellungen bildender Künstler, Maler und Bildhauer, fanden von Zeit zu Zeit statt.

Eine der wichtigsten Tätigkeiten bestand aber im Sammeln aller Art von Informationen und Dokumentationen in einem jüdischen Zentralarchiv. Unter dem Decknamen „Oneg Schabbat" – Sabbatfeier – sammelte der Historiker Dr. Emanuel Ringelblum mit einem ganzen Stab von Mitarbeitern alles, was über das Leben der Juden im Ghetto informierte. Wie schon berichtet, wurden die Schriftstücke in Metallbehältern verstaut, an verschiedenen Stellen vergraben, um der Nachwelt über das Martyrium der Juden zu berichten. Darüber hinaus war Ringelblum auch einer der Anführer der jüdischen Untergrundbewegung und es gelang ihm immer wieder, Dokumente über die Vorgänge im Ghetto und in den Lagern ins Ausland, in erster Linie nach England, zu schaffen.

Ringelblum wurde 1943 mit Hilfe von zwei Mitgliedern des Warschauer Untergrundes – ein Pole und eine Jüdin – aus dem Lager Trawniki gerettet, doch 1944 mit 30 anderen Juden und der gesamten polnischen Familie, die sie versteckt hatte, verhaftet und ermordet. Nur zwei seiner Mitarbeiter überlebten und konnten die Authentizität der nach dem Krieg gefundenen Dokumente bezeugen. Nach Ringelblum gab es beispielsweise die privat gegründete „Zentrale Vorführungskommission", die, innerhalb der „Jüdischen Sozialen Selbsthilfe im Generalgouvernement" (JSS) etabliert, sich jeder Kontrolle durch den Rat entzog und offenbar gerade deswegen höchste Qualität an Musikvorführungen bot.

Über 400 Künstler waren Mitglieder, bis Oktober 1941 organisierte die Kommission 1814 Vorführungen, darunter acht symphonische Konzerte und viele Gesangsvorführungen, Erwachsenen- und Kinderchöre. Der erste Chorleiter, J. Feiwiches, kam im Lager Poniatowa um, sämtliche Nachfolger in Treblinka. Weiters gab es fünf professionelle Theater im Warschauer Ghetto, zwei in Jiddisch, drei in Polnisch. All dies war möglich, da bis Mitte 1942 noch immer Personen durch Schmuggel, aber auch offiziell zu Geld gekommen waren und solche Veranstaltungen unterstützen konnten. Mit dem Beginn der Massendeportationen im Juli 1942 endete das kulturelle Leben.

Der Nachwelt erhalten geblieben sind einzelne Kompositionen, viele Berichte, auch Prosa und Lyrik, sowie Zeitungen aus dem Ghetto, aber kaum religiöse oder profane Kunstwerke aus den ehemaligen Museen, privaten Sammlungen oder religiösen Zentren. Fast alle Synagogen, Gebetshäuser samt Einrichtung, Museen und Friedhöfe waren zerstört worden. Wohl hatte der Krakauer Judenrat von den deutschen Behörden den offiziellen Auftrag bekommen, historische und religiöse Schriften und Gegenstände für ein Museum für „Jüdische religiöse Kunst" zu sammeln.

Tatsächlich blieb nichts, was nach der Konfiszierung durch den Einsatzstab Rosenberg geblieben war. Der Einsatzstab Rosenberg „sammelte" offiziell für das 1939 errichtete „Institut zur Erforschung der Judenfrage", tatsächlich plünderten sie Bibliotheken, Archive, Kunstgalerien und private Sammlungen europäischer Juden sowie Synagogen und Museen. Die Kunstgegenstände wurden an Nazigrößen, deutsche Museen und Bibliotheken umverteilt.

Nach dem Krieg geriet ihre Rückgabe eher schleppend und nur ausnahmsweise zivilisiert und rechtsstaatlich. Oft liefen unwürdige Streitereien ab, um Besitzerwechsel – freiwillig oder erzwungen –, um Vorbesitz oder Zwangsverkauf in der Hitler-Zeit und um Wiedergutmachung der nächsten oder übernächsten Generation. In Deutschland weniger kontrovers, in Österreich eher mehr.

Krieg oder die Anmaßung von Zwergen

Am 11. Dezember 1941 wurde der Geschäftsträger in der amerikanischen Botschaft in die Wilhelmstraße zu Berlin zitiert. In der feinen Art, wie offizielle Vertreter der Staaten miteinander umzugehen pflegen, geschah das, was sie einen Affront nennen. Mehr noch der eigentliche Anlass. Ein Schriftstück. Dort heißt es: „Herr Geschäftsträger! Nachdem die Regierung der Vereinigten Staaten von Amerika vom Ausbruch des durch die englische Kriegserklärung an Deutschland vom 3. September 1939 heraufbeschworenen Krieges an, alle Regeln der Neutralität in immer steigendem Maße zugunsten der Gegner Deutschlands auf das Flaganteste verletzt ..., ist sie schließlich zu offenen militärischen Angriffshandlungen übergegangen."

Nachdem verschiedene Kampfhandlungen im Atlantik aus deutscher Sicht dargestellt werden, heißt es dann im letzten Absatz dieses denkwürdigen Papiers: „Die Reichsregierung hebt deshalb die diplomatischen Beziehungen zu den Vereinigten Staaten von Amerika auf und erklärt sich unter diesen, durch den Präsidenten Roosevelt veranlassten Umständen auch Deutschland von heute an im Kriegszustand mit den Vereinigten Staaten von Amerika befindlich."

Wie es sich für diplomatischen Austausch gehört, zählt auch bei gewichtigsten Vorgängen, wie einer Kriegserklärung jedes noch so kleine Wort. In diesem Fall im letzten Satz der verklausulierten Note handelt es sich um „auch". Auch Deutschland im Kriegszustand mit den USA, wie vier ganze Tage vorher Japan. Wie ein einziges Wort aus getrennten Waffengängen völkerrechtlich einen Weltkrieg macht.

Gewichtiger, dass es zwei Zwerge mit Goliath aufnehmen wollen. In ihrer wirtschaftlichen Potenz sind Deutsche und Japaner – bei allen Anstrengungen und Leistungen – gegenüber den Amerikanern klein und schwach. Militärisch mögen sie à la Blitzkrieg vorübergehend auftrumpfen. Auf die Dauer freilich zählen das wirtschaftliche Gewicht und nicht propagandistisch aufgeblasene Sondermeldungen über einzelne Frontergebnisse.

Wie größenwahnsinnig die Herrscher in Berlin und Tokio vorgehen, zeigen nüchterne Zahlen und Statistiken über Ressourcen und ihre tatsächlichen Reserven. Japan lebt etwa bei Energie ausschließlich von Importen, die selbst mit allen Eroberungen nicht ausreichen, um eine Rüstungsindustrie zu betreiben. Beispiel Schrott für Stahl. Die japanische Stahlindustrie kann selbst dringendsten Bedarf aus Schrottmangel nur tageweise befriedigen. Keine Feldzugbasis.

Mehr noch im Dritten Reich. Wie ein Entwicklungsland improvisiert es sich von Knappheit zu Knappheit, etwa bei Energie, Öl, seltenen Metallen oder auch Getreide. Zeitweise trat Erleichterung ein, indem die besetzten Gebiete reichlich ausgebeutet wurden. Eine gewisse Entlastung der Versorgungslage wurde erreicht, indem kriegsunwichtige Betriebe und Anlagen zuerst eingeschränkt beliefert und dann par Ordre de Mufti gesperrt wurden. Bei der Verwaltung dieser oder jener Knappheit zeigt sich deutsche Gründlichkeit lange Zeit nicht durch Effektivität, sondern durch Kompetenzhascherei und Korruption. Gerafft wurde von der SS zu Lasten der Wehrmacht, von Gauleiter zu Gauleiter, von Ministerium zu Ministerium und von Betrieb zu Betrieb, von Organisationen, wie etwa von Fritz Todt zwecks Autobahnbaus. Allgemeines Organisieren als Kriegserscheinung, selbst kriegswichtige Fertigungen, etwa in der Elektrotechnik oder im Maschinenbau, blieben im Kompetenzwirrwarr hängen. Oder sie hingen von Gnadenerweisen des einen oder anderen Parteifunktionärs ab. Bei Nahrungsmitteln konnte die Illusion von halbwegs geordneten Verhältnissen einigermaßen durchgehalten werden. Die Verteilung funktionierte bei Lebensmitteln bis Mai 1945. Das Schreckgespenst der staatlichen Auflösung von innen, wie im Ersten Weltkrieg, hatte die Versorgung der eigenen Bevölkerung zur Priorität gemacht.

Arbeitskräfte: Kompetenzstreit und Chaos

Aber bei Arbeitskräften herrschte akuter Mangel. Millionen Männer als Soldaten fehlten an der „Heimatfront". Mehr als 7 Millionen „Fremdarbeiter" und vermehrt Insassen der Konzentrationslager und Kriegsgefangenenlager wurden vor allem in die Rüstungswirtschaft kommandiert. Bezeichnend: Während die Ressource Mensch zum Produktionsfaktor herabgewürdigt wurde, wurden mitten im Krieg nicht weniger als 700 000 Hausangestellte gezählt.

Auch auf dem allgemeinen Arbeitsmarkt, der eigentlich keiner war, herrschte Kompetenzstreit und Chaos. Kräfte wurden regelrecht gehandelt, nicht in Eigenregie, sondern von Aufsehern und Betriebsleitern, allseitige Korruption eingeschlossen. Erst das Ministerium Speer konnte gegen Kriegsende einigermaßen Ordnung in prioritäre Branchen und Betriebe, allen voran in die Rüstungswirtschaft, bringen. So erreicht die Stahlproduktion im Winter 1944/45 trotz Bombenangriffen Spitzenwerte und dies, obwohl mächtige Großbetriebe gegen diese Zentralisierung der letzten Stunden aufbegehren.

Um Energie, insbesondere Öl, wurde zwischen den Teilorganisationen oft bis aufs Messer gestritten. Während Raffinerien tagelang wegen Ölmangels ganz oder teilweise stillstanden, behinderte Treibstoffmangel von Kriegsbeginn an die Operationen der deutschen Truppen. Nicht selten mussten Kampfaufträge der Luftwaffe oder der Panzertruppen aus Treibstoffmangel gestrichen oder gestreckt werden.

Zivil hielt sich der Ausweg des Schleich- oder Beziehungshandels aus Furcht vor Bestrafung zunächst in Grenzen. Mit Verbindungen ließ sich mancher Speisezettel auffrischen. Prominente, vor allem aus der NS-Partei, mussten in Lokalen Abschnitte der Lebensmittelkarten nur pro forma oder gar nicht abgeben. In Promi-Lokalen in Berlin oder Wien waren Spezialitäten markenfrei und im Überfluss vorhanden. Für Butter hatte sich trotz oder wegen der „Erzeugungsschlacht" ein blühender Schleichhandel eingebürgert. Kundenbewusste Einzelhändler meldeten neue Lieferungen kaum verschlüsselt, etwa mit der Telefonnachricht „Barbara ist da". Angesichts des lückenlosen Spitzelsystems bis in jedes Haus, in jedes Geschäft und fast in jedem Telefonanschluss ergibt sich eine der seltenen Toleranzen des Regimes. Es sollte und wollte die Bevölkerung bei Laune halten.

Mit Witzen sollte Ballast der Ärgernisse abgebaut werden. Beispiel: Einkauf von Kleidung mit der Reichskleiderkarte.

„Nur gegen Sonderpunkte", sagt die Verkäuferin.

„Habe ich", sagt der Kunde.

„Sie müssen aber einen großzügigen Bürgermeister haben."

„Bin ich."

Es ist nicht überliefert, ob diese harmlose Verballhornung der verbreiteten Vetternwirtschaft aus dem Referat für Witze des Reichpropagandaministeriums stammt, dorther, wo aus der Häufigkeit vorsätzlich ausgestreuter Witze und aus der Form und Häufigkeit ihres Rücklaufs auf die Stimmung in der Bevölkerung geschlossen wurde. Mangels Meinungsforschung.

Bewusst wurde auf Ausbeutung der besetzten Gebiete gesetzt, vor allem im Osten. Mit branchenüblichem Zynismus der Nazis hieß es im Zweifel „Arbeit macht frei" oder intern „Tod durch Verhungern". Dies in äußerst fruchtbaren Agrargebieten, einst Kornkammern Europas genannt.

Wenn sich ein Riese rekelt ...

Die USA, bis dahin agrarisch bestimmt, konnten dagegen bald aus dem Vollen schöpfen. Sie waren damit beschäftigt, weltweit ein Viertel der Erdgas- und fast die Hälfte der Ölerzeugung zu kontrollieren. Dazu waren die Amerikaner führend auf dem Kupfermarkt, bei Eisenerz, in der Kohleförderung und sie sollten bald ein Drittel der Industrieproduktion, der Raffineriekapazität und der Aluminiumherstellung der Welt bestreiten. Nach dem umstrittenen Teilerfolg mit dem New Deal (versuchte Strukturbereinigung und Wachstum samt einer Konjunkturdelle Mitte der 30er Jahre) hat Roosevelt, das erste Mal wiedergewählt, unverzüglich auf Kriegswirtschaft gesetzt. Zunächst nur Zulieferer und nicht aktiver Teilnehmer des Krieges, setzte Amerika zum großen Sprung in der Weltwirtschaft an. Mit Fließband und serienmäßiger Massenproduktion entfaltet die neue Welt ihre ganze Kraft. Bald lief jede Woche ein großes Frachtschiff vom Stapel. Forschung, Entwicklung und die Organisation in Konzernen führten industriell in kurzer Zeit zu neuen Ufern. Bis zur Atombombe, dem Internet und dem Computer.

Mangel war und ist keine amerikanische Dimension. Damals nicht, heute nicht. Mit der Rüstung als Treibsatz starteten die USA in den 40er Jahren zur wirtschaftlichen Supermacht. Jene Erneuerungskraft, die seinerzeit alle Welt – wohl auch Hitler – beeindruckte, hat sich bis in die Gegenwart erhalten. Damals erlebte die amerikanische Gesellschaft ihren größten Umbau seit Menschengedenken.

Einwanderer und Emigranten aus der alten Welt verhalfen mit ihrer Bildung und ihren Fähigkeiten der neuen Welt zum großen Sprung nach vorn. Und erstmals stiegen Frauen in den Arbeitsmarkt ein. Ein Wandel der zu einer dauerhaften Veränderung des amerikanischen Lebensstils beitrug. In der Auseinandersetzung mit Hitler und der Achse begründete sich auch der American Way of Life, eine mächtige Freiheits-idee gegen die braune Diktatur.

Materiell war der Krieg für den Westen indessen gewonnen, bevor er noch seine ganze Wucht entfaltet hatte. Gegen das amerikanische pausbäckige Industriewunder mussten die ver-zweifelten Anstrengungen der Hitler-Regierung, der Knapp-heit irgendwie Herr zu werden, fast erbärmlich wirken. Selbst bei Arbeitskräften hat die faschistische Ideologie der Führung des Dritten Reichs den Realitätssinn geraubt. Sie ermordeten Millionen Tüchtige aus rassischer Verblendung.

Ausbeutung der jüdischen Arbeitskraft

Keine der vorliegenden Informationen weist auf irgendwelche humanen Überlegungen hin, die die Kehrtwende in Richtung Produktivitätszentrum bei der Ghettopolitik beeinflusst hät-ten. Vielmehr gab es nur die Version von einer möglichst in-tensiven Ausnützung der jüdischen Arbeitskraft, eine bessere Ernährung und Bekleidung war nur die notwendige Voraus-setzung.

Die Initiative ging von der Regierung des Generalgouverne-ments aus und hatte als Ziel, die Kosten für die Versorgung des Ghettos – wie gering diese auch waren – zu reduzieren, mög-lichst auf null zu bringen, und Steuern einheben zu können. Für Frank, den Generalgouverneur, ging es in erster Linie um die Hebung seines Prestiges durch die Erhöhung der Pro-duktivität im Lande. Das Generalgouvernement sollte seinen ursprünglich von Hitler definierten Status völlig verändern.

Von einem Ort der Ausbeutung, der Rekrutierung von Ar-
beitssklaven und dem „Ablagerungsplatz" für unerwünschte
Personen sollte es zumindest ein dem annektierten Teil Polens
gleichwertiges Land werden.

Die Beschlussfassung, aus dem Ghetto Warschau ein Produk-
tivitätszentrum für die deutsche Kriegsindustrie zu machen,
entstand in der zweiten Hälfte 1940, einer Periode, wo Frank
seinen Machtverfall kurzfristig stoppen konnte.

Als Kunde hat in erster Linie die Wehrmacht profitiert, da die
handwerklichen Kapazitäten im Ghetto sehr hoch waren. Die
Fähigkeit, aus Altwaren und gebrauchten Textilien, Schuhen,
Stiefeln und Pelzen neuwertige Waren zur Versorgung der
Soldaten im Osten, also vor allem in Russland, herzustellen,
war für die unterversorgte Wehrmacht eine wertvolle Unter-
stützung. Hoher Umfang und erstaunliche Diversifizierung
der Produktion sind im Laufe dieser kurzen Periode erreicht
worden, sie stieg extrem schnell an und damit auch die Ein-
nahmen. Die völlig irrationale Entscheidung, den Großteil
der Menschen, die an der so wichtigen Produktion beteiligt
waren, in den Tod zu schicken, sie umzubringen, wird damit
noch entsetzlicher, noch unverständlicher.

Eine von der Regierung des Generalgouvernements in Auftrag
gegebene Untersuchung der Zustände und der Möglichkeiten
ist in seiner Gründlichkeit und neutralen Offenheit bemer-
kenswert.

Ministerialdirigent Dr. Emmerich, Leiter des Hauptamtes
für Wirtschaft der Regierung, beauftragte den Wirtschafts-
sachverständigen Dr. Gater vom Reichskuratorium für
Wirtschaftlichkeit, Dienststelle Generalgouvernement, eine
Wirtschaftsplanung und Betriebsrationalisierungsanalyse im
Ghetto durchzuführen.

Heraus kam zusätzlich eine Situationsanalyse, die eine für die
damalige Zeit und Ideologie unerwartet offene Darstellung
ergab. Der gesamte Bericht mit 53 Seiten liegt vor, ebenso

auch ein jüdischer Kommentar. Die Arbeit der Transferstelle unter Bischof baut teilweise darauf auf, die Erfolge sind zu nicht geringem Teil durch die Verwertung der gewonnenen Erkenntnisse entstanden.

Der Bericht stammt aus dem März 1941. Besagtes Reichskuratorium gibt es übrigens heute noch, allerdings unter dem neuen Namen „Rationalisierungs- und Innovationszentrum der Deutschen Wirtschaft". Im Jahre 2002 wurde es derart umbenannt, nachdem es bereits 1921 von Carl Friedrich von Siemens als „Reichskuratorium für Wirtschaftlichkeit in Industrie und Handel" gegründet worden war, 1945 aufgelöst und 1950 als „Rationalisierungskuratorium der Deutschen Wirtschaft" neugegründet wurde. Im Dritten Reich war die Liquidierung und Arisierung jüdischer Betriebe ein Hauptaufgabengebiet, nach dem Krieg beschäftigte man sich mit dem Marshallplan.

Auf dem Höhepunkt der Macht

1941 war wahrlich ein Schicksalsjahr. Adolf Hitler schien auf dem Höhepunkt seiner Macht zu sein. In der nationalsozialistischen Propaganda rückt das Dritte Reich zu einer Weltmacht auf. Sie postuliert: „Reich ist Seele, ist Innerlichkeit, ist Kulturbringer, enthält den Sendungsauftrag an die Deutschen zur Wahrung und Sicherung der nordisch-europäischen Kultur und der politisch-staatlichen Ordnung im Raum dieser Kultur."

Heinrich Himmler erklärt als Reichsführer der SS eine höhere Geburtenrate zur „nationalen Pflicht der Deutschen". Das Stenogramm für 1941 wimmelt von Gegensätzen: Im Frühjahr kündigt Hitler in einer Rede vor 200 Militärs einen „rassenideologischen Vernichtungskrieg gegen die Sowjetunion" an; die Heinkel HE280 unternimmt als erstes Düsenflugzeug ihren Jungfernflug; Himmler verbietet sämtliche Tanzveranstaltungen im Deutschen Reich; die Weisungen des Bayerischen Kultusministers, Kruzifixe aus Schulen zu entfernen, wird größtenteils boykottiert; deutsche Truppen beginnen ihren Balkanfeldzug und erobern Jugoslawien und Griechenland; Zagreb wird von italienischen und deutschen Truppen besetzt, Kroatien als neuer Staat unter Führung der faschistischen Ustascha-Bewegung aus dem Boden gestampft; Hitler billigt die Pläne des italienischen Diktators Benito Mussolini, Slowenien als italienische Provinz zu annektieren; mit 500 Kampfflugzeugen fliegt die deutsche Luftwaffe ihren letzten Großangriff auf London (anschließend wird der Kern der Flotte nach Osten verlegt); die erste programmgesteuerte Rechenmaschine der Welt stellt der Berliner Ingenieur Konrad Zuse vor; das deutsche Schlachtschiff „Bismarck" versenkt im Atlantik das britische Schlachtschiff „Hood" und wird anschließend selbst vernichtet.

Am 22. Juni 1941 beginnt um 3:15 Uhr der deutsche Angriff auf die Sowjetunion unter der Deckbezeichnung „Unternehmen Barbarossa". Im Blitzkriegstil werden anfangs in mehreren Kesselschlachten über drei Millionen sowjetische Soldaten gefangen, darunter der älteste Sohn Josef Stalins, Liosno; Stalin und Hitler ernennen sich selbst zu Oberbefehlshabern ihrer Armeen; auf einer Pressekonferenz verkündet die NS-DAP am 9.10.1941 „die militärische Entscheidung im Osten ist gefallen"; das Unternehmen Taifun, der deutsche Angriff auf Moskau, bleibt durch Schlamm, Wintereinbruch und durch eine sowjetische Gegenoffensive wenige Kilometer vor der sowjetischen Hauptstadt stecken; der Personenverkehr der Deutschen Bahn wird zu Gunsten von Lebensmitteltransporten stark eingeschränkt; Generalluftzeugmeister Ernst Udet, ein Idol der Fliegerei, begeht Selbstmord; bei Bydgoszcz beginnen SS-Einheiten, Juden planmäßig in LKWs mit Vergasungsanlagen zu ermorden.

Nachdem das braune Regime der Zivilisation gleichsam den Krieg erklärt hatte, raffte sich der „Rest der Welt" anno 41 nur schrittweise auf. Dass es sich bei diesem Waffengang nicht um übliche Eroberungen oder Rachefeldzüge handelte, erkannte der trainierte Ideologe Stalin wohl früher als die Demokraten im Westen. Während Hitler mit den Achsenmächten zunächst militärisch und politisch aufzutrumpfen vermochte, benötigten die westlichen, die freien Gesellschaften geraume Zeit, um zu begreifen, was eigentlich gespielt wurde. US-Präsident Roosevelt und Premier Churchill, von der tödlichen Gefahr durch Hitler überzeugt, zögerten einige Zeit, bis sie die Öffentlichkeit und vor allem ihre Partei- und Behördenapparate auf den großen Showdown vorbereiteten.

In Washington war es lange Zeit politisch Mode, die US-Neutralitätsgesetzgebung aus dem Jahr 1937 durch kleine Lockerungen und später den Lend-Lease Act zu umgehen: Lieferungen von Waffen und Technik an Großbritannien in der Größenordnung von mehr als einer Milliarde Dollar als Kriegsersatz. In seiner dritten Amtszeit als US-Präsident bestätigt, steuert Franklin D. Roosevelt nun auf eine direkte Konfrontation mit dem expansiven Hitlerismus zu. Wie die Stimmung in der amerikanischen Bevölkerung allmählich kippt, erfasst auch den journalistischen Boulevard. „Daily News" nennt das neue geländegängige Militärfahrzeug erstmals Jeep. Bald sollte der Jeep zum Symbol amerikanischer Präsenz, in mehrfacher Hinsicht, werden.

Zur transatlantischen Logik eines offenen Waffengangs und für seine politische Abpolsterung setzten Roosevelt und Churchill in der Argentia-Bucht vor Neufundland historische Zeichen. Mit der Atlantik-Charta sollte nicht nur die bewaffnete Auseinandersetzung mit der braunen Diktatur legitimiert werden, vielmehr sollte die Charta als Denkgebäude für die Vereinten Nationen dienen – und sie tat es auch. Grundsätze wie Selbstbestimmung, Sicherheit, Freiheit und Freihandel wirkten auf die alarmierte Öffentlichkeit im Sommer 1941 wie angenehme Fernziele. Was zu diesem Zeitpunkt politisch und dann auch militärisch zählte, war freilich der Entschluss, zurückzuschlagen. War die Auseinandersetzung mit diesem expansiven Reich als ein atlantisches Kräftemessen zu verstehen, so brachte das Jahr den letzten, den entscheidenden Schritt zum Weltkrieg.

Am 7. Dezember 1941 beginnt Japan seinen Luftangriff auf den amerikanischen Militärstützpunkt Pearl Harbor. Was auf der Hawaii-Insel Oaho mit der Vernichtung der amerikanischen Pazifikflotte gewaltsam demonstriert wurde, hatte sich Hitler seit langem gewünscht: Bindung der USA, ihrer Wirtschaftskraft und ihrer Streitkräfte im Pazifik, also nicht in Europa. Beim Imperialismus brauchten die Japaner sich nicht vor den Deutschen zu verstecken. Innerhalb weniger Tage eroberten sie die Philippinen, Bangkok und Hongkong. Vier Tage nach dem japanischen Angriff auf Pearl Harbor erklärte das Deutsche Reich den USA förmlich den Krieg. Mit „Paukenschlag", der Deckbezeichnung für den Einsatz deutscher U-Boote vor der amerikanischen Ostküste, sollte der politische Größenwahnsinn militärisch abgesichert werden. Tatsächlich hat sich das Hitler-Regime auf dem Balkan, im Osten und nun auch im Westen übernommen. Historisch handelt es sich um eine Anmaßung der Zwerge. Diese Herausforderung des jungen Wirtschaftsriesen Amerika hat wirtschaftlich und militärisch den Anfang vom Ende des hitlerschen Machtrausches besiegelt. In dieser Situation ging das Regime nach innen immer massiver vor.

„Vor der Kaserne, vor dem großen Tor"

Bald ist wieder Abend. Bald stellen sie ihre Radiogeräte wieder auf die Wellenlänge 437,3 m ein, auf den Soldatensender „Belgrad". Bald werden sie, die oft müden Krieger mit dem großen Heimweh, hellwach, aufmerksam in einer eigenartigen Mischung aus Genuss, Sentimentalität und Resignation. Und dann geschieht Einmaliges: Lili-Marlen ertönt vom Nordkap bis Nahost. Auf beiden Seiten der Fronten. Eine Schnulze gerät zu einem Leitmotiv für einen Weltkrieg. Bis zu 6 Millionen Soldaten träumen vom Ende der Gewalt, vom Frieden und vom heimatlichen Glück. „Vor der Kaserne, vor dem großen Tor ..."

Aus Lauschen, aus Landserrührung wird unversehens so etwas wie ein politisches Manifest. Zählen doch zu den Zuhörern nicht nur deutsche Soldaten, sondern genauso britische und amerikanische. Mitten im Krieg stellt sich für drei Minuten, jeweils vor Sendeschluss, so etwas wie grenzüberschreitende Harmonie der Gefühle ein. Selten gewordene Gemeinsamkeit der Wünsche und des Verstehens, schlicht der Humanität, auf gleicher Wellenlänge. Außerhalb der engen Befehlsstrukturen und Abhängigkeiten findet allabendlich eine Art stiller Abstimmung für ein Ende der Gewalt statt. Kein organisierter Pazifismus, vielmehr die simpel wirkende Frage nach dem Sinn des Krieges und dem Sinn eines schier unerreichbar gewordenen Privatlebens ohne Angst.

Als aus dem rührenden Song politisch relevante Stimmung unter Millionen Zuhörern zu werden begann, gingen im Reichspropagandaministerium in Berlin die Alarmglocken los. Lili-Marlen sollte mit Verbot abgestraft werden, sowohl als Lied als auch Lale Andersen, die aufmüpfige Interpretin (als gewisse Kontakte in der Schweiz ruchbar wurden). Nur kurze Zeit.

Über 12 000 briefliche Fragen und auch unverhohlene Proteste, die täglich beim Soldatensender „Belgrad" einlangten, ermöglichten der Wehrmachtsführung, die sonst nicht allzu plebiszitär zu reagieren pflegte, sich über das goebbelsche Sendeverbot hinwegzusetzen. Lili-Marlen erreicht schließlich als Schicksalslied des Zweiten Weltkrieges, was heute Kultstatus heißt. (Musikkenner wissen zu berichten, dass die ersten Schallplattenaufnahmen von Lili-Marlen während der letzten Friedenstage 1939 fast zeitgleich mit Glenn Millers Stimmungskanone „In the Mood" aufgenommen worden waren.) Der Durchsetzer von Lili-Marlen ist nicht das einzige Indiz dafür, dass die braune Diktatur an der psychologischen Front im Jahr 1941/42 Schwächen verzeichnet: Der „Führerstaat" muss auf inszenierte Glanz-und-Gloria-Auftritte Hitlers verzichten. Der „Führer" zieht sich in die ostpreußischen Wälder, in die Wolfsschanze zurück und bunkert sich dort in seinem Hauptquartier nicht nur sicherheitstechnisch ein, sondern auch politisch. Geheimdienstberichte über wachsende Unzufriedenheit der „Heimatfront" wegen Versorgungsmängeln bei Lebensmitteln, Strom, Verkehrsmitteln häufen sich; Flächenbombardements in Lübeck mit 300 Toten, Köln mit 1 000 Bombern und tausenden Toten verunsichern nicht nur die Zivilbevölkerung, sondern vermehrt die kämpfende Truppe an der Front. Wie sehr Hitler die Widerstandskraft der Russen unterschätzt hatte, wurde Monat für Monat deutlicher. Der Russe, von Diktator Stalin nicht mehr ideologisch, vielmehr national im „Vaterländischen Krieg" meisterhaft mobilisiert, durchbrach ganze Armeen der deutschen Wehrmacht. Im Süd- und Mittelabschnitt wurden deutsche Eliteeinheiten sowie italienische, rumänische und ungarische Hilfstruppen von den Sowjets vielfach überrannt. Dennoch bestand „Gröfaz" auf einer deutschen Großoffensive Richtung Süden, Richtung Kaukasus wegen Öl. General Rommel, der Wüstenfuchs – inzwischen Feldmarschall –, musste nach legendären Anfangserfolgen in Nordafrika wegen Nachschubmangel zum Rückzug blasen und damit Hitlers Befehle missachten. Rommels Ausspruch „Hitler ist verrückt" demonstriert die Stimmung. Andere Heerführer konnten oder wollten diesem Beispiel nicht folgen. So drang die 6. Armee Hitlers bis Stalingrad vor, dorthin an die Wolga, wo ein Stalin dafür sorgte, dass die

Wende des Krieges ihren grauenerregenden Namen erhielt. Über eine Million Deutsche und Russen mussten ihr Leben lassen, weil sich zwei Diktatoren dort verbissen hatten. Sie duldeten keinen Widerspruch und exekutierten ihren Willen unbarmherzig.

Spitzenmilitärs ins Konzentrationslager

So entließ Hitler einen seiner engsten militärischen Mitarbeiter wenige Tage nach dem Marschbefehl auf das Ziel, das den Namen seines verhassten Widersachers trug. General Franz Halder, Generalstabschef des Heeres, widersprach dem selbsternannten Feldherrn, bis er wenige Tage nach dem Beginn des Marsches gegen Stalingrad von Hitler gefeuert wurde. Nicht nur aus militärstrategischen Gründen.

Halder, ein stolzer Mann aus bayrischer Offiziersfamilie, misstraute den imperialistischen Herrschaftsansprüchen der Hitler-Clique und stemmte sich gegen deren inhumane, unfaire Politik. Der Spitzenmilitär mit Widerspruchsgeist sympathisierte schon geraume Zeit mit Oppositionskreisen. Er – wie viele seines Schlages – suchte ethisch-moralischen Rückhalt gegen die systemische Missachtung von jeder Menschlichkeit. Nach seiner amtlich unehrenhaften Entlassung stieß Halder, von der Judenverfolgung entsetzt, zur aktiven Opposition. Er wurde nach dem Attentat auf Hitler am 20. Juli 1944 mit seiner Familie ins Konzentrationslager verschleppt. Nach dem Ende des Schreckens war Halder prominentester Zeuge im Nürnberger Kriegsverbrecherprozess gegen das Oberkommando der Wehrmacht. Bis 1961 leitete er die deutsche Abteilung der kriegsgeschichtlichen Forschungsabteilung der amerikanischen Armee.

Mitten im Chaos des größten Waffengangs „aller Zeiten" in den Jahren 1941 und 1942 bescherte also das Schicksal die historische Wende. Die Achse aus dem Dritten Reich, Italien und Japan begann zu klemmen. Der Westen formierte sich unter der anlaufenden Führung der USA in Europa, in Nordafrika und in Ostasien. Siegesmeldungen aus dem Oberkommando der deutschen Wehrmacht wurden seltener, das Triumphgeheul der Angreifer leiser. Es sollte bald verstummen.

Die Alliierten in Ost und West konnten erstmals aufatmen. Hitler und die Japaner verloren allmählich das Gesetz des Handelns. Wie dieser Weltkrieg in des Wortes wahrer Bedeutung fortgeführt werden konnte, lag nicht mehr bei Hitler, sondern bei seinen Gegnern. Die Westmächte kontrollierten Nordafrika, die Sowjets eroberten große Teile Russlands zurück und die Amerikaner begannen im Stil der Schlacht von Guadalcanal gegen die Japaner zu siegen. Im Krieg der Worte auch nicht gerade zimperlich, prägten Roosevelt und Churchill auf der Konferenz von Casablanca Mitte Januar 1943 (Stalin war eingeladen, gab sich wegen der Schlacht von Stalingrad unabkömmlich) die ominöse Formulierung „unconditional surrender". Die definitive Forderung der bedingungslosen Kapitulation machte dem Widerstand gegen Hitler noch reichlich zu schaffen. Beschäftigt hat der abwesende Generalissimus aus dem Kreml die Herrenrunde von Marokko mit seinem erneuerten Begehren, im Westen Europas eine zweite Front nun unverzüglich zu starten.

Unausgesprochen, jedoch umso intensiver gingen die ungleichen Verbündeten daran, das Fell des Bären zu verteilen, bevor derselbe noch erledigt ist. Während die Führung des Dritten Reiches glaubte, die große Wende einfach missachten zu können oder auftrotzte wie Oberpropagandist Goebbels nach der Katastrophe von Stalingrad („Wollt ihr den totalen Krieg?"), reagierten die mittleren und unteren Chargen des Reiches bürokratisch, als ob nichts geschehen wäre. Während also nach außen auf heile Welt gemacht wurde, zogen die Unterführer ungeniert und selbstherrlich die Strippen ihrer (ge-liehenen) Macht. Extrembeispiel, wie so oft, die Verfolgung der Juden und ihre minutiöse Organisation.

Der Vertrag

Die Gespräche zwischen Max Bischof und verschiedenen Dienststellen des Distriktes Warschau über seine neue Aufgabe hatten bereits im Herbst 1940 stattgefunden. Sie mündeten schließlich in einem Vertrag, der auf Grund eines Schreibens des Rechtsanwalts Auerswald, Kommissar für den jüdischen Wohnbezirk, erstellt wurde, allerdings von Frank erst im Nachhinein, am 15. Juli 1942, also nach Übernahme des Ghettos durch die SS, unterzeichnet wurde. Offenbar wurde ganz einfach darauf vergessen.

Erst die Steuerbehörde reklamierte, dass Bischof bisher nur Gehaltsakontozahlungen erhalten hatte, die nie ordentlich versteuert worden waren. In diesen Dokumenten werden auch Gehaltssummen genannt. Von der Länderbank erhielt er monatlich RM 700, von der Transferstelle RM 1080 und ein „Beschäftigungsgeld" von RM 420, was immer das auch war. Von der Regierung sollte er RM 1500 zuzüglich zum Beschäftigungsgeld erhalten, falls die Gehaltszahlung der Länderbank eingestellt würde. Sein Gehalt für die Bankenaufsicht sowie die mehrfach von ihm erwähnten „Diäten" scheinen nicht auf. Aber allein um die obige Summe konnte er sich damals – zumindest auf dem offiziellen Markt – ca. 4000 kg Brot kaufen.

Es ist aber nicht vorstellbar, dass Bischof aus finanziellen Gründen eine so schwierige, für ihn heikle und vor allem gefährliche Aufgabe übernommen hat. Ein Versagen hätte ihn unmittelbar in das Schussfeld seiner Verfolger aus Wien gebracht. Aber auch ein wirtschaftlicher Erfolg des Ghettos hätte aus ideologischen Gründen gefährlich werden können, zumal Bischof über die labile Lage Franks Bescheid gewusst haben musste. In jedem Fall eine Gratwanderung, umso unverständlicher ist daher für Außenstehende die Übernahme *dieser Aufgabe. Nur seine erst im hohen Alter geschriebene, besser gesagt seiner Tochter diktierte Autobiographie brachte seine persönliche Begründung ans Licht:*

„Der Leiter der Abteilung Wirtschaft des Distriktamtes, ein gewisser Generaldirektor a. D. Heinrich Schlosser, der vorübergehend auch Leiter der Linzer Tramway- und Elektrizitätsgesellschaft gewesen war – ein Reichsdeutscher aus Hessen – fand, dass ich der geeignete Mann wäre, hier Ordnung zu schaffen. Er schlug mich dem Gouverneur vor. Der Gouverneur Fischer lud mich vor und machte mir den Vorschlag, diese Aufgabe des Wirtschaftsverkehrs und der Beschäftigung der Juden zu übernehmen."

„Ich", so Bischof, „steckte mich hinter meinen Chef der Bankenaufsicht in Krakau und sagte, ich müsste erst Fühlung aufnehmen. Ich rief in Krakau an, sprach mit Dr. Paersch. Er sagte: „Sind Sie wahnsinnig, so ein heißes Eisen anzugreifen?" Ich sagte darauf: „Brauchen Sie mich in Warschau noch oder nicht?"

Daraufhin sagte er: „Ja, ich brauche Sie."

Darauf meinte ich: „Dann muss ich diese Aufgabe übernehmen, denn wenn ich Nein sage, bin ich Persona non grata und muss wahrscheinlich verschwinden."

Diesen Hinweis interpretierte seine Tochter, die zu Kriegsende schon weitgehend erwachsen war, wie folgt: Obwohl der Vater grundsätzlich so wenig als möglich über sein Leben im Krieg sprach – sie führt das auf das Trauma der Erlebnisse zurück –, hat ihrer Meinung nach die Angst um die Familie alle anderen Aspekte überwogen: „Andere ließen sich scheiden, er blieb Ehemann und Vater."

Diese Meinung wurde von manchen Historikern nicht voll akzeptiert, für sie ging es zusätzlich um Macht und Geld, zumal die Entwicklung ab Mitte 1942 Anfang 1941 nicht ohne weiteres voraussehbar war. Die Tochter meint dazu, Macht und Geld seien sicher kein Motiv gewesen, es sei ihm ausschließlich um seine Stellung in Polen gegangen. Die einzige Möglichkeit, so die Tochter, seine Familie in Wien zu schützen.

Allerdings war dies auch die Zeit konzentrierter Angriffe aus Wien und von Gegenmaßnahmen Bischofs. Im Gauakt liegen die schon erwähnten Briefe verschiedener Dienststellen aus Wien vor, in denen mehrfach auf die „jüdische Ehefrau", auf die „Volljüdin" hingewiesen wird. Ähnliches wiederholt sich nochmals, allerdings in viel aggressiverer und gefährlicherer Weise im Jahre 1943, wird aber von Bischof mit einem genialen Schachzug pariert.

Im Sonderauftrag des Gouverneurs

In dem Vertrag wird ausdrücklich darauf hingewiesen, dass das Vertragsverhältnis, das am 15. Mai 1941 offiziell begann, keinen Einfluss auf das bestehende Angestelltenverhältnis bei der Länderbank AG Wien hätte, sondern nur der „Ausführung eines Sonderauftrages des Gouverneurs des Distrikts Warschau dient, nämlich der Regelung der wirtschaftlichen Beziehungen des jüdischen Wohnbezirks in Warschau gemäß Verordnung vom 19.4.1941 (VO1GG., S.211) und der Umgestaltung der Transferstelle im Sinne der Sitzung vom 15.5.1941 (Amtsbl. d. Distr. W., S. 50)".

Weiters wird festgehalten, „dass jede Art einer laufenden Tätigkeit für die Länderbank AG Wien ruht, abgesehen von fallweisen Inanspruchnahmen in Einzelangelegenheiten seines früheren Wirkungskreises beim genannten Institut". Diese Klausel ist gleichlautend auch schon im Zusammenhang mit seiner Tätigkeit als Beauftragter der Bankenaufsicht zu finden. Die Funktion als „Beauftragter der Bankenaufsichtsstelle für die Aufsicht über die öffentlichen und privaten Banken im Generalgouvernement" behält er, wird aber von einem Stellvertreter unterstützt.

Der Vertrag wurde vorläufig bis zum 30. September 1942 abgeschlossen und sollte sich stillschweigend verlängern, sofern er nicht rechtzeitig, d. h. jeweils zum Monatsende mit einer Kündigungsfrist von 3 Monaten, gekündigt wird. Tatsächlich wurde Bischof niemals im Sinne des Vertrages gekündigt, er wird lediglich vom Ende der Transferstelle offiziell vom Generalgouverneur verständigt – obwohl er dies wohl als einer der Ersten selber erfahren hat. In diesem Brief wird er wegen seiner Erfolge hoch gelobt, es werden Details über die erreichten Ziele in Zahlen angeführt, offenbar wurden seine Tätigkeit sowie die Zielerreichung genau verfolgt. Nachdem er noch rund 1 ½ Jahre mit der Abwicklung der Liquidation, insbesondere aber mit dem finanziellen Abschluss beschäftigt war, konnte die angeführte Kündigung auch nicht ausgesprochen werden.

Interessant ist, dass der endgültige Vertrag wie auch die diversen Entwürfe keinerlei nähere Angaben über die zu erreichenden Ziele enthalten. Es gibt keinerlei Vorgaben über die Arbeitsweise, über die Kompetenzen und Verantwortlichkeiten. All dies kann – und zwar nur teilweise – lediglich aus verschiedenen Berichten entnommen werden.

Die finanziellen Ziele sind – wie aus dem oben angeführten Belobigungsbrief hervorgeht – im Bericht des Reichskuratoriums für Wirtschaftlichkeit, Dienststelle Generalgouvernement, festgehalten. Zum Zeitpunkt der Erstellung wurden 16 Millionen Zloty als das monatliche Einnahmeziel erwähnt, das genügen sollte, um das Ghetto völlig autark zu machen. Das ist also die Summe, die eine weitere Unterstützung durch die Landesregierung hinfällig machen sollte.

Eine vage Definition von Verantwortlichkeiten gibt es nur durch die Ernennung eines neuen „Kommissars für den jüdischen Wohnbezirk". Rechtsanwalt Heinz Auerswald, bisher Gruppenleiter für das Bevölkerungswesen und die Fürsorge in der Abteilung Innere Verwaltung des Distriktes Warschau.

Er löste den bisherigen kommissarischen Leiter der Abteilung Innere Verwaltung, SA-Standartenführer Schön, in dieser Funktion ab. Nachdem es keine Hinweise über die Kompetenzen seiner Funktion im Vertrag gibt, der Bericht des Reichskuratoriums nur allgemeingehaltene Empfehlungen enthält, ist man auf das Tagebuch Czerniakóws, des Leiters des Judenrates, angewiesen. Da zumeist Beschwerden, alltägliche Belange ohne strategische Bedeutung an Auerswald gerichtet werden, im Weiteren niemals über Problemlösungen berichtet wird, erscheint die Funktion des Kommissars für die Tätigkeit von Max Bischof weitgehend bedeutungslos gewesen zu sein.

Die Transferstelle

Zeitungen, wie die „Krakauer Zeitung", berichten aber ausführlich über die neuen Funktionen der Transferstelle und weisen auf die „Steuerung des gesamten wirtschaftlichen Lebens des jüdischen Wohnbezirkes" und die „übertragenen hoheitlichen Durchführungsaufgaben" hin. Daraus lässt sich schließen, dass Bischof die volle, alleinige Verantwortung und Kompetenz hatte. Eine in der deutschen Bürokratie des Generalgouvernements ungewöhnliche Vorgangsweise, die noch dazu konträr zu der bisherigen Kompetenzstruktur, oder besser gesagt zum Kompetenzchaos, liegt und somit auf großes Vertrauen von Frank und seinen Mitarbeitern zu Bischof schließen lässt.

Zwischenbilanz: Wandern zwischen den Welten

Seit wir begonnen haben, dieses Buch zu schreiben, ist fast jeder Samstag, also jeder Wandertag, ein Diskussionstag geworden. Diskutiert wird insbesondere über wichtige Fragen, die aus den Unterlagen, also aus dem Nachlass nicht vollständig oder nicht einwandfrei zu beantworten sind.

Die erste grundsätzliche Frage, die wir uns gegenseitig gestellt haben, war, ob wir überhaupt eine Meinung – vor allem über einen Menschen – vertreten sollen. Wäre es nicht besser – wie es Journalisten eigentlich tun sollten (aber selten tun) –, nur über Tatsachen zu berichten? Tatsachen, die sich anhand von Unterlagen belegen lassen. Das würde aber immer wieder große Lücken, mangelndes Verständnis, vor allem aber ein Brüskieren der Leser und Leserinnen bedeuten. Wir können aber aus vielen Andeutungen, Ergänzungen durch Zeitzeugen – wie seine Kinder – zusätzlichen Lesestoff, wie Bücher über *die Zeit, Zeitungen aus der Zeit, ein Bild rekonstruieren, wie es mit großer Wahrscheinlichkeit gewesen sein könnte.*

Schließlich kamen wir überein – die ganze übrige Gruppe mischte sich kräftig ein –, in allen Fällen, wo es um wichtige Verständnisfragen geht, sehr wohl unsere Meinung mit eingehen zu lassen. Natürlich mit den notwendigen Hinweisen, dass dies oder jenes konstruiert ist. So eine wesentliche Frage ist: Wie hat Max Bischof in Warschau gelebt?

Es gibt da Feste, Jubiläen zur Gründung des Generalgouvernements mit schriftlichen Einladungen an die verschiedenen Nazigrößen, auch Bischof steht auf der Liste. Hochoffiziell ist die Regierungssitzung vom 15. Oktober 1941 im Palais Brühl in Warschau anlässlich des Besuches des „Herrn Generalgouverneurs Reichsminister Dr. Frank" in Warschau. Als dritter Redner ist der „Leiter der Transferstelle Warschau und Beauftragte der Bankenaufsicht über die öffentlichen und privaten Banken, Bischof" genannt. Vor ihm sprechen der Gouverneur des Distriktes Warschau, SA-Gruppenführer Dr. Ludwig Fischer, und Rechtsanwalt Heinz Auerswald, Kommissar für den jüdischen Wohnbezirk, nach ihm Bürgermeister Dr. Fribolin. Anschließend ist er zur Festvorstellung im Theater der Stadt Warschau „Der Vogelhändler" geladen. Der Abend klingt mit einem „geselligen Beisammensein im Deutschen Haus" aus. Ähnliches wiederholt sich immer wieder.

Im Nachlass findet sich die Kopie einer Urkunde über die Verleihung des Kriegsdienstkreuzes 2. Klasse vom 1. Mai 1942, gezeichnet von Hitler persönlich. Er selber berichtet über Reiterfeste des Reitklubs, wo er Mitglied ist. Er war ein ausgesprochen gut aussehender Mann, ein hervorragender Tänzer – wie sein Sohn berichtete. Auch der Wiener Charme unter eher nüchternen Deutschen muss ihm eine Vorrangstellung in der Gesellschaft – vor allem bei den Damen – verschafft haben. Daneben pflegt er gerade mit Dr. Lambrecht – dem

Distriktarzt von Warschau – zu rudern. Lambrecht hatte den Bau des Ghettos veranlasst.

Finanziell muss es ihm sehr gut gegangen sein, neben der Erhaltung seiner Villa und seiner vierköpfigen Familie in Wien – es gibt minutiöse Abrechnungen der Haushaltsführung – führte er in Warschau einen eigenen Haushalt. Der Gehalt der Länderbank in Wien, möglicherweise noch Diäten in Warschau, die Mehrfachfunktionen im Spitzenbereich der Verwaltung des Generalgouvernements waren sicher gut dotiert.

Das ist die eine Seite, aber es gibt auch eine andere. Bischof der Außenseiter, der dem wüsten Treiben der SA und SS Leute ausgeliefert ist. In seiner Autobiographie schildert er wilde Feste, die sich in der Transferstelle abgespielt haben. Feste, die mit handfesten Raufereien zwischen den verfeindeten Gruppen der SS und SA endeten, ohne dass er das Geringste dagegen hätte unternehmen können. Zwei Kostproben aus seiner Autobiographie: „In der Transferstelle hatte ein Kameradschaftsabend stattgefunden, bei welchem auch der Aufsichtskommissar des Distriktamtes der Transferstelle, ein SS-Untersturmführer namens Dr. Auerswald (immerhin der offizielle Verwaltungschef der Transferstelle), eingeladen war, samt Gemahlin. Es war beschlossen worden, Dr. Auerswald zu ohrfeigen. Leider erwischte man dabei den falschen und Dr. Auerswald kam ungeschoren davon. Zum Ausgleich davon wurde seiner Frau Gemahlin in der Garderobe der Pelzmantel gestohlen." Oder: „... Reibereien zwischen den beiden Trägern des Goldenen Parteiabzeichens, einem gewissen Herrn Konrad und einem Herrn Vogel ..." Sie endeten so: „Die Frau des Kameraden Konrad lag bereits am Boden, als der Kamerad Vogel deren Kopf nahm und mehrmals heftig gegen den Boden stieß." Und so geht es weiter. Er beschreibt, dass der Bürodiener ein abgestrafter Mörder war, im Personal aber auch ein Blutordensträger, ein Herr Günther von Braunschweig.

Einerseits hatte er nicht die geringste Chance, sich ohne Unterstützung oder Initiative seiner Vorgesetzten des einen oder anderen zu entledigen, da er alles vermeiden musste, was ihm eine persönliche Feindschaft hätte eintragen können, andererseits gelang es ihm trotzdem, eine Riesenleistung im Ghetto hinzulegen. Jede persönliche Feindschaft hätte als unmittelbare Folge die Aufdeckung seiner labilen Lage und damit zu seiner Ablöse und – wie es damals üblich war – zumindest eine Strafversetzung an die Front zur Folge haben können. Dies hätte auch das Ende seiner Familie bedeutet.

Wie hat der Mann es geschafft, so zwischen den Welten zu leben und trotzdem erfolgreich zu sein? Da setzte unsere Diskussion ein. Schließlich einigten wir uns auf eine starke Persönlichkeit, die wie ein Chamäleon laufend die Farbe wechseln musste. Er war durch eine harte Schule gegangen, die er auf sich allein gestellt erfolgreich bewältigt hat, die k. und k. Armee hat ihm den nötigen Schliff und ein neues Ambiente gegeben. Die einen gehen unter, andere „hanteln" sich daran hinauf. Ähnliches dachten wir über seine Fähigkeit, Mitarbeiter zu führen, vor allem mit der jeweils angepassten Härte. Das bedeutet treten nach unten, um derart Maximalleistungen zu erzwingen, konziliant gegenüber den im Einfluss Ebenbürtigen, verbunden mit aller notwendigen Vorsicht, um die jeweilige Situation richtig abschätzen zu können. Und – klingt nicht gut, scheint jedoch nur zu wahrscheinlich – buckeln nach oben hin.

Irgendwie muss es Bischof auch gelungen sein, das Personal auf Vordermann zu bringen, Informationen darüber gibt es nicht. Seine Personalschilderung anlässlich des angeführten Festes, wo der Kommissar Auerswald geohrfeigt werden sollte, war ja nicht unbedingt vielversprechend. Eine Abschiedsschrift, vom Personal der Transferstelle nach der Übernahme des Ghettos durch die SS geschrieben, illustriert und gezeich-

net, die eine Charakterisierung jedes einzelnen Mitarbeiters der Transferstelle, einschließlich des Chefs, enthält, zeigt eine völlig veränderte Belegschaft. Doch davon später.

Das Reichskuratorium

Der Bericht des Reichskuratoriums für Wirtschaftlichkeit, Dienststelle Generalgouvernement, oder besser gesagt der beiden Verantwortlichen, Dr. Gater und Dipl.-Kfm. Meder, ist nicht nur detailreich und äußerst genau, er schildert für die Zeit unglaublich offen den Zustand der Bewohner des Ghettos, die unzureichende Funktionalität der Transferstelle und die mangelnde Organisation des Judentums.

Sie stellen fest, dass sämtliche Vorräte, Waren und Geld im j. W. (jüdischer Wohnbezirk, die offizielle Bezeichnung der deutschen Behörden für des Ghetto) bald aufgezehrt sein werden, sodann auch Mieten, Gebühren für Wasser, Gas, Elektrizität und Steuern ausfallen werden. Sie beziffern die Unterbilanz und damit die Mindestkosten für den Staat auf rund 100 Millionen Zloty pro Jahr bei einer angenommenen Bewohnerzahl von 450 000.

Zwei wesentliche Alternativen zur Reduktion oder Beseitigung dieses Missstandes werden aufgelistet. Die eine: „Man lässt eine Unterversorgung eintreten, ohne Rücksicht auf die sich ergebenden Folgen." Die andere: „Die Organisationen, die für die Ausnutzung der jüdischen Arbeitskraft im jüdischen Wohnbezirk – Amtskürzel j. W. – vorgesehen sind, werden in beschleunigten Tempo auf einen solchen Stand gebracht, dass die Einsetzung der Juden für diesen Zweck wirklich gelingt."

Klarer und ungeschminkter lässt es sich nicht sagen. Die Absperrung des Ghettos und das Verbot, dass sich Juden außerhalb des Ghettos aufhalten, die Unterbindung jedes freien Warenverkehrs mit einer ständigen Unterversorgung und die daraus resultierende Hungersnot mit einer stark ansteigenden Zahl von Toten waren sichtbar und bekannt. Trotzdem wurde dieser Zustand vom Reichskuratorium für die unmittelbare Zukunft vorausgesagt. Möglicherweise eine Vorsichtsmaßnahme, eine Rücksicht auf die deutschen Behörden, dennoch ohne Beschönigung dargelegt und für alle Beteiligten klar erkennbar.

Der Bericht wurde im März 1941, also nur einige Monate nach der Errichtung des Ghettos, oder wie es der deutsche Sprachgebrauch war: des jüdischen Wohnbezirks, erstellt. Die Autoren betonten mehrfach, dass ihre Feststellungen die „zukünftigen Entwicklungen in ihren Grundzügen" erkennen und die Folgen ermitteln, die die getroffenen Anordnungen auf wirtschaftlichem Gebiet haben werden. Da die ergriffenen Maßnahmen – Ghettoisierung und damit Bannung der Seuchengefahr und Ausschaltung der Juden aus dem Wirtschaftsleben – ausschließlich von der Politik getroffen wurden, sehen es die Autoren als ihre Aufgabe, „die wirtschaftlichen Dinge unbeeinflusst von politischen Erwägungen so aufzuzeigen, wie sie tatsächlich sind und ihre zukünftige Entwicklung so einzuschätzen, wie sie wahrscheinlich verlaufen wird".

Wie erwähnt wurden 138 000 Juden um- respektive angesiedelt und 113 000 Polen ausgesiedelt. Dies geschah innerhalb von anderthalb Monaten, vom 2. Oktober bis zum 15. November 1940. Dabei wurden 11 567 arische und 13 800 jüdische Wohnungen gewechselt. Verschwiegen wurde allerdings, dass die Juden nur das, was sie tragen konnten, mitnehmen durften, die Polen konnten ihren gesamten beweglichen Besitz mitnehmen. Das Machtwort eines Diktators, eine Ideologie reißt 250 000 Menschen in kürzester Zeit aus ihrem bisherigen Leben.

Ferner wurden 1512 arische Betriebe aus dem jüdischen Wohnbezirk „herausgezogen" und gleichzeitig 4342 jüdische Geschäfte außerhalb des Ghettos beschlagnahmt. Der Ausdruck „wurden" scheint aber nicht zu stimmen, da in einem späteren Kapitel berichtet wird, dass sich 33 arische Betriebe, die aber 55 % der Arbeiter beschäftigten, strikt weigerten, umzuziehen, da sie keine Möglichkeit sähen, geeignete Standplätze mit den entsprechenden Strukturen zu finden. Außerdem könnten die Kosten von den Unternehmen nicht getragen werden und seien somit zu 100 % zu ersetzen. Tausenden wurde so ihre Existenzgrundlage genommen und ein Teil zum allmählichen Verhungern verdammt.

Die Angaben über die Bevölkerungszahl im März 1941 schwanken, die Angaben des Judenrates mit 490 000 stimmen wahrscheinlich. Laufende Deportationen ins Ghetto deuten auf eine Erhöhung hin, das Sterben im Ghetto auf das Gegenteil. Der Bericht geht von einer Bevölkerungsdichte aus, die dreimal so hoch wie die in Warschau war. In der Realität war die Situation wesentlich dramatischer. Bei einer angenommenen Zahl von 70 000 Wohnräumen mussten 7 Personen in einem Raum leben. Die sanitären, die allgemeinen menschlichen Zustände sind nicht fassbar, nicht beschreibbar.

Im ersten Kapitel des Berichtes wird noch über die Errichtung und Funktion der Mauer berichtet, weiters über die Absperrungsmaßnahmen und Verbote, das Ghetto ohne Passagierschein zu verlassen oder zu betreten. Nur zwei Behörden sind für die Ausstellung von Passierscheinen zuständig. Die Polizei einerseits und der Beauftragte des Gouverneurs andererseits hatten bis zum Zeitpunkt der Berichterstellung 15 000 solcher Passierscheine an Deutsche und Polen sowie nur 400 an Juden ausgegeben. Diese offiziellen deutschen Darstellungen stimmen im Wesentlichen mit anderen Berichten überein.

Ausnutzung der Arbeits- und Wirtschaftskraft der Juden

Im Detail geht der Kommentar auf die Funktion der Transferstelle als Wirtschaftsleitstelle ein. Interessant ist, dass das Reichskuratorium immer wieder betont, dass über „die Notwendigkeit eines Wirtschaftsverkehrs zwischen den Ariern und Juden kein Zweifel besteht". Dies ist in Anbetracht der

Äußerungen und Vorschriften der herrschenden Nationalsozialisten – vom Generalgouverneur abwärts – absolut keine Selbstverständlichkeit. Es ist dies nur durch eine völlige Änderung ihrer Ansichten – geleitet durch die Zweckmäßigkeit – erklärlich. Im Speziellen wird der Vorgänger von Auerswald, Reichsamtsleiter Schön, zu diesem Zeitpunkt noch Kommissar des Distrikts Warschau für den jüdischen Wohnbezirk, zitiert: Sinn und Zweck des Wirtschaftsverkehrs sei:

„1. für das GG

a) eine wirksame und ständige Ausnützung der Arbeits- und Wirtschaftskraft der Juden bei Aufrechterhaltung des j. W. bis zur restlosen Liquidierung des jüdischen Vermögens im Zeitpunkt der Aussiedlung nach Madagaskar.

2. Für das Reich und die Führung des Krieges

a) die Gewinnung von Devisen

b) die Erfüllung von Aufträgen der Wehrmacht und der Wirtschaft. "

Außerdem wird klar definiert, dass die Transferstelle in den Rang einer Abteilung im Amt des Distriktchefs von Warschau erhoben werden soll, die mit besonderen Vollmachten ausgestattet ist, damit sie ohne bürokratische und behördliche Hemmungen die besonderen Maßnahmen für den j. W. treffen kann. Diese Kompetenzausweitung wurde auch verwirklicht und Max Bischof hat sie entsprechend genutzt.

Aus diesem Kommentar ist noch die Utopie des Transfers von Millionen von Menschen nach Madagaskar herauszulesen. Abgesehen von der riesigen Entfernung und der praktischen Unmöglichkeit, Schiffsraum für Millionen von Menschen aufzutreiben, hatte man noch immer nicht – zumindest offiziell – erkannt, dass die Meere schon längst von den zukünftigen Siegermächten beherrscht wurden. Auch die Niederlagen im Osten waren schon greifbar, Niederlagen, die auch die weitere Utopie, den Transport in den Osten Russlands, zunichtemachten.

Zusätzlich ist noch von einem sehr umfangreichen Beirat die Rede, der eine Synchronisierung der Tätigkeiten der Transferstelle erleichtern soll, tatsächlich wird diese Konstruktion aber danach nicht mehr erwähnt.

Das Ziel der angestrebten Organisation sollte sein:

„1. Erhaltung der Lebensfähigkeit des j. W. (Ernährung und Versorgung der jüdischen Bevölkerung)

2. Finanzierung des j. W.

3. Regelung und Lenkung des gesamten Personen-, Wirtschafts- und Warenverkehrs des j. W. und seiner Umwelt."

Die organisatorischen Vorschläge werden im Detail weitergeführt und, wie man im Weiteren sehen wird, teilweise umgesetzt, teilweise in der Praxis verändert. So soll zu Punkt 1 der Judenrat eine eigene Organisation erstellen, die den Bedarf ermittelt und an die Transferstelle weiterleitet. Diese und nur diese kauft, bezahlt und tritt als Vermittlerin auf. Das bedeutet, dass die eingekauften Waren vom Lieferanten an einen „neutralen" Umschlagplatz an der Grenze geliefert, dort von der Transferstelle abgenommen und den Juden übergeben werden, so dass ein direkter Kontakt mit der arischen Geschäftswelt unterbunden wird. All diese Anlieferungen können nur nach Vorausbezahlung in bar – in welcher Form auch immer – oder in Ware vorgenommen werden.

Diese Vorgangsweise sollte sich bald als undurchführbar herausstellen, da Rohstoffzulieferung, Warenfertigung und Warenauslieferung mit all den Details der Mengen, Qualitäten, Termine ohne direkten Kontakt unrealisierbar waren. Der dokumentierte enorme Anstieg der Produktion, sowohl in der Menge als auch in der Diversifikation, den auch das Reichskuratorium nicht voraussehen konnte, war nur durch forcierte Kontakte von und zu den Bedarfsträgern möglich.

In Anbetracht der hungernden Bevölkerung, des daraus resultierenden Schwarzmarktes und Schmuggels brachten die stark ansteigenden offiziellen Produktionen eine Parallelwelt mit sich. Wasser auf die Mühlen der fanatischen Judenhasser und Gegner dieser Maßnahmen.

Ein Irrglaube des Reichskuratoriums war auch, dass die unter Punkt 2 erwähnte Finanzierung allein durch die für die Arbeit eingehenden Beträge erfolgen könnte, die dem Ältestenrat gutzuschreiben wären und von diesem auch verwaltet werden sollten. Das lief völlig anders und schuf gerade deswegen enorme Kapazitäten. So entstand auch ein durchgehender Streitpunkt zwischen Bischof und dem Judenrat, da Bischof auf seiner Kompetenz über die volle Verfügbarkeit aller Ressourcen bestand. Diese Divergenzen sind immer wieder aus dem Tagebuch von Czerniaków, dem Judenratsältesten, herauszulesen. Bischof traute dem Judenrat nur wenige Fähigkeiten in der Durchführung und schon gar keine in der notwendigen Forcierung der Auftragseingänge zu. Czerniaków beklagte sich dauernd bei Auerswald, dem Kommissar für den jüdischen Wohnbezirk, über die Eigenmächtigkeiten von Bischof.

Natürlich gab es da erhebliche Diskrepanzen der Interessen und Tendenzen. Für Bischof stand wahrscheinlich die Produktion im Vordergrund, entsprechend floss das eingehende Geld mehrheitlich in neue Aufträge, während Czerniaków vor allem an die hungernde Bevölkerung dachte. Wäre allerdings die Produktion so weitergelaufen, hätte auch Bischof den Hunger besiegen können, zwar später, aber damit auch weitgehender.

Der Rettungsversuch

Tatsächlich schwebte dem Reichskuratorium die Schaffung des „größten Verarbeitungsunternehmens des GG und eines der größten Verarbeitungsunternehmen des Großdeutschen Reiches überhaupt" vor. Eine unglaubliche Vision, die al-

*lerdings unter der Leitung von Max Bischof Realität anzu-
nehmen begann.*

*Es ist daher nicht von ungefähr, dass das Kuratorium aus ei-
ner vollständigen Zentralisierung und unabhängigen Kompetenzen bestand. Bis zur Erstellung des Berichtes wurden alle
diesbezüglichen Bestrebungen des Judenrates und des damals
zuständigen Reichsamtsleiters Waldemar Schön einhellig von
den bisher zuständigen Behörden abgelehnt. Mit ein Grund,
dass bedingt durch die extreme Zersplitterung von Aktivitäten
und Kompetenzen jede Initiative im Treibsand der Bürokratie stecken blieb. Da gab es u. a. – völlig separiert – getrennte
Amtsstellen für das Pass- und Ausweiswesen, Polizei und Sicherheitsdienst, Treuhandstelle für Grundbesitz, Devisenstel-
le, Zahlungsverkehr, Warenumschlagplätze und Lagerverwal-
tungen, Bedarfsdeckung und Einkauf.*

*Aus diesem Grund war die Transferstelle vor der Übernah-
me durch Bischof kaum in der Lage, Aufträge abzuwickeln,
weder aus noch in das Ghetto. Das Ghetto war ja vermögens-
los, daher auch nicht kreditfähig und somit aktionsunfähig.
Die Bezahlung der Belegschaft der Transferstelle sollte aus den
Einnahmen des Judenrates finanziert werden. Da es letztere
kaum gab, musste sich die Transferstelle durch Kredite bei der
Emissionsbank im Vorgriff auf mögliche zukünftige Einnahmen über Wasser halten. Unabhängig von der Rassenideologie
lässt sich kaum eine andere Situation vorstellen, die derart
durch eine durchgängige, in sich ruhende Bürokratie jede
Lösungsmöglichkeit von Problemen verhindert und als Folge
tausende Menschen zum Hungertod verurteilt.*

*Gerade die Schlussworte dieses ersten Hauptkapitels des
Berichtes sind überdeutlich und zeigen eine – bezogen auf
die damalige Situation – noch vertretbare Rechtslagenein-
schätzung der Verfasser. Eindeutig wird festgehalten, dass
durch die Unterbindung des direkten Wirtschaftsverkehrs*

dem einzelnen Juden die Verantwortung für seinen Unterhalt und die Existenz seiner Familie weitgehend genommen wurde. Somit hatte die Regierung über die Transferstelle durch die „Errichtung des Außenhandelsmonopols die volle Verantwortung für die wirtschaftliche Existenz des gesamten j. W. übernommen".

Die ständig ansteigende passive Außenbilanz, die kurzfristig durch jüdische Hilfslieferungen gemildert wurde, zum überwiegenden Teil aber von der Regierung auszugleichen ist, wird in kürzester Zeit nicht mehr tragbar sein, zumal die zuständigen Abteilungen der Regierung (zu Beginn die Abteilung Umsiedlung, später die Abteilung Innere Verwaltung) keine Vorbereitungen für diesen zu erwartenden Zustand getroffen haben.

Die bestehende Organisation des Judenrates soll, im Gegensatz zu früher, wo sie als Kultusgemeinde agierte und derart nur religiöse, kulturelle und soziale Aufgaben hatte, nahezu alle staatlichen und kommunalen Aufgaben übernehmen. Dazu kommt als wesentliche neue Funktion die Unternehmerfunktion. Einschränkend ist der Verweis auf die Verordnungsgrundlagen, die eine andere Seite zeigen. Die Verordnung vom 28. 11. 1939, § 5 der Regierung des Generalgouvernements bestimmt:

„Der Judenrat ist verpflichtet, durch seinen Obmann oder durch seinen Stellvertreter die Befehle deutscher Dienststellen entgegenzunehmen. Er haftet für ihre gewissenhafte Durchführung in vollem Umfange. Den Weisungen, die er zum Vollzuge dieser deutschen Anordnungen erlässt, haben sämtliche Juden und Jüdinnen zu gehorchen."

Das ist die Kehrseite der Medaille. Es gab de facto keine Eigenkompetenz, jede Weisung kam entweder von einer deutschen Dienststelle oder aber es musste von einer oder mehreren Dienststellen die entsprechende Erlaubnis eingeholt werden. Wiederum ein Spießrutenlauf der Kompetenzen, der Büro-

kratie. Der Hinweis des Kuratoriums, der Judenrat hätte sich im j. W. „noch nicht durchgesetzt", hat seinen Grund also nicht nur in der Unerfahrenheit und Schwäche, sondern in einem viel größeren Ausmaß in der Verstrickung eines an sich rechtlosen Verwaltungskörpers im Bürokratiedschungel der deutschen Verwaltung.

In den weiteren Ausführungen über Organisation, Funktion und Effizienz des Judenrates schlägt voll und ganz die offizielle Schreibweise des Nationalsozialismus durch. Als ob die Schreiber plötzlich Angst vor der eigenen Courage bekommen hätten, folgen die üblichen Schlagworte des Nazi-Jargons. Schuld an der Problematik sei das jüdische Volk selber: „Erschwert wird die Aufgabe des Judenrates dadurch, dass er nicht über ein Volk regiert, das irgendwie zu einem kollektiven Verantwortungsbewusstsein erzogen wäre oder zu dessen rassenmäßigen Eigenschaften eine starke Verbundenheit zur Gesamtheit gehörte. Der uneingeschränkte und hemmungslose Individualismus und Einzelegoismus, die typischen Merkmale der jüdischen Rasse, kommen hier voll zur Auswirkung."

Judenrat, im Nazijargon

Aber es kommt noch ärger: „Der j. W. ist durchsetzt von asozialen Elementen. Es ist sicher das Gemeinwesen in Europa, das im Verhältnis zu seiner Bevölkerung die meisten Verbrecher aufzuweisen hat." Man kommt daher zu dem logischen Schluss, dass auf Grund der mangelnden Autorität des Judenrates und der Minderwertigkeit der jüdischen Volksmasse eine Überlassung der gesamten Organisation und Verantwortung an den Judenrat nicht die richtige Lösung darstellt. Rhetorisch wird diese vollkommen regimekonforme Formulierung allerdings intelligenterweise dazu benützt, um den deutschen Dienststellen die Verantwortung für den bisherigen Misserfolg und für den möglichen zukünftigen zu übertragen: Sicherzu-

stellen sei, dass eine deutsche Gruppe für die „Organisation, Überwachung und Sicherstellung der im j. W. zu errichtenden Produktionsbetriebe" geschaffen wird.

Bemerkenswert ist, dass das Reichskuratorium eine mehrseitige, minutiös detaillierte Darstellung aller deutschen Dienststellen, die auf Grund ihrer Aufgaben mit den jüdischen Organisationen in Verbindung standen oder Weisungen erteilten, dem Bericht beigelegt hat. Selbst die handelnden Personen, einschließlich ihrer Funktionen und Titel, sind dargestellt. Dieser Aufstellung sind die jüdischen Abteilungen oder Kommissionen gegenübergestellt, detailreich unterteilt, mit Zuordnung der einzelnen Aufgaben. Eine davon, die Abteilung Gesundheitswesen, ist wiederum unterteilt in alle damit befassten Einrichtungen, wie Krankenhäuser, Ambulatorien, Quarantänehäuser, aber auch Heime, Asyle, Fürsorgeeinrichtungen; eine seitenlange Darstellung, die jede Funktionsfähigkeit des Judenrates ad absurdum führt.

Ausgehend von etwa 500 000 Einwohnern sollte eine Struktur erstellt werden, die in erster Linie alle Arbeitsfähigen erfasst: vorerst spezifisch die männlichen darunter, erst später die weiblichen und all diese, wenn irgend möglich, nach Berufen und Eignungen aufgeteilt. Wohl hatte der Judenrat bisher nur 400 000 Personen erfasst, doch ließe sich problemlos eine Extrapolation daraus erstellen, die einen genügend genauen Überblick liefern könnte.

Das Kuratorium kommt auf mindestens 175 000 (mögliche) Berufstätige, davon 105 000 Männer. Eine für die damalige Zeit stattliche Produktionskapazität, die bei weitem alle europäischen Großindustrien übertraf.

Allerdings finden sich bei der genau erfassten männlichen Gruppe 31 000 Berufstätige aus dem Handels-, Verwaltungs- und Bürobereich, also ein relativ hoher Anteil von Personen, die nicht oder erst nach Umschulung für handwerkliche Arbeit oder Fabrikarbeit einzusetzen gewesen wären. Die übrigen 27 erfassten Berufsgruppen wurden mit (wahrscheinlich) genauen Zahlen versehen, von „3 Bergleuten oder verwandten Berufen" bis zu „16 453 Bekleidungswerkern".

Vieles andere ist eine vage Schätzung. Die Schätzungen über den Eigenbedarf des Ghettos an Berufstätigen, die wie die obige Liste vom Judenrat erstellt wurden, sind extrem hoch, können so nicht nachvollzogen werden. Wahrscheinlich ist, dass die schon mehrfach erwähnte Schwarzarbeit – auch für die Zukunft – verschleiert werden soll, ebenso spielt die Rohstoffknappheit, die teilweise durch Altwarensammlungen ausgeglichen wurde und wiederum auf die unkontrollierbare Schwarzarbeit zielt, hier mit.

Nur so ist es erklärlich, dass der Judenrat im Männerbereich nur von 65 000 Berufstätigen für die „Außenbilanz" ausgeht. Der Rest, 40 000 Personen, sollte einerseits für den Bedarf im j. W. zur Verfügung stehen oder setzt sich aus Personen zusammen, die sich für „mittlere und schwere Arbeit äußerst schlecht eignen". Jedenfalls wird Bischof bald zeigen, dass es tatsächlich möglich ist, an eine viel höhere Zahl von Berufstätigen für die „Außenbilanz" heranzukommen und dass es derart möglich gewesen wäre, ein gigantisches Produktionszentrum zu errichten.

Das Kuratorium kritisiert die Angaben des Judenrates, veranschlagt lediglich 5 000 Berufstätige für Administrationsarbeit innerhalb des j. W., findet den Bedarf von 40 000 Berufstätigen für den handwerklichen Bedarf innerhalb des Ghettos als überhöht und kann sich mit der hohen Zahl der nicht einsetzbaren Personen auch nicht abfinden.

Einsichtig ist, dass die Hungerproblematik, die Gesundheitsprobleme vom Judenrat unmittelbarer wahrgenommen wurden als vom Reichskuratorium. Sicher sollte oder wollte der Judenrat den Schwarzmarktbereich schützen oder verschleiern, da das Überleben vieler Menschen davon abhing. Das Kuratorium wollte wiederum die deutschen Behörden nicht *nochmal direkt angreifen, da die Aussagen im ersten Kapitel klar auf die zukünftige Verantwortung der Behörden hingewiesen haben.*

Aber Bischof gelang es, auch durch Zusatzrationen, eine langsame, aber kontinuierlich ansteigende Verbesserung der Versorgung – zumindest der arbeitenden Menschen – zu erreichen. So ließ sich in etwa voraussehen, wann ein akzeptables Ernährungsniveau erreicht worden wäre. Das wurde allerdings immer mehr durch die Kriegsereignisse eingeschränkt, die allgemeine Lebensmittelengpässe und Preisexplosionen mit sich brachten.

„It's the Economy, stupid"

Wer die Verstrickungen und den kleinkarierten Machtapparat Hitlers heute einzuordnen trachtet, wird an den klassisch gewordenen Ausspruch des früheren amerikanischen Präsidenten Bill Clinton erinnert: „It's the Economy, stupid." Wie ist seriöserweise zu erklären, dass ein Konglomerat wie das Dritte Reich samt Anhang trotz oder wegen seiner Schwäche bei Ressourcen Amerika den Krieg erklärt? Hatte doch das Regime bei allen militärischen Erfolgen und auch Scheinerfolgen die Auseinandersetzung wirtschaftlich und technisch bereits 1941/42 im Kern verloren: Im Größenwahn und in der Realitätsverweigerung des „Führers" hatte die Ressourcenschwäche wahrlich keinen Platz. Und seine Umgebung schwieg zu den Versorgungsproblemen, bis es für ihr Reich zu spät war.

Die deutsche Wirklichkeit: Aus allgemeinem Mangel und wegen bürokratischer Eifersüchteleien setzten Rationierungsmaßnahmen schon Mitte der 30er Jahre ein. Butter wurde über Händlerlisten zugeteilt, Devisen mit Hilfe der sogenannten Gummi-Mark manipuliert, der Wirtschaft wurden Vorschriften bei der Verwendung von Energie und

Rohstoffen auferlegt und der Reichsnährstand regulierte über Zwangsmitgliedschaft Preise, Mengen, Ausrüstungen, Investitionen und Verkaufsstrategien. Was die zerstrittenen Bürokratien nicht oder nur unvollständig zuwege brachten, besorgte die Partei. Keine Rede von freier Wirtschaft, umso mehr von „Wirtschaftsparasiten", die die Notlagen als „Volksfeinde" schmählich ausnützten, um sich an „Mangelware zu bereichern".

Ein Übriges beengter Versorgungsprobleme geht auf das Konto interner Kompetenzrangeleien und Machtspiele zwischen dem Reichswirtschaftsministerium, der Vierjahresplanbehörde unter Herrmann Göring und dem Oberkommando der Wehrmacht. Machtgelüste oder Absicht von oben, die braune Herrschaft verzichtete bis 1944 auf eine durchgestylte Versorgungsstrategie. Albert Speer verstand es reichlich spät, enorme Leistungssteigerungen, zum Beispiel, trotz Bombenangriffen und Zerstörung eines Viertels der Kapazitäten, wie die höchste Stahlerzeugung überhaupt, in der Zeit von 1944/45 durchzusetzen.

Bei Zwangsvereinigungen und Zwangskartellen, etwa bei Stahl, wurde nicht gespart. Stillschweigend wurde Klein- und Mittelbetrieben der Hahn abgedreht. Bis gegen Schluss des Dritten Reiches sollte die „Volksgemeinschaft" als höchster Naziwert schlechthin von Krieg, von Mangel möglichst wenig verspüren und noch weniger sollte darüber gesprochen werden. Rationierung als großflächige Gleichmacherei oder mühsam verbrämte Mangelerscheinung. Immerhin durfte die Konsumgüterwirtschaft zunächst weitermachen. Gleichzeitig verbreitete sich jedoch die Knappheit, zum Beispiel bei Rohstoffen. So ist die Eroberung von Norwegen nicht zuletzt darauf zurückzuführen, dass sich Berlin die Versorgung aus schwedischen Erzvorkommen sichern wollte. Direkter zugegriffen wurde in eroberten Staaten und Gebieten bei allem, was nicht niet- und nagelfest war. Von Gold und Devisen über seltene Metalle bis zu Maschinen, Forschungseinrichtungen und Agrarerzeugnissen. Besetzte Länder wurden monetär in einer Art Finanzausgleich mit deren Steuereinnahmen reichlich zur Kasse gebeten, eigentlich gezwungen. Am direktesten ging es freilich bei Arbeitskräften zu. Ihr unübersehbarer Mangel im Reich bewirkte, dass gegen Kriegsende über 9 Millionen Fremdarbeiter und Kriegsgefangene in reichsdeutschen Betrieben und in der Landwirtschaft bis zu 70 Wochenstunden zu arbeiten hatten.

Der Mangel an Rohstoffen und Energie, vor allem an Öl, sollte sich bald nach Kriegsbeginn schon als eigentliche Achillesferse der hitlerschen Ambitionen erweisen. So war Berlin auf einen Abnützungskrieg weder gefasst noch vorbereitet. Von der Natur, außer Kohle, nicht gerade mit Grundstoffen gesegnet, blieb dem imperialen Ausdehnungsbedürfnis gar nichts anderes übrig, als der Floskel vom Lebensraum durch Zugriffe bei Mensch und Material Taten folgen zu lassen, mit militärischem Blitzkrieg gleichsam versorgungstechnisch vorzugehen. Zumindest propagandistisch sollte es nicht so weit kommen, dass in reichsdeutschen Landen Schmalhans Küchenmeister wird.

Also bedurfte es einiger volksaufklärerischer Verrenkungen, um Knappheit zwar nicht ins allgemeine Bewusstsein dringen zu lassen, aber zugleich bei knappen Gütern nachhaltig zu sparen. Bezeichnend für die Belastbarkeit der deutschen Bevölkerung ist, dass seinerzeit hingenommen wurde, wie etwa Küchenabfälle in Kübeln vor Wohnhäusern regelmäßig gesammelt und Altmaterial aller Art stramm organisiert zusammengetragen wurde. Wie die Knappheit zur Geisel wurde, verraten geheimgehaltene Statistiken. Die chemischen Werke vermochten ihre Lieferverpflichtungen wegen Öl- und Energiemangel nur noch zu 70 % und bald nur noch zu 50 % zu erfüllen. Nachfolgende Branchen und die Landwirtschaft kamen ins Schleudern. Die Getreideernte ging um fast ein

Drittel zurück, die Kartoffelernte um fast die Hälfte, ebenso die Lieferungen von Landmaschinen.

Die USA versorgen die ganze Welt

Die Wirklichkeit auf Amerikanisch: Wir versorgen die ganze Welt. Im Corn Belt und im Dairy Belt kommt ausgeprägtes Selbstbewusstsein nicht von ungefähr. Die amerikanische Landwirtschaft, seit Generationen Hauptträger des Leistungsstands in der neuen Welt, ist auf Überfluss getrimmt. Von Natur und Klima begünstigt und auf Freiheit auch wirtschaftlich und gesellschaftspolitisch eingestellt, ist für sie Knappheit keine Dimension. Ihre Möglichkeiten werden unbefangen genützt (beim Wasser bis zur Neige), verweigert der Boden, was der Markt im Wettbewerb begehrt, wird mit dem ganzen vollautomatischen Betrieb einfach weitergezogen. Das eigene Land jederzeit voll und in angepasster Produktkette zu versorgen, ist in Amerika seit jeher kein Problem, höchstens ein ungezügelter Überfluss mit schwankenden Preisen und Erträgen. Vom Staat lässt sich ein amerikanischer Farmer nichts anschaffen, auch nicht im Export. Freihandel ist die Devise, auch wenn der eigene Betrieb unter Druck gerät – wie Mitte und Ende der 30er Jahre.

Was geschieht, wenn zwei derart unterschiedliche Systeme aufeinanderprallen, liegt nahe, ist evident. Überfluss und Mangel treten nicht nur in einem Weltkrieg als ungleiches Paar auf. Gegensätze in Reinkultur. Sie beginnen bei den Ressourcen. Als sie in den Zweiten Weltkrieg eintraten, bestritten die USA mehr als die Hälfte der Weltstahlproduktion, auf sie entfiel mehr als ein Drittel der Weltraffineriekapazitäten, fast die Hälfte der Weltaluminiumproduktion und zwei Drittel der Anlagen für Datenverarbeitung. Entsprechend sind die Umsatzzahlen, die Marktanteile und die Kapitalverflechtungen. Dazu kommt ein Forschungspotential der Sonderklasse. Bis zur Atombombe oder zum World Wide Web, zum WWW, war es organisatorisch nur ein relativ kleiner, freilich schicksalsträchtiger Schritt.

Ein gigantisches Schiffsbauprogramm über mehr als zwei Milliarden Dollar sollte nicht nur die Verluste im atlantischen U-Bootkrieg kompensieren. Washington ging es nicht zuletzt um ein Beweisstück in der Weltgeltung und um einen Leistungsbeweis im Einsatz von Ressourcen. Um schnell Transportkapazitäten verfügbar zu haben, wurden Frachtschiffe mit 10 400 Bruttoregistertonnen, der Klasse „Liberty Ship", bewusst simpel geplant und preisgünstig sowie technisch unkompliziert gebaut. Die Bauzeit von ursprünglich sechs Monaten wurde durch Rationalisierung auf ganze vier Tage und 15 Stunden verkürzt.

Im Vergleich zum wachstumsfreudigen Land der schier unbegrenzten Möglichkeiten musste Hitlers Reich wahrlich wie ein Zwerg wirken, stehen doch solch imponierende Rationalisierungserfolge im krassen Gegensatz zum organisatorischen Chaos und zur undurchdringlichen und uneinsichtigen Macht des NS-Regimes.

Marian Rejewski, der Geheimdienstler

Marian Rejewski gibt sich erleichtert. Von seiner Frau und seinen beiden Kindern hatte er erstmals eine Nachricht. Keine gute. Monate nach seiner Flucht über Südfrankreich und Algerien in England gelandet, wird ihm, dem polnischen Geheimdienstoffizier, klar und immer klarer, wie unbarmherzig dieser Krieg sein kann. Die Seinen litten daheim in Warschau Not. Sie hatten kaum regelmäßig zu essen, waren auf den Schwarzmarkt angewiesen. Sie wurden von der deutschen Besatzung ständig eingeschüchtert und brutal bedroht, Verwandte und Freunde verschwanden auf rätselhafte Weise oder wurden in aller Form verschleppt. Man traute sich kaum auf die Straße. Angst herrschte landauf, landab.

Anders Marian Rejewski. Als prominentes Mitglied des Biuro Szyfrow B24 (Chiffrierbüro) im polnischen Geheimdienst war er, hochgelobter Experte der Ver- und Entschlüsselung, einer Art Kunst, auch in England von vornherein privilegiert. Gutes Quartier im romantischen Boxmoot nahe London, Lebensmittelkarten, englische Kleidung, reichlich Taschengeld und die direkte, die begehrte Verbindung nach Bletchley Park. Dorthin, wo nicht weniger als 14 000 Experten in einem englischen Schloss unter strengster Geheimhaltung darauf angesetzt waren, den Kode der deutschen Wehrmacht, vor allem der Marine Hitlers, im atlantischen Versorgungskrieg zu knacken. Rejewski, dem hochbegabten, deutschsprachigen Mathematiker aus dem einst westpreußischen Bromberg, heute polnisch Bydgoszcz, eilte ein exzellenter Ruf voraus. Als Erster überhaupt erdachte und entwickelte er die methodischen Grundlagen, um dem Geheimnis der deutschen Verschlüsselungsmaschine ENIGMA beizukommen. Jenem Paradestück der Wehrmacht des Reiches, mit dem es kommunikativ möglich wurde, Blitzkriege zu führen und den fulminanten Auftakt des U-Bootkrieges im Nordatlantik zunächst bravourös zu bestreiten.

Schiffe der Alliierten mit mehr als 3 Millionen Bruttoregistertonnen (BRT) wurden 1940/41 von deutschen U-Booten versenkt. „Wir werden den Krieg verlieren", vermeldet die britische Marineführung intern, „wenn es so weitergeht". In wahrer Existenzangst ihres unterversorgten Landes standen die zunächst wenig erfolgreichen Knacker von Bletchley Park unter enormem Erfolgsdruck. Bis der polnische Kryptoanalytiker den Briten zeigte, wo es langgeht und ENIGMA vollständig entzaubert werden konnte.

Am Ende konnten die Westalliierten der Wehrmacht wirklich in die Karten schauen, nahezu alle Operationen durch Entschlüsselung im Voraus erkennen, der deutschen Strategie auf die Schliche kommen und sogar die Einsatzmoral des Gegners analysieren. Dank dem Wissen und der Kombinationsgabe Rejewskis, der an der Universität Göttingen seinen theoretischen Feinschliff erhalten hatte. Er ist 1980 in Warschau verstorben und erhielt posthum das Großkreuz des Ordens Polonia Restituta.

Mit 210 U-Booten versenkte die deutsche Marine im Atlantik bis 1943, dem Jahr der großen Wende, über 8 Millionen BRT. Schließlich im U-Bootkrieg gewonnen haben die Alliierten durch die Kombination von ENIGMA und ihrer jungen elektronischen Überlegenheit. Während des Zweiten Weltkriegs gingen 287 deutsche U-Boote, zwei Drittel dieser Flotte, verloren. 4 700 Mann starben.

Ein Kriegstagebuch für 1942/43 zeigt auf dramatische Weise: Das Dritte Reich hatte zum Zeitpunkt seiner größten Machtentfaltung vom Nordkap bis zum Kaukasus, von Spanien bis Ägypten gleichzeitig an allen Fronten unaufhaltsam zurückzustecken. Politisch wie militärisch. Nicht nur Stalingrad, dieser grauenerregende Symbolwert, belegte einen tiefgehenden Stimmungswandel. Es lässt sich auflisten, wie dem Regime die Handlungsfähigkeit sukzessive abhandengekommen ist. Es versiegten Hitlers Offensiven und versandeten militärisch wie politisch.

Anfang vom Ende des Hitler-Reiches

Stalin stieß mit seinem ungeduldigen Begehren nach einer zweiten Front im Westen bei Roosevelt und vor allem bei Churchill nicht mehr auf taube Ohren. In Teheran wird aller Welt vorgeführt, dass aus dem atlantischen Duo, aus dem US-Präsidenten und dem britischen Premier, mit dem Moskauer Generalissimus ein Trio werden konnte. Bis zur Vernichtung des Hitler-Reiches spielten sie gemeinsam. Nicht länger. Das gezielte Bombardement der Briten und noch mehr der Amerikaner zeigte an der deutschen Heimatfront Wirkung. Weniger bei der Moral der deutschen Bevölkerung, als vielmehr bei der militärischen und der zivilen Versorgung. Allein im Jahr 1942 platzierten alliierte Bomber über dem Reichsgebiet Bomben von mehr als 50 000 Tonnen (bei der vorangegangenen deutschen Luftoffensive gegen England waren es 3 200 Tonnen).

Die antizyklische Hurra-Propaganda à la Goebbels („Wollt ihr den totalen Krieg?") büßte zusehends an Glaubwürdigkeit und Wirkung ein. Daher sollte der letzte Formalbeschluss des Reichstages vom 26. April 1943, nach dem Brand in der Berliner Krolloper abgehalten, systemerhaltend wirken: „Alle Macht dem Führer als oberstem Gerichtsherr", hieß es. Demontage der Reste eines Rechtsstaates. Geholfen hat diese totale Diktatur der herrschenden Parteikaste auch nicht mehr, drehte doch international der Wind immer stärker.

Benito Mussolini stolperte und Hitler macht aus ihm endgültig einen Satrapen. Weltweit wurde es Mode, dem Dritten Reich früher oder später den Krieg zu erklären. Oft eine unverbindliche, freilich eigentumsrelevante Pflichtübung unter amerikanischem Druck, zwecks Isolierung der Achse.

Im Pazifik – und nicht nur dort – erregte internationales Aufsehen, dass und wie die USA die Eroberung der Midway-Inseln durch Japan mit massivem Einsatz von Flugzeugträgerverbänden abzuwehren verstanden. Kriegsentscheidend in Asien.

Weltweit indessen zählt, was am 2. Dezember 1942 im amerikanischen Versuchslabor für Kernphysik im ersten Reaktor Pile 1 gelang: erstmals die kontrollierte Erzeugung von Energie auf Atombasis. Ein Jahrhundertereignis. In normalen Zeiten wäre es ein Grund gewesen, um zu triumphieren, was menschliches Streben Revolutionäres vermag. Die Zeiten waren jedoch alles andere als normal. Unter strengster Geheimhaltung hatte ein Projekt des Manhattan Engineer District, später der Einfachheit halber Manhattan-Projekt genannt, angesetzt, um dem Hitler-Regime das unbeackerte Feld bis zum Bau einer Bombe nicht zu überlassen.

Die Crème de la Crème der Physiker, Mathematiker und Techniker arbeitete daran, die Kernspaltung zu entdecken und zu kontrollieren. Albert Einstein sorgte für ein Großprojekt unvorstellbaren Ausmaßes. In jenem legendären Brief an Präsident Roosevelt hatte der geflohene Jude davor gewarnt, dass sein Peiniger Hitler demnächst über eine Atombombe verfügen könnte. Nach rein wissenschaftlichen Vorarbeiten an einem Uranprojekt setzte Amerika zum großen militärtechnischen Sprung nach vorn an: Uran 235 und Uran 238 zu spalten, um Energien zu gewinnen und freizusetzen. Den Deutschen sollte es nicht überlassen werden, aus der Kernspaltung eine Waffe zu machen. General Leslie R. Groves und der Atomphysiker Robert Oppenheimer mobilisierten Kenner und Könner um sich, um die kritische Masse für eine Bombe zu entwickeln: Hans Bethe, Edward Teller, Felix Bloch, Richard C. Tolmann, Emil Konopinski, viele davon 1935 in die USA geflüchtet. Später folgten nach Los Alamos Spitzenkräfte.

In weniger als zwei Jahren arbeiteten bis zu 100 000 Experten an dem größten Vorhaben moderner Waffentechnik. Gesamtaufwand über 2 Milliarden Dollar, bevor am 6. August 1945 die erste Atombombe mit dem verniedlichenden Namen „Little Boy" über der japanischen Stadt Hiroshima eingesetzt werden konnte. Für Nagasaki hieß die Bombe ebenso unpassend „Fat Man". 350 000 Menschen starben.

Von diesem gewaltigen Vernichtungspotential, seiner Vorgeschichte, seiner Motivation und seiner Herstellung hatte das Hitler-Regime so gut wie keine Ahnung. Umso größer war der Respekt, der den Amerikanern nachträglich und zukünftig weltweit gezollt wurde. Eine Supermacht war geboren. Ihr

Widersacher, das Dritte Reich, verlor sich mehr und mehr in größenwahnsinnigen Illusionen des Machterhalts, in Realitätsverweigerung in einem bald verlorenen Krieg und in tumbem Vollzug einer unmenschlichen Rassenideologie.

Die „Endlösung" nach dem Wannsee-Protokoll geriet also in eine veränderte Weltlage. Je düsterer sie für das Hitler-Regime geriet, desto brutaler ging es auch gegen die jüdische Bevölkerung vor. Innerlich und äußerlich auf dem Rückzug, reichte die schwindende Macht allemal, um in Treblinka, in Sobibor und in den anderen Stätten des Holocaust die Unmenschlichkeit wüten zu lassen. Von aller Welt zusehends zivilisatorisch isoliert, wurde Deutschland von einer untergehenden Partei gleichsam als Geisel genommen.

Dass nicht nur gekämpft und vernichtet, sondern die Weichen auch gesellschaftspolitisch gestellt wurden, zeigt ein weiteres Mal Großbritannien, bedrängter Vorreiter der alten Welt. William H. Beveridge legte einen Plan für eine umfassende Sozialpolitik vor. Lückenloserer gesetzlicher Schutz für Kranke und Alte. Als Beveridge-Plan zwar gut gemeint, jedoch nicht einfach so zu finanzieren, eröffnete er, noch bevor die Waffen schwiegen, einen jahrzehntelangen Diskurs über die künftige Sozialpolitik.

Bezeichnend für den heraufziehenden Wandel mag gelten, was die Kunst beizutragen verstand. Thornton Wilder brachte das symbolträchtige Drama „Wir sind noch einmal davongekommen" in New Haven auf die Bühne und Ernst Lubitsch präsentierte den Film „Sein oder nicht sein". Hollywood machte aus der Shakespeare-Vorlage eine beziehungsreiche Komödie mit ernstem Hintergrund. Und im besetzten Warschau führt eine polnische Schauspielertruppe Gestapo und Wehrmacht an der Nase herum. Die Wirklichkeit war freilich anders.

Juden als Handwerker – ein Vorurteil

Die bewusste oder unbewusste Forcierung der allgemeinen Meinung, Juden wären hauptsächlich mit dem Handel und mit Geldgeschäften beschäftigt, wird – zumindest, was Polen betrifft – weitgehend widerlegt. Die Ghettobevölkerung – mit rund 500 000 ein Drittel der Einwohner Warschaus und zusätzlich ein sehr hoher Anteil der jüdischen Bevölkerung des Generalgouvernements – bieten eine breite Basis für statistische Ermittlungen. So wird berichtet, dass es eine Reihe von Handwerksberufen gab, die ausschließlich von Juden ausgeübt wurden. Das sind u. a. Dachdecker und Spengler, verschiedene Textilbereiche, wie Hüte- und Mützenmacher, holzverarbeitende Berufe und Lederarbeiter, dazu kam die Sammlung und Verwertung von Altstoffen. Gerade Letzteres war in Not- und Kriegszeiten ein lebenswichtiger Bestandteil der Wirtschaft. Die Bedeutung des Handwerks im jüdischen Wirtschaftsleben zeigt sich in der relativ hohen Zahl der diesbezüglich ermittelten Berufszugehörigkeiten im Ghetto. So gab es an die 36 000 Textilfachleute, also einschließlich der in der Textilgrundstoffherstellung Beschäftigen, 15 000 Schuhmacher und Lederfachleute, 8 000 Schlosser und Metallhandwerker sowie 6 000 Holzarbeiter.

Der Bericht des Rationalisierungskuratoriums hält ausdrücklich fest, dass es zum Zeitpunkt der Ghettoabschließung absolut keinen Ersatz für die angeführten Leistungen im „arischen Bereich" gab. So wird als Beispiel auf die Klage des Oberbürgermeisters von Warschau hingewiesen, dass es seit der Abriegelung des Ghettos kaum mehr Möglichkeiten gibt, Dächer decken oder Spenglerarbeiten an Dachrinnen, Fenstern und Türen durchführen zu lassen.

Es ist eine ähnliche Situation wie zur Zeit der Ghettoauflösung, der Ermordung von rund 400 000 Ghettobewohnern. Völlig unabhängig von der unvorstellbaren moralisch-menschlichen Situation hat man aus ideologischen Gründen alle wirtschaftlichen und später kriegswirtschaftlichen Notwendigkeiten negiert.

Das Reichskuratorium hatte die Aufgabe, einen Fünfjahresplan zu erstellen: „Nach siegreicher Beendigung des Krieges wird der vorhandene Schiffsraum zunächst für die Heranführung der Rohstoffe und die Wiederaufnahme des überseeischen Exports eingesetzt werden müssen, bevor an den Abtransport der Juden gedacht werden kann." Also auch hier wieder die Madagaskarphantasie.

Ausgehend von theoretischen Überlegungen über die übliche Erstellung eines „Zahlungsbilanzschemas, wie es bei zwischenstaatlichem Verkehr üblich ist, wie Handelsbilanz, Leistungsbilanz und Kapitalbilanz als Hauptpositionen", wurde man bald von der praktischen Unmöglichkeit solcher Berechnungen auf Grund der völlig anormalen Situation eingeholt und musste sich mit der bestehenden und möglichen „Außenbilanz" begnügen. Also Einnahmen durch Lohnarbeit und Wertschöpfung bei Auftragsarbeiten, gegenübergestellt dem Eigenbedarf. All dies unter der Berücksichtigung allfälliger Steuern. Auch hier ist die Wortwahl, bezogen auf den Eigenbedarf, sehr offen: „… ergab sich als Hauptaufgabe des Berichtes die Errechnung des Mindestbedarfs, den der j. W. erfordert, um unter den verschiedenen Arbeitsbedingungen überhaupt ein Leben zu fristen." Dieses stete Schwanken zwischen der offiziellen Lesart und der bitteren Realität zieht sich durch den ganzen Bericht. Erstaunlich und rätselhaft zugleich, wie sich „ganz normale Deutsche" in diesem Umfeld fühlten, wie sie agierten.

Weiters werden die staatlichen oder städtischen Steuereinnahmen 1940 – bezogen auf die rein jüdische Kapazität – angesprochen, sie sollten zwischen 14 und 18 Millionen Zloty liegen. Nach Ablauf eines Jahres würden sie auf nicht „nennenswerte" Steuereingänge zurückgehen, falls keine wirtschaftlichen Maßnahmen gesetzt würden. Ein teilweiser Ausgleich der Einnahmeverluste durch den Transfer von Produktionen zu arischen Betrieben sei zu erwarten, allerdings mit einer Verzögerung von ein bis zwei Jahren und mit nicht voraussehbaren Verlusten von Produktivität, bedingt durch den Ausfall von Fachkräften und Bedarf.

Ausbeutung in einer belagerten Festung

Die Beschäftigungsmöglichkeiten unterteilt das Kuratorium in drei Bereiche. Wiederum nimmt das Verfasserduo kein Blatt vor den Mund. Der ursprünglich angestrebte Hauptbereich, nämlich der Einsatz von Juden für öffentliche Aufgaben außerhalb des j. W., wird – zwar mit dürren Worten, aber doch in seiner unmenschlichen Realität – geschildert und damit als sinnlos abgeschrieben. Die Darstellung behandelt vorerst triviale Dinge wie das Fehlen von Transportmöglichkeiten und Bewachungspersonal, Arbeitsunterbrechungen im Winter sowie alle Arten von logistischen Problemen. Dann allerdings kommt man zum Hauptproblem: „In sehr vielen Lagern waren die Bezahlung und Versorgung so schlecht, dass die Insassen keine Mittel an ihre Angehörigen schicken konnten. Es mussten vielmehr für zusätzliche Verpflegung, Kleidung und für den Transport erhebliche Mittel von den einzelnen Judenräten aufgebracht werden." Die Zustände werden also von offiziellen deutschen Stellen genauso real erkannt und in diesem Fall dargestellt, wie es Überlebende nachher taten oder wie es in Tagebüchern oder Notizen aus der Zeit nachzulesen ist. Der Unterschied liegt bei den Betroffenen.

Ähnliche Kritik wird an den Plänen, Juden für Abrissarbeiten außerhalb des j. W. einzusetzen, geübt. Lediglich innerhalb des Ghettos ist es sinnvoll, zumal dadurch Möglichkeiten für Produktionsplätze geschaffen werden könnten. Interessant in mehrfacher Hinsicht ist die viele Seiten lange Abhandlung über die dritte Version mit dem Titel „Einsatz für öffentliche Aufgaben innerhalb des j. W. und für gewerbliche Aufträge". Das Kuratorium setzt sich voll für diese Version ein, die Wortwahl ist provokant, hart und brutal: „Der j. W. gleicht in seiner heutigen Konstruktion einer belagerten Festung. Die Belagerung hat gegenwärtig den Zweck, die Juden zur Herausgabe ihrer Waren-, Gold- und Devisenvorräte zu zwingen. Ist dies erfolgt, so tritt als wirtschaftliche Aufgabe die Ausnutzung der im j. W. vorhandenen Arbeitskraft in den Vordergrund."

Im Gegensatz zu den Jahren ab 1941 gab es 1940 noch keinen Facharbeitermangel im Generalgouvernement, eher einen Mangel an Arbeit und Einkommen. Entsprechend betont das Kuratorium, dass es einer Organisation bedarf, die Aufträge auswärts zu akquirieren, und zwar in solcher Art und Menge, dass das Wirtschaftsleben im Generalgouvernement nicht darunter leidet, sondern einen Zusatznutzen daraus ziehen kann. Dieser Zustand sollte sich bald ändern. Da waren einerseits die riesigen Soldatenheere, die vor allem im Osten, aber auch im Westen eingesetzt wurden. Dies reduzierte die männliche arbeitsfähige Bevölkerung primär im Reich, aber auch in den Satellitenstaaten auf ein Minimum. Andererseits schnellte der Bedarf an Rüstungsgütern enorm in die Höhe.

Zum Zeitpunkt des Berichtes, im März 1941, hatte die beim Judenrat bestehende Kommission für Arbeit und Herstellung ganze 1600 Arbeiter mit einer Arbeitslizenz versehen: fünf Schneidergruppen, zwei Schustergruppen und eine Strumpfanfertigungsgruppe. Doch nicht einmal diese geringe Zahl von Arbeitern konnte in entsprechenden Werkstatträumlichkeiten untergebracht werden. Es blieb offen, ob und wie viele der erwähnten Gruppen überhaupt arbeiten konnten. Das Kuratorium stellte nur lapidar fest, dass die Bildung von Produktionsgenossenschaften, selbst bezogen auf eine so geringe Zahl von 60 000 für die Außenbilanz Arbeitsfähigen – wie vom Judenrat genannt – „noch nicht sehr fortgeschritten" sei. Als zusätzliche Schwierigkeit berichtet das Kuratorium über skurrile Kompetenzstreitigkeiten zwischen diversen deutschen Dienststellen und der Transferstelle über Verantwortlichkeiten und Zuständigkeiten bei der Vergabe und Übernahme von öffentlichen Aufträgen. Aufträge, „die auf Grund von fehlenden Arbeitern, Werkstatträumlichkeiten, aber auch Arbeitsgeräten gar nicht durchgeführt" hätten werden können. Da ist die Rede von nicht vorhandenen Arbeitstischen, Zuschneidegeräten und Bügeleisen, von defekten Nähmaschinen …

Erst jetzt, im Laufe der angeführten Analysen, Recherchen und Überlegungen kommt dem Kuratorium in den Sinn, dass die ursprünglich geforderte strenge Abschirmung zwischen Produzenten und Auftraggeber praxisfern ist. Als Meinungsgeber wird der Judenrat vorgeschoben. Es soll doch den Juden gestattet sein, mit früheren Kunden in Verbindung zu treten, um derart zumindest eine gewisse Kontinuität der Auftragsvergabe zu erreichen. Um die offizielle Version von der Abschirmung und Trennung der jüdischen und „arischen" Welt nicht in Frage stellen zu müssen, bringt das Kuratorium wieder die Forderung nach dem Einschalten von deutschen Firmen aufs Tapet. Einschlägige Firmen sollten eine zeit- und aufgabenmäßig beschränkte Lizenz erhalten. Derart könnte sich die Transferstelle auf die Überwachung und Überprüfung beschränken, eine Entwicklung zu einem aufgeblähten Verwaltungsapparat könnte so vermieden und die noch völlig offene Finanzierung damit erleichtert werden. In der Praxis wird Bischof aber alle denkbaren Versionen zulassen und verwenden.

Vom direkten Kontakt der Transferstelle in Form von Akquisitionen von Aufträgen aus dem ganzen Reichsgebiet, aus dem Generalgouvernement, aus den besetzten Gebieten, von der Wehrmacht, von öffentlichen Dienststellen, von Privatfirmen bis zu Einladungen an deutsche Firmen, im Ghetto Niederlassungen zu gründen. Die Aufträge wurden von rein jüdischen Firmen, von deutschen Firmen, die im Ghetto Werkstätten errichteten und jüdische Handwerker beschäftigten, aber auch von gemischten deutsch-jüdischen Firmen durchgeführt. Auch die Wiederaufnahme von ehemaligen Geschäftskontakten der jüdischen Firmen wurde zugelassen. Die rasant ansteigenden offiziellen Umsätze, aber auch die ebenso ansteigende Schwarzarbeit und der Schmuggel waren das Resultat.

Das Kuratorium bemühte sich im Rahmen der gestellten Aufgabe bereits um direkte Kontakte mit möglichen Auftraggebern. Einer davon ist die Handelsgesellschaft deutscher Kaufleute im Generalgouvernement, vertreten durch einen Dr. Lauts. Dieser Erstkontakt, bei dem mögliche Aufträge für rund 15 000 Arbeiter besprochen wurden, wird später von Bischof aufgegriffen und voll genutzt. Der Beginn dieser produktiven Zusammenarbeit war die Verwertung von Produktionsabfällen. Die jüdischen Handwerker waren Meister und Künstler bei der Herstellung von Spielwaren und kleinen Gegenständen aus Holzabfällen, von Baubeschlägen, Schlössern und wieder Spielwaren aus Eisen- und Metallabfällen, von Bekleidungen, Teppichen aus Textilabfällen sowie von Schuhen und Stiefeln. Der erste diesbezügliche Auftrag beschäftigte sofort an die 1 000 Personen.

622 Kalorien

Die Kommentare über den Bedarf des Ghettos stellen den umfangreichsten Anteil des ganzen Kuratoriumsberichtes dar und gehen ohne Unterbrechung in eine Vermögens- und Belastungsbilanz über. Es hat den Anschein, dass Not und Hunger in eine bürokratisch neutrale Betrachtungsweise gekleidet werden. Letzteres wird mit vielen Zahlen belegt, mit Extrapolierungen verdeutlicht, teilweise sehr ausführlich, ja umständlich beschrieben. Als ob die Autoren ihre Eingangsbemerkungen durch viele Worte und Formulierungen neutralisieren, abschwächen wollten. Doch die Kernaussage ist wie schon vorher klar, hart und brutal: Bei der Frage, welche Mengen und Arten von Nahrungsmitteln einem Insassen des j. W. zur Verfügung stehen sollten, kann man grundsätzlich zwei Standpunkte einnehmen:

Man versucht, aus dem j. W. einen produktiven Bevölkerungsanteil zu machen; dann setzt dies voraus, dass durch eine einigermaßen ausreichende Ernährung die Arbeitskraft der Insassen bzw. besonders bevorzugter Teile erhalten bleibt.

Man sieht den j. W. als ein Mittel an, das jüdische Volkstum zu liquidieren.

Zu Anfang stehen verschiedene Ansichten über den Kalorienbedarf eines „normalen Menschen von 50 kg Gewicht, mit leichter Arbeit beschäftigt". 2500 Kalorien (korrekt Kilokalorien = kcal) galten unbestritten als Standardmaß. Die Meinungen gingen nur in Bezug auf den Bedarf der Nichtarbeitsfähigen auseinander. Schließlich setzte sich die Meinung von Dr. Lambrecht, eine richtungsgebende Bedarfszahl von durchschnittlich 2000 kcal, durch. Es handelt sich um jenen

Arzt, der sich letztlich als Distriktarzt für die Errichtung des Ghettos verantwortlich zeichnete, offenbar ein guter Bekannter von Max Bischof.

Es war eine theoretische Meinung, da die bisherigen offiziellen Zuteilungen, die wohl auch nur auf dem Papier standen, weit darunter lagen. Selbst unter den 1500 kcal, die, nach Angabe von Dr. Lambrecht, schon nach maximal 14 Tagen „bettlägerig" machen. In vier Gruppen geteilt, liegen die Zuteilungen zwischen 622 und 1308 kcal pro Person und Tag. Freimütig bemerken die Autoren des Kuratoriums hierzu, dass die beiden höheren Klassen sowieso bisher noch nicht zur Anwendung gekommen sind. So verbleibt neben 622 kcal für die „gewöhnliche Ration" noch die zweite Gruppe, die „Übergangsration für einzusiedelnde Juden" mit 670 kcal. Ein Blick auf die Detaillisten der Rationen zeigt, dass Fleisch oder sonstige eiweißhaltige Nahrungsmittel überhaupt nicht vorkommen. Zumindest die erste Liste soll hier gezeigt werden, um dem „Wohlstandsbürger" von heute einen Eindruck zu geben, wie schnell Menschen unter solchen Umständen verhungern mussten:

Menge	Sorte	Kalorien/kg	Kalorien	Kosten
73 g	Mehl	2500	182	0,03
5,3 g	Kaffee-Ersatz	-	-	0,02
6,7 g	Zucker	4000	27	0,01
440 g	Kartoffel	833	367	0,05
130 g	Gemüse	350	46	0,05
			622	0,16 Zloty

Umgelegt auf den tatsächlichen Mindestbedarf, kommt das Kuratorium auf 0,50 bis 0,60 Zloty pro Tag und Person. Mit dem nächsten Hinweis auf die Auslandshilfe, auf Liebesgabensendungen in der Höhe von 14 Millionen Zloty jährlich, geben sie sich wahrscheinlich selber zumindest teilweise eine Antwort, warum nicht schon sämtliche Insassen des j. W. verhungert sind. Interessanterweise überwiegen die Hilfssendungen von Juden aus der UdSSR, erst an zweiter Stelle steht die JSS (Jüdische Soziale Selbsthilfe), die vor allem aus den USA Unterstützung bekommt. Weiters, so behauptet das Kuratorium, wären noch Lebensmittelvorräte im Ghetto und zusätzlich würden erhebliche Lebensmittelmengen durch „Schleichhandel" ins Ghetto gebracht. Zu der Anklage des illegalen Handels kommt aber korrekterweise der Hinweis, dass die Bevölkerung, bedingt durch den Aufbrauch der Vorräte, dazu gezwungen ist, was auch zu einer vorzeitigen Liquidierung des jüdischen Vermögens führt.

Die nächste Problematik liegt in der Tatsache, dass Heizmateriallieferungen für den privaten Bereich überhaupt nicht vorgesehen waren. Lediglich an eine Reihe von öffentlichen Einrichtungen, wie an Krankenhäuser, Entwesungsanstalten, Bäckereien und an Gewerbebetriebe, die für die Transferstelle arbeiten, wurden streng rationierte Mengen geliefert. Mit Ausnahme von Holz, da – so der Text – „aus den Ruinen, den alten Häusern usw. gewisse Gewinnungsmöglichkeiten für Holz vorhanden sind". Die Kosten im Monat Februar wurden mit 156 500 Zloty erhoben, abzüglich von 13 500 für das nicht gelieferte Holz.

All diese exakten Kalkulationen, Detailschilderungen der Zustände zeigen ein Bild des Jammers, der entsetzlichen Rücksichtslosigkeit und der Menschenverachtung. Juden waren nicht einmal Untermenschen, sie zählten weniger als das Vieh. Die Menschen mussten, schon durch den Hunger geschwächt, bald krank, ohne jede Widerstandskraft den polnischen Winter in ungeheizten Wohnungen verbringen. Polnische Wintertemperaturen gleichen, bedingt durch das offene, flache Land, den russischen.

Nicht anders wird die Frage der notwendigen Textilien und des Schuhwerks behandelt. Da man annahm, dass es im j. W. genügend Vorräte an Textilien und Schuhwerk gäbe, waren Lieferungen nicht vorgesehen. Bei nachgewiesener unbedingter Notwendigkeit könnten eventuell Altkleider geliefert werden, grundsätzlich sollten Schuhe im Ghetto repariert werden, als Sohlen waren nur Holzsohlen vorgesehen. Jeder Bedarf wurde bis ins Detail überprüft, auf ein Mindestmaß reduziert oder überhaupt in Frage gestellt. Schon der polnische Bedarf war in allen Bereichen weitgehend rationiert, viel früher als im Reich, und wurde weit unter die deutsche Norm gesetzt. Noch viel tiefer lag sie im j. W.

Immer wieder geht es um Vorräte im Ghetto. Einerseits Vorräte des täglichen Bedarfs, die den Behörden immer wieder als Begründung oder Ausrede für Lieferreduktionen, Lieferstopps oder komplette Streichungen von Lieferungen dienen. Andererseits die im ganzen Reich vorherrschende Tendenz, den Juden alles von Wert wegzunehmen. Da ging es aber nicht nur um die konfiszierten oder noch zu konfiszierenden Werte außerhalb des Ghettos, sondern um alles Geld und Gut, was ins Ghetto gebracht wurde. Da gab es laufende Ablieferaktionen von Pretiosen, Devisen, bald auch von Reichsmark und Zloty, später von Pelzen, Winterkleidung und Schuhwerk für die Wehrmacht. Der Judenrat wurde mit der Abwicklung beauftragt, Schätzungen der Deutschen und Informationen durch Spitzel bildeten die Grundlagen für die Vorgaben, die Nichterreichung war mit hohen Strafen verbunden.

Da gibt es plötzlich eine Intervention von Max Bischof (hier fälschlicherweise „Bischoff" geschrieben, jener war Baumeister in Auschwitz). Völlig unerwartet und ohne Zusammenhang mit den bisherigen Ausführungen wird er zitiert. Er schlägt eine recht zweischneidige Aktion vor, die aber vom Kuratorium heftig unterstützt wird. Ähnlich wie bei der Errichtung von „neuen Bankkonten für die Juden" schlägt er vor, für jeden

Einzelnen ein Bankkonto zu errichten und Beträge für die abgelieferten Werte darauf gutzuschreiben. Und weiter stellt er fest: „Es ist zu erwarten, dass die deutsche Verwaltung bei der individuellen Liquidation an jüdische Vermögen herankommt, die sich der Kollektivliquidation durch den Judenrat mit Erfolg entziehen können."

Für die deutschen Behörden waren diese Gutschriften leere Ziffern. Ein wie immer gearteter tatsächlicher Zugriff durch den Kontoinhaber war nicht vorgesehen, weder für die Lebenden noch für die Erben der Toten. Für Bischof war es möglicherweise eine Chance, Teilbeträge für den Produktionsaufbau zu bekommen.

Das Horrorszenarium des Oberbürgermeisters

Bei dieser Darstellung des Bedarfs, der Kosten und des prognostizierten Bezahlungsausfalls wird erst klar, welches komplexe Chaos mit einem Federstrich erzeugt wurde. Die Warschauer Stadtverwaltung in Person des Oberbürgermeisters Ernst Dürrfeld (von Ringelblum als „Dezernent für öffentliche Einrichtungen im Amt des Distriktchefs von Warschau" bezeichnet) legte dem Kuratorium genaue Zahlen vor über den Bedarf und die Kosten dieser Stadt für Wasser, Gas und Strom, aber auch für Kanalgebühren, Rauchfangkehrkosten, Müllabfuhr und vieles andere mehr. Insgesamt sind es pro Jahr um die 16 Millionen Zloty. Dabei sind Erhaltungsmaßnahmen des Leitungssystems, wie auch des Abwassersystems nicht inkludiert, ebenso wenig auch die bisherigen Zahlungsrückstände. Sie betragen bereits vier Monate, also rund 30 % der Jahreskosten. In absehbarer Zeit aber werden sie an die 100% erreichen. Als einzige Maßnahmen gegen den Zahlungsverzug können nur Absperrungen und Lieferunterbrechungen vorgenommen werden. Dies führt aber zu unabsehbaren Folgen wie Seuchen, zum Ausfall von Kochmöglichkeiten all jener Lebensmittel, die, wie Kartoffeln als Hauptnahrungsmittel, ungekocht ungenießbar sind. Das hätte eine weitere Verstärkung der Hungersnot zur Folge, mit einem Ausfall der Produktionen sowie mit dem Zusammenbruch der Krankenversorgung usw.

Es geht dann im Bericht des Kuratoriums in diesem Ton weiter. Kein Geld für den Straßenbau, für Verkehrsmittel wie Straßenbahn, für Reparaturen aller Art. Weiterer Entfall von Einnahmen für Immobilien, wie im Folgekapitel geschildert, sowie eine detailreiche Schilderung des Besitztumschaos im und außerhalb des Ghettos.

Alle Arten von Bauten, Parzellen und deren Besitzverhältnisse, ob arisch oder jüdisch, sind in langen Tabellen aufgelistet, ebenso deren Bauzustand und inwieweit sie durch Kriegseinwirkungen teilweise oder ganz zerstört sind.

Dies wird in Zusammenhang mit den Sollmieten gebracht und den tatsächlichen Zahlungen gegenübergestellt. Der bereits geschilderte Zustand wird auch hier mit Ziffern belegt. Die Sollmieten liegen bei 42 Millionen Zloty pro Jahr, die Rückstände bereits bei 25 Millionen und werden sich in kurzer Zeit auf 100 %, also auf einen völligen Ausfall der Zahlungen, erhöhen. Die ansteigende Zahlungsunfähigkeit trifft auch die Hausverwaltungen mit Lohn-, Sozialversicherungs- und Steuerausfällen in Höhe von 4 Millionen Zloty und wird in Kürze den Verwaltungsapparat auflösen. Parallele Ausfälle in Höhe von 10 Millionen Zloty pro Jahr betreffen die Grundbesitzsteuern.

Trockene Zahlen, die sich stets wiederholen und die die katastrophalen Zustände belegen. Diese Zustände gleichen einer endlosen Folge von Totalverlusten für den Einzelnen, für die Gemeinde, für den Staat. Auch ohne auf den staatlichen Vernichtungskrieg gegen eine Menschengruppe einzugehen, sollte es für jedermann unverständlich gewesen sein, dass sich eine Regierung, ein Staat derart die gerade in

Kriegszeiten bitter notwendigen Ressourcen abgräbt und sie organisiert komplett vernichtet.

Aber es geht noch weiter in den Verlustberechnungen, die an obige Überlegungen anschließen. Da geht es um hypothekarische Belastungen, wo weder Zinsen noch Rückzahlungen geleistet werden, um die jährlichen Abschreibungen, denen keine Einnahmen gegenüberstehen. Es geht um den Verfall der Häuser und den daraus folgenden Wertverlust, da keine Reparaturen durchgeführt werden können. Es verfallen Versicherungsverträge wegen Ausfall der Prämienzahlungen. Millionen- und wieder Millionenverluste werden in langen und offenbar genau durchkalkulierten Zahlenreihen dargestellt.

Die Regierung des Generalgouvernements hat die Situation allmählich doch erfasst und zumindest wirtschaftliche Maßnahmen gesetzt oder beauftragt, diese zu verbessern. All dies war allerdings nur möglich, da sich der Machtkampf zwischen Himmler und Frank gerade zu Gunsten Franks gewendet hatte. Kurz danach ging es wieder bergab und endete in der Übernahme aller Ghettos durch die SS. Damit wurde alles zerstört. Die betroffenen Menschen wurden in das tödliche Gas geschickt.

„Der Bedarf und der Ertrag des einzelnen Juden"

Dies ist der Titel des letzten Kapitels des Berichtes. Darin wird eindeutig für alle Maßnahmen plädiert, die eine wirtschaftliche Aufrüstung des Ghettos forcieren können und zwar derart, dass alle Bewohner, ob arbeitsfähig oder nicht, versorgt werden. So wird auch in diesem Kapitel der Bedarf jedes einzelnen Ghettobewohners erhoben, um derart die Solleinnahmen für die Gesamtversorgung zu berechnen. Zwar gehen die bekannten Einschränkungen, wie geringere Zuteilungen – 2000 kcal – davon aus, dass Eigenleistungen wie auch Unterstützungen in Form von „Liebesgabenpaketen" – was damals noch möglich war – nicht fehlen. Doch insgesamt ist das Forderungspaket ein Vielfaches dessen, was bisher von der Regierung zur Verfügung gestellt wurde, nämlich 1,18 Zloty pro Person und Tag. Es enthält die verweigerten Heizmaterialien, ebenso wie Schuhwerk, Kleidung und die städtische Versorgung wie Strom, Gas und Wasser. Insgesamt kommen die Autoren auf 1 500 t oder 75 Güterwagons Waren pro Tag. Ein eindrucksvolles Kontrastprogramm, gegenübergestellt dem Istzustand.

Allerdings ist damit die Analyse auch schon zu Ende. Nicht erwähnt wird die Krankenversorgung, weder Arzneimittel noch Ärzte- und Krankenhauskosten. Ebenso wird kein Wort verloren über all jene Bereiche, die ein Mensch als geistiges Wesen zum Leben braucht, wie z. B. Kunst und Kultur, Religion, Bücher, Freizeitgestaltung. Die Kindererziehung vom Kindergarten über Schulen aller Art bis zu den Hochschulen bleibt gleichfalls ausgeklammert. Dieses riesige Spektrum hat es aber zum großen Teil – teilweise offiziell, teilweise inoffiziell – im Ghetto von Warschau gegeben. Die einzelnen offiziellen Sektoren waren dem Judenrat unterstellt – es wurde schon darüber berichtet. Von außen betrachtet ist diese Haltung des Kuratoriums unverständlich, zumal sich das Kuratorium mit seinen Analysen und klaren Darstellungen der Realitäten immer wieder sehr weit vorgewagt hatte.

Als logische Folge der bisherigen Darstellungen bemüht sich nunmehr das Kuratorium, den „Arbeitsertrag eines Juden" zu berechnen, um derart auf den „Kostendeckungskoeffizienten" zu kommen. Oder einfacher gesagt: Was muss pro Arbeitstag, das sind 10 Stunden bei einer Sechstagewoche, und bei der Gesamtheit der Arbeiter netto bleiben, um die Lebenskosten abdecken zu können.

Gerade diese Ausführungen sind nicht nachvollziehbar, zumal das Kuratorium auf den wichtigsten Faktor, nämlich auf die Zahl der Arbeitenden, vorerst nicht eingeht. Erst am Ende des Berichtes werden die vom Judenrat vorgegebenen 60 000 Personen erwähnt. Dies bedeutet, dass die vom Judenrat geforderte hohe Zahl von Personen, die im und für das Ghetto arbeiten sollten, trotz der vorhergegangenen Kritik, akzeptiert wurde. Aus unerklärlichen Gründen werden wichtige Unkosten wie Strom, Wasser, Gas, Miete oder/und Gebäudeerhaltung, Geräte, Reparaturen ausgeklammert.

Auch Istlöhne im Generalgouvernement werden nicht als Vergleich oder Berechnungsgrundlage herangezogen. Das Kuratorium kommt jedenfalls auf einen Durchschnittsertrag von 7,50 Zloty pro Tag, oder nachberechnet bei der angenommenen Zahl der Beschäftigten von 60 000 Personen bei 300 Arbeitstagen kommt man auf 135 Millionen Zloty pro Jahr. Die planmäßig außerhalb des Ghettos arbeitenden Personen bringen pro Jahr und Arbeiter lediglich 130 Zloty, das ergibt bei den angenommenen 65 000 lediglich zusätzlich 8,5 Millionen im Jahr. Die Gesamteinnahmen entsprechen auch in keiner Weise der später mehrfach geforderten Summe von rund 200 Millionen Zloty pro Jahr.

Diese Hilflosigkeit bei dieser so wichtigen Kalkulation ist nicht erklärbar, wird aber in Kürze sowieso obsolet. Die extreme Diversifizierung der Produktionen lässt keine einheitliche Lohn- oder Einkommenskalkulation zu. Die Zahl der arbeitenden Personen erhöht sich laufend und dies zu Gunsten der Produktion im Ghetto für den Export. Außerdem werden die Lebensmittel in der Zeit von 1940 bis 1942 kriegsbedingt extrem knapp – Bischof berichtet, dass er die Angestellten der Transferstelle mit einer betriebseigenen Küche ernähren muss, da bestimmte Lebensmittel überhaupt nicht mehr erhältlich sind. Die Preise waren extrem angestiegen.

Lebenswichtige Waren wie Fleisch waren immer wieder nur mehr am Schwarzmarkt zu horrenden Preisen erhältlich, entsprechend war die Bedarfskalkulation des Kuratoriums in der Höhe von insgesamt rund 500 000 Zloty pro Tag, insbesondere im Lebensmittelbereich, nicht mehr anwendbar. Ein Umstand, der das Projekt Bischof, trotz der finanziellen Zielerreichung, im Hinblick auf die Ernährung der Ghettobewohner scheitern ließ. Die tatsächlichen Zustände können aus den Monatsberichten von Max Bischof, weiters aus den Tagebüchern und mündlichen Berichten von Zeitzeugen nach Kriegsende rekonstruiert werden. Sie sind weiterhin dramatisch.

Es gehen Menschen weiter an Hungerödemen zu Grunde. Überlebenschancen hatten in erster Linie die arbeitenden Personen und deren Angehörige, die mit Zusatzrationen versorgt wurden. Allerdings hätte sich das Sterben zu einer „Massenepidemie" ausgeweitet, wäre es nicht zu Bischofs Produktion gekommen.

Das Kuratorium ergeht sich auf den letzten Seiten seines Berichts mit diversen, aber aus oben erwähnten Gründen nicht sehr produktiven Rechenbeispielen über Einnahmen und Ausgaben, über notwendige Zusatzmittel der Regierung bei dieser und jener Zahl von Beschäftigten, bei diesen oder jenen Zuwendungen von außen. Betont wird mehrfach, dass die Berechnungen stets immer nur vom „öffentlichen Sektor" ausgehen und den „privaten Sektor" ausklammern. Erklärt wird die Trennung nicht, es ist aber anzunehmen, dass unter „privat" jüdische Unternehmen gemeint sind, die bereits mit arischen Partnern außerhalb des Ghettos zusammenarbeiten, legal oder illegal, halboffiziell oder gar nicht. Zahlen, Mengen oder irgendwelche Größenordnungen sind nirgends nachlesbar, nirgends auch nur andeutungsweise erwähnt. Schwarzarbeit und Schmuggel waren eine der wenigen, aber umso wichtigeren Überlebensstrategien.

Erwähnt wird jedoch der ungeklärte Kreditbedarf der Transferstelle, ungeklärt von der Höhe her, ungeklärt von der rechtlichen und praktischen Grundlage her. Eine kurze Bemerkung weist auf die später von Bischof mit offenbar gutem Erfolg angezapfte Quelle der jüdischen Guthaben bei Ban-

ken. Das sind in erster Linie die „Neuguthaben", also jene Beträge – erwähnt wurden 5 Millionen Zloty –, die nach dem Einmarsch der Deutschen einbezahlt worden waren. Altguthaben waren für alle gesperrt. Es gab auch Konten, besser gesagt Pseudokonten, auf die Beträge für Arisierungen, Beschlagnahmungen von Pretiosen, Devisen, Wertpapieren gebucht wurden. Eine tatsächliche Gutschrift mit Entnahmemöglichkeiten durch die „Konteninhaber" war seitens der deutschen Behörden nicht vorgesehen. Doch hat Bischof offenbar die deutsche Bürokratie zu nutzen gewusst.

Die Abschlusssätze wiederholen das Eingangsplädoyer des Kuratoriums für die Einsetzung einer aktiven und unabhängigen Transferstelle zum Aufbau einer Großproduktion. Sie böte Alternativen zur „Unterversorgung" und zu hohen Aufwendungen durch die Regierung.

Schweigende Minderheiten im Dritten Reich

Welten trennt, was in Warschau unter deutscher Besetzung laut tönend und hinterhältig geschah und was sich in kleinen Zirkeln mitten in Deutschland abzuzeichnen begann. Ein schier unentrinnbarer Gewaltapparat ohne jeden Skrupel und dagegen das redliche, notgedrungen heimliche Bemühen, das Ideal eines anderen Deutschlands irgendwie am Leben zu erhalten. Moralisch und politisch. Machtapparat gegen Idealismus. Dazwischen irgendwo und irgendwie die verschiedenartigsten Formen der Anpassung und des Widerstands. Unorganisiert, zersplittert wie der deutsche Widerstand nur insgeheim agierte, verband ihn doch eines: zu leben, zu beweisen und zu pflegen, dass es außer der NS-Herrschaft noch ein anderes Deutschland gibt.

Wie aus der antinazistischen Minderheit allmählich aktiver Widerstand wurde, lässt sich allerdings nur bruchstückhaft rekonstruieren.

Aber die Beweise für Anstand und Weitsicht sind dennoch eindrucksvoll. Auch wenn sie zeigen, dass keine realistische Chance bestand, das Regime politisch oder weltanschaulich im Inneren zu überwinden. Immerhin beteiligten sich alle Schichten, vom Adel bis zu Kommunisten, am oft rührenden Versuch, ein hitlerfreies Selbstbewusstseins zu entwickeln und durchzuhalten. In der Praxis waren sie den totalitären Herrschaftsmethoden nahezu hilflos ausgeliefert. Ihrer Empörung über die Machenschaften des Regimes vermochten sie auch nur privat, unter Vertrauten und Freunden, einigermaßen freien Lauf zu lassen. Und immer und überall lauerte der Staatsapparat mit seinen Repressionen oder konkret die Gestapo, der SD oder die SS.

Bald nach Kriegsbeginn organisierte sich der Widerstand auf verschiedenartige Weise. Zum Beispiel der Kreisauer Kreis. Helmuth James Graf von Moltke baute seit 1940 Kontakte zu Andersdenkenden und Oppositionellen systematisch aus. Mit ethischem Anspruch wurde dem Hitler-Reich, der Inkarnation des Bösen, der Kampf angesagt: In durchdachter Abkehr von der totalitären Doktrin der Nationalsozialisten und ihrer allumfassenden Partei sollte dem Staat eine eng umgrenzte, kontrollierbare Rolle nach einer demokratischen, liberalen Verfassung zufallen. Ein Befreiungsprozess also. Von vornherein ging es den Nichtkommunisten unter den Widerständlern auch um Gerechtigkeit in der Wirtschaft, sowie um eine aufgeschlossene Bildung, also um ein modernes, selbstverantwortliches Wertesystem mit ausgeprägter Selbstbestimmung und rechtsstaatlicher Verwaltung.

Alle Bevölkerungsteile sollten sich im Widerstand wie im Wiederaufbau einer freiheitlichen Gesellschaftsordnung wiederfinden können. Dies schloss bei fortschreitenden Kriegshandlungen einen Staatsstreich ausdrücklich nicht mehr aus. Für Bürgerliche, wie für Adlige, Priester, Universitätsprofessoren, Studenten oder Gewerkschafter und Soldaten ein quälender Denkprozess, an dessen Ende für die meisten – freilich nicht für alle Widerständler – die Bereitschaft stand, Gewalt gegen Gewalt walten zu lassen. Tyrannenmord als Ultima Ratio. Für viele Deutsche kaum nachzuvollziehen.

Neben dem Kreisauer Kreis fanden sich schon vor Kriegsbeginn und erst recht danach – SS-Repression zum Trotz – andere Formierungen mutiger Denker: der Oberbürgermeister von Leipzig, Carl Friedrich Gördeler (vorgesehen als Reichskanzler und 1944 hingerichtet), Clemens August Graf Galen (beredter Prediger gegen jede Form der Willkür des NS-Regimes, als Bischof von Münster heftigster Kritiker der Euthanasie, wie auch der Besatzungsmächte nach 1945) oder die Professoren Walter Eucken, Franz Böhm, Adolf Lampe, Constantin von Dietze (Nationalökonomen an der Universität im einst vorderösterreichischen Freiburg). Zu dieser Keimzelle der Denkfreiheit, der parlamentarischen Demokratie und der sozialen Marktwirtschaft zählte auch Gerhard Ritter, der als Historiker mit nationalkonservativer Prägung den Nationalsozialismus aus ethischen Gründen ablehnte.

Gewalt gegen Gewalt als Ultima Ratio

Nach zahlreichen Gesprächsrunden fanden auf dem niederschlesischen Familiensitz der Moltkes drei regelrechte Tagungen des Kreisauer Kreises statt. Zu Grundfragen einer bürgerlichen Demokratie, der Rettung eines sauberen Deutschlands und – erstmals deutlich auf deutscher Seite – zur Neuordnung Europas. Nach dem misslungenen Attentat auf Hitler am 20. Juli 1944 (waghalsiger Alleintäter Oberst Claus Schenk Graf von Stauffenberg) wurde der Kreisauer Kreis gewaltsam aufgelöst.

Bezeichnend für die Scham darüber, was im Namen Deutschlands alles geschah oder unterlassen wurde, ist auch die Tatsache, dass an den meisten der acht Attentatsversuche auf

Hitler während des Krieges hohe und höchste Offiziere der Wehrmacht beteiligt waren. Zum Beispiel Generalfeldmarschall Erwin von Witzleben, nach dem 20. Juli hingerichtet. Nach seelischen und auch rechtlichen Qualen – waren sie doch auf „den Führer" vereidigt – entschlossen sich Militärs unter höchstem Risiko zur Tat, um, wie sie beschworen, übergeordneten Werten gerecht zu werden. In die Verschwörung gegen Hitler im Sommer 1944 waren 21 Generäle, mehrere Botschafter (darunter der reichsdeutsche Botschafter in Italien, Ulrich von Hassel), vier Minister und Staatssekretäre, Polizeipräsidenten, Verwaltungschefs und mehrere hundert Offiziere, hauptsächlich des Heimatheeres, verwickelt.

Unter dem Eindruck der mörderischen Kesselschlacht von Stalingrad wagte sich eine studentische Widerstandsgruppe in München weit vor. Unter dem Namen „Weiße Rose" verfassten und verteilten sie Flugblätter gegen das NS-Regime. Als Initiatoren wurden die Geschwister Scholl zum Tod verurteilt und hingerichtet.

In Österreich formierte sich Widerstand unter dem zweifachen Ansatz, die eigene Identität und die staatliche Eigenständigkeit wiederherzustellen und dem Nationalsozialismus ideologisch wo und wie immer die Stirn zu bieten. Zusätzlich legitimiert fühlten sich österreichische Widerständler in Wien (eingedenk des einst stattlichen Anteils der jüdischen Bevölkerung) durch den radikalen Rassismus des Regimes. Einzelne Gruppen hielten lose Kontakt untereinander. In Wien bildete sich eine straffe organisierte Gruppe unter dem Geheimzeichen O 5 (fünf für den 5. Buchstaben im Alphabet, gemeinsam mit O ergibt dies OE für Österreich). Fritz Molden, dem späteren Zeitungs- und Buchverleger, ist es zu verdanken, dass sich in O 5 ideologisch unterschiedliche Gruppen zusammenfanden. Bürgerliche wie er selber, Aristokraten wie Willi Thurn und Taxis, Liberale und Sozialisten wie der spätere Bundespräsident Adolf Schärf oder Konservative wie

Ludwig Steiner, der spätere Botschafter und Staatssekretär, und sein Innsbrucker Kreis oder Carl Szokoll, Major in Wien und späterer Filmproduzent (u. a. „Die letzte Brücke").

Es wurde noch geschossen und gemordet, als O 5 daran ging, österreichische Strukturen anzudenken und in der freien Welt, vor allem in den USA, für das andere Österreich aktiv zu werben. Im Dritten Reich lebensgefährlich, vor allem, wenn auch noch Querverbindungen zum 20. Juli bestanden. Mehrere Widerständler zahlten mit ihrer Freiheit, nicht wenige mit ihrem Leben

Über 7 000 Verdächtige wurden hauptsächlich in Berlin und in Wien, teilweise von sogenannten Volksgerichten, verurteilt oder einfach umgebracht. Mehrere Tausend Verdächtige wurden, teilweise mit ihren Familien, in Konzentrationslager verschleppt. In den meisten Fällen versuchte die NS-Propaganda, entweder mit Vorverurteilungen zu arbeiten oder bei prominenten Beispielen wie Feldmarschall Rommel seinen erzwungenen Selbstmord zynisch mit einem pompösen Staatsbegräbnis zu kaschieren.

Auch ohne dramatische Zuspitzung hängt die Wahrheit über Moral und Zivilisation letztendlich auch in dieser dramatischen Phase deutscher oder europäischer Politik bei der einzelnen Person, bei ihren Möglichkeiten, ihrer Motivation, ihrem Verhalten, bei ihrer ethischen Substanz, ihrem Mut. Die wenigsten konnten sich aus dieser Grauzone heraushalten aus Pflicht, Eid, Gehorsam, Gruppendynamik und selbstständigem Denken, sowie aus politischer Einsicht in andere vaterländische Normen wie eine saubere Identität. Der persönliche Einsatz bis zum eigenen Leben konnte schließlich nicht verhindern, dass das verwerfliche Regime sein totalitäres Unwesen bis Kriegsende weitertrieb.

Nach dem misslungenen Attentat auf Hitler mussten bis zum Ende des Schreckens noch über vier Millionen Soldaten und Zivilisten ihr Leben lassen – mehr als in der ganzen Anfangszeit des Zweiten Weltkriegs. Für die Opferbilanz nennen Wissenschaftler unterschiedliche, mehrfach revidierte, dennoch beeindruckende Zahlen. 3,2 Millionen deutsche Soldaten gelten als gefallen, 210 000 Zivilisten kamen ums Leben, allein 170 000 deutsche Juden wurden getötet. Die österreichischen Zahlen: 230 000 fielen als Soldaten, 40 000 Zivilisten büßten ihr Leben ein und 65 000 Juden überstanden ihre Verfolgung nicht. Doch noch war es nicht so weit, auch nicht in Warschau.

Wie es im Ghetto wirklich war

Max Bischof hat offensichtlich großen Wert auf eine möglichst objektive und breite Darstellung der tatsächlichen Situation im Ghetto gelegt. Deswegen hat er eine ganze Reihe von zusätzlichen Berichten verschiedener Verfasser oder Verfassergruppen gesammelt und mit nach Wien genommen. Zusätzlich gibt es noch einen weiteren, späteren Kommentar vom Reichskuratorium, in dem Fehler einbekannt, aber auch Korrekturen an den teilweise sich widersprechenden Berichten vorgenommen wurden. Alles in allem lässt sich aus den Berichtsvergleichen eine ziemlich realistische Situationsschilderung erstellen.

Zwei Berichte wurden offenbar vom Judenrat des Ghettos verfasst, einmal „Die Lage der jüdischen Bevölkerung" und ein zweiter mit dem Titel „Produktionsmöglichkeiten im jüdischen Wohnbezirk". Der erste zeigt weder Datum der Erstellung, noch Verfasser, behandelt aber den Zeitraum vom Jänner bis April 1941 und kommentiert bis ins letzte Detail die Versorgungslage im Ghetto. So kann der Verfasser nur der Judenrat sein. Dargestellt wird die gesamte offizielle Versorgungsstruktur in diesen Monaten, einschließlich der Preise, der Preisentwicklung, weiters eine Gegenüberstellung der bestellten, gelieferten und nicht gelieferten Waren. Daneben gibt es einen Überblick – woher immer der Judenrat diese Daten auch nahm – der Liefersituation im „arischen Generalgouvernement".

Diese detailreichen, vollständigen Auflistungen erscheinen heute weitgehend sinnlos, da es nur 3-4 Positionen gab, die für die Bevölkerung im Ghetto von Bedeutung waren. So wurde beispielsweise angeführt, dass in den angeführten 4 Monaten insgesamt 11 300 kg Fisch geliefert wurden, also umgerechnet 0,2 Gramm pro Person und Tag, oder 11 020 kg Gemüse und Kartoffeln, anstatt der bestellten und bezahlten 440 500 kg. Umgerechnet wiederum 0,2 Gramm pro Person und Tag. Schuhwerk, Textilien wurden sowieso nicht geliefert, Kohle und Holz nicht für die privaten Haushalte, sondern nur für Produktionswerkstätten, Volksküchen und Bäckereien. Die einzigen Nahrungsmittel von Wert waren Brot und teilweise Mehl, Zucker und Marmelade. Kein Eiweiß, kein Fett, keine Rede von irgendwelchen vitaminhaltigen, frischen Nahrungsmitteln, nicht einmal von Kartoffeln. Theoretisch kommt man auf rund 370 kcal pro Person und Tag, das sind an die 85 g Brot und 7 g Zucker und etwas Marmelade. In der Praxis wahrscheinlich weniger Kalorien, da das Brot mit allen möglichen Zusatzstoffen, wie auch mit Sägespänen gestreckt worden war.

Die vom Judenrat geschilderte Situation im übrigen Generalgouvernement über die Monate Jänner bis März zeigt Lieferungen, wiederum bezogen auf die Person und den Tag, von etwa 600 kcal. Außerdem gab es geringe Mengen Fleisch, es gab Bier, Eier. Zeitweilig gab es genügend Kartoffeln.

Dieser Mangel an Lebensmitteln, der im Laufe des Krieges immer dramatischer wurde, ließ die Schwarzmarktpreise enorm in die Höhe schnellen. Am Schwarzmarkt gab es alles, wenn auch zu ungeheuren Preisen. Auch darüber gibt es eine Auflistung vom Judenrat, 47 Einzelpositionen werden angeführt, so neun Gemüsesorten, zwölf Fleischarten, Bonbons,

Schokolade – alles, was das Herz begehrt. Allerdings für den normalen Polen unerschwinglich. Die Städter, ohne zusätzliche Versorgungsmittel, waren gezwungen, ihr Hab und Gut zu verkaufen, um am Schwarzmarkt oder direkt beim Bauern das Notwendigste zum Leben kaufen zu können.

Selbst die Deutschen konnten sich normales Leben nicht mehr leisten. Die Liste zeigt per Stichtag 15. April 1941 einen Brotpreis von 8,50 Zloty gegenüber dem vom Kuratorium offiziell kalkulierten Preis von 0,50 Zloty pro Kilogramm. Gegenübergestellt einem vom Kuratorium geforderten Arbeitslohn von 7,50 Zloty pro Tag, sozusagen für den Gesamtbedarf einer vierköpfigen Familie, gar nicht gerechnet die Alten und Kranken, die Nichtarbeitsfähigen.

Eine weitere Liste aus dem Mai 1941 zeigt eine rasante Verschlechterung der Situation. Selbst die offiziellen Preise wurden extrem angehoben, so der Brotpreis auf 1,30 Zloty, am Schwarzmarkt kostete Brot bereits 18,50 Zloty. Kein Wunder also, dass die Sterblichkeit im Ghetto dramatisch angestiegen war. Im Jänner gab es 898 Begräbnisse, im Mai bereits 3 821 Tote. Dies entspricht einer Sterblichkeit von beinahe 800 pro 100 000 Einwohner, während im Generalgouvernement rund 140 Personen pro 100 000, pro Monat sterben, im Reich nur 110 Personen.

Die Listen des Judenrates über die Liefersituation im Generalgouvernement entsprechen weitgehend den Angaben, der Ende 1941 verfassten beiden Berichte des Polnischen Hilfskomitees in Warschau. Der Zeitraum umfasst nunmehr Mai bis Oktober 1941, das Kalorienangebot liegt aber im Durchschnitt bereits um 10 % unter den Angaben des Judenrates. Diese nüchternen Zahlen werden durch ungeschminkte Schilderungen anlässlich der „Regierungssitzung in Warschau am 14., 15., und 16. Oktober 1941" ergänzt und bestätigt. Eine ganze Reihe von Nazigrößen, wie der Gouverneur vom Distrikt Warschau, Dr. Ludwig Fischer, der Staatssekretär, Dr. Ernst Boebble, der Bürgermeister von Warschau, Dr. Herman Fribulin, beschreiben unisono die katastrophalen Zustände. Die in den Protokollen wörtlich wiedergegebenen Reden beklagen aber nicht nur die Versorgungssituation, sondern beschreiben ausführlich vergebliche Maßnahmen.

Die Rede ist von einem völligen Versagen der Bevölkerung bei der „Disziplin in allen Fragen der Wirtschaft und Arbeitsmoral", so dass alles in einen allgemeinen, aber für das Überleben notwendigen Schleichhandel mündet. Obwohl Bauern, die zu wenig oder nichts abliefern, in Zwangsarbeitslager eingeliefert werden, Geschäfte, die „bewirtschaftete Waren zu irrsinnigen Preisen anbieten", laufend geschlossen werden, Gaststätten, die verbotene Fleischspeisen anbieten, für längere Zeit schließen müssen und Schleichhändler in das Zwangsarbeitslager Treblinka eingeliefert werden, weitet sich der Schwarzmarkt beständig aus. Der Bürgermeister bestätigt selber die angeführten Zahlen zum Kalorienangebot, die Polen können aus den offiziell zugeteilten Lebensmitteln nicht einmal ein Drittel des Nahrungsmittelbedarfs abdecken. Selbst die Deutschen sind mit ihren Gehältern nicht mehr in der Lage, ihre Familien zu ernähren.

Bischof und Heinz Auerswald, der offiziell Verantwortliche für das Ghetto, halten Reden. Jene von Heinz Auerswald ist nichtssagend, Bischof spricht allgemein von Erfolgen, die kryptisch angedeuteten Hinweise auf eine sich verbessernde Versorgung der Arbeiter lässt auf andere Mittel schließen. All diese Berichte bestätigen Hunger im Generalgouvernement, extreme Unterversorgung der nichtarbeitenden Personen und Hungertod im Ghetto. Ein wesentlicher Unterschied lag in der Versorgungsmöglichkeit. Zusätzliche Lebensmittelkäufe am Schwarzmarkt waren für das Ghetto mit Lebensgefahr verbunden, teilweise unmöglich. Diese Problematik war für das Umland deutlich geringer, auch waren die Preise der ins

Ghetto geschmuggelten Waren auf Grund des Risikos noch wesentlich höher.

Interessant, ja unglaublich sind die Informationen, die aus dem Bericht der Gewerbe- und Handelsabteilung beim Judenrat in Warschau sowie aus dem „Kommentar und den Wirtschaftsplänen des Judenrates des jüdischen Wohnbezirks" zu entnehmen sind. Auch dieser Bericht hat kein Verfassungsdatum, fällt aber in den Komplex der weiter oben angeführten Berichte, die Bischof zur Verfügung standen. Siebzehn mögliche Branchengruppen werden im Detail dargestellt. Jede Branchengruppe wird in Klein-, Mittel- und Großbetriebe unterteilt, die jeweilig mögliche oder vielleicht schon vorhandene Betriebsgröße, respektive die Zahl der Mitarbeiter, wird aufgelistet, dazugestellt die vorhandenen Geräte, Werkzeuge und Maschinen, wie z. B. Nähmaschinen. Eine Unterteilung der Branchen in Untergruppen und deren Produkte und Schwergewichte zeigt eine ungeheure Vielfalt an möglichen und vielleicht auch schon gefertigten Erzeugnissen.

Noch mehr ins Detail geht der Bericht bei der Darstellung einer Mengenstruktur, die erzeugt werden könnte, falls das notwendige Rohmaterial zur Verfügung stehen würde. Völlig gegensätzlich zu allen bisherigen Kommentaren über die Fähigkeiten oder besser gesagt Nichtfähigkeiten des Judenrates zeigt sich hier eine umfassende Kenntnis des Potentials des Ghettos. Der Judenrat scheiterte an der zu geringen Durchschlagskraft gegenüber der deutschen Bürokratie und an der Hilflosigkeit gegen den Rassenwahn. Bischof hatte da mehr Chancen, mehr Potential, mehr Durchschlagskraft und vor allem die Unterstützung aus Teilen der Obrigkeit.

Das unter Nummer 1 angeführte Metallgewerbe umfasst mit 1905 Betrieben die größte Variation von Untergruppen oder Subgewerben. Da gibt es 480 Werkstätten des Schlossergewerbes, das sich wiederum in die Untergruppen der „gewöhnlichen Schlossereien", der „Präzisions- oder Werkzeugschlossereien", der „Mechanikerwerkstätten und des Maschinen- und Apparatebaus" sowie der „Autoschlossereien" unterteilt. Angeführt werden weiters: 250 Klempnerwerkstätten mit den Subgewerben „Galanterieklempnereien", „Blechofenklempnereien", „Autoklempnereien" und „Bauklempnereien". 32 „Gravierwerkstätten", 10 Werkstätten des „Drückergewerbes", die alle Arten von Hohlkörpern, wie Töpfe, Schüsseln, Halterungen, herstellen. 16 „Schmiedewerkstätten", 70 „Bronzierwerkstätten" zur Herstellung von Besteck, Galanteriewaren und Leuchtern, 14 „Gießereien", 43 „Messingschlägereien", 39 „Metalldrehwerkstätten", 70 „Metallgalanteriewerkstätten", 20 „Kesslerwerkstätten". Weiters Kupferschmiede, Knopferzeuger, Vergolder, Schleifer, über 200 Juwelier- und Goldschmiedewerkstätten, an die 400 Uhrmacher. Und so geht das weiter auch bei den übrigen Gewerben und Branchen auf 77 dicht beschriebenen Seiten.

Die jeweiligen Angaben über die Produktionsmöglichkeiten aller Branchen und Subgruppen runden das Bild der Kapazität des Ghettos ab. Als Beispiel sei angeführt: In den angeführten Bereich der Metallgalanteriewerkstätten gehört die Herstellung aller Art von Blechgefäßen und von sonstigen geformten Blechteilen, wie Kannen, Kesseln, Geschirr, Schaufeln und Formen für andere Gewerbe. Allein dieser Bereich könnte 11 Tonnen Rohmaterial pro Monat verarbeiten.

Ein anderer Produktionsbereich, die Bürstenbinderei, wäre in der Lage, 2 Tonnen Borsten und 3 Tonnen sonstiges Tierhaar pro Monat zu Bürsten und Pinseln zu verarbeiten. Interessant ist, dass Produktionsziffern von bereits vorhandenen Produktionen, wie eben dieser Bürstenbinderei, aber auch über Spielzeug fehlen, ebenso schweigt sich der Bericht über die beschäftigten Personen aus. Wahrscheinliche Ursache ist die bereits vielfach angesprochene Schwarzarbeit, zumal diese Erzeugnisse auch aus Altwaren, also relativ unkontrollierbar, hergestellt wurden.

Das Gleiche gilt auch für diverse Grundstoffproduktionen des Textilbereiches, wie Watteerzeugung, Spinnereien und Webereien, Garn- und Wirkwarenerzeugung, die mit 5000 Arbeitern und 500 Altwarensammlern in erster Linie Alt- und Abfallmaterial verarbeiten könnten.

Abschließend kommt es noch zu einer Auflistung der Vorkriegsproduktionen, nach Mengen und Geschäftspartnern. Es muss sich um eine blühende Wirtschaft, um fleißige Leute und um eine vor allem im „arischen" Bereich verwurzelte Kundenstruktur gehandelt haben. Vernichtet und zerbrochen. Die ausführenden Personen ausgegliedert, enteignet, verhungert oder bald systematisch ermordet.

Einsichten des Reichskuratoriums

Es gibt einen ergänzenden, korrigierenden Bericht des Reichskuratoriums, datiert auf den 15.5.1941 – also knapp vor der praktischen Übernahme der Transferstelle durch Bischof –, der dem Inhalt nach darauf schließen lässt, dass die Berichte des Judenrates und der polnischen Organisationen bekannt waren und gelesen wurden. Irrtümer oder fehlende Informationen seitens des Reichskuratoriums zeigen sich vor allem bei der Beurteilung der Produktionsmöglichkeiten. Dies wird auch – zwar zwischen den Zeilen – zugegeben und allgemein formuliert, korrigiert.

Die Tatsachen, das heißt die unter Bischof entstandenen Produktionsstätten und deren Produkte, vor allem aber der Umsatz zeigen deutlich die realen Ansätze des Judenratsberichtes. Nicht richtig einschätzen konnte oder wollte das Kuratorium die Preise und die Preisentwicklung der Lebensmittel. Die vom Judenrat, aber auch von Regierungsmitgliedern offen angesprochene katastrophale Versorgungssituation, die Schwarzmarktpreise sind für das Kuratorium kein Thema, führen aber die Basiskalkulationen über die notwendigen

Einnahmen zur Versorgung der Einwohner ad absurdum. Die unlogischen, von nur geringer Sachkenntnis herrührenden Fehlkalkulationen bei den Arbeitskosten sind auffallend. Sie spielen aber keine praktische Rolle, da Bischof die einseitige administrative Führungsrolle vom Judenrat und das Monopol rein deutscher Firmen bei der praktischen Abwicklung sowieso von Anfang an verworfen hat. Genauer sind die Kalkulationen über die anderen Notwendigkeiten des täglichen Lebens, wie Miete, Häusererhaltung, städtische Versorgung und anderes. Ebenso realistisch ist die ständige Forderung Bischofs nach einer zentralen Leitung mit entsprechenden Kompetenzen unter Abschaffung der gesamten bisherigen verfilzten, deutschen Bürokratie.

Wie als Rechtfertigung oder Revanche prangert dieser Bericht aber die Falschmeldungen der Transferstelle und die Inkompetenz und Jubelmeldungen des Judenrates an. So hätte der Judenrat – in einem heute nicht mehr vorliegenden Bericht – laut Kuratorium von 18 arbeitenden Betrieben mit 7700 Arbeitern, die in zwei Schichten arbeiten, gesprochen. Wahr ist vielmehr, dass in 7 Betrieben ganze 227 Personen tätig waren. Insgesamt seien nur Aufträge im Werte von 20 000 Zloty anstelle der behaupteten 500 000 Zloty ausgeführt worden. Auch der im Bericht angeführte „kontrollierte, lebhafte und regelmäßige Verkehr zwischen dem Ghetto und dem arischen Teil" existiere de facto überhaupt nicht. Die wahrscheinlich unüberprüften Berichte seien kritiklos von den zuständigen Beamten der Transferstelle einfach weitergegeben worden. Das sind der Geschäftsführer Alexander Palfinger – Bischof bezeichnet ihn in seiner Autobiographie als „Eierhändler aus Linz" – sowie dessen Stellvertreter Wilhelm Küchenhoff unter der Leitung des Reichsamtsleiters Waldemar Schön – Vorgänger von Auerswald.

Im Gegensatz dazu „besteht ein ganz erheblicher illegaler Verkehr zwischen den beiden Bezirken". Am schwarzen

Markt im Ghetto sei alles zu haben, allerdings zu wesentlich höheren Preisen als außerhalb. Dies würde durch den regen Wehrmachtswagenverkehr noch unterstützt. Die Wehrmacht vergäbe laufend größere Aufträge, die an der Transferstelle vorbeilaufen, so dass darüber keinerlei Kontrolle bestünde. Die Verantwortlichen seien nicht einmal in der Lage gewesen, Auskunft darüber zu geben, warum der größte Teil der vom Judenrat an die Transferstelle gegebenen und bezahlten Lebensmittelaufträge nicht ausgeführt wurde.

Abschließend ist das Urteil über die Fähigkeiten des Judenrates als Unternehmer noch negativer als beim ersten Bericht: „Den Judenrat mit Unternehmerfunktionen zu beauftragen, ist ein absolutes Unding." Die bisherigen Maßnahmen unterbänden nur den legalen Wirtschaftsverkehr des kleinen Handwerkers oder Heimarbeiters, ohne dass die Liquidation des Vermögens der reichen Juden zu Gunsten des Reiches damit erreicht werde. Die vorausgesagte Unterversorgung trete immer mehr hervor, so dass auch die minimalen Lebensmittellieferungen durch die öffentliche Hand bezahlt werden müssen.

Bischofs Monatsberichte – Erfolg mit Einschränkungen

Diese Kernunterlagen sind weitgehend erhalten und umfassen den Zeitraum vom September 1941 bis zum Jänner 1943. Wohl nach einer Aufforderung durch Auerswald schildern sie die Zustände einige Monate nach der Übernahme der Transferstelle bis weit in eine Zeit hinein, in der die Transferstelle schon längst offiziell liquidiert, die Einwohner des Ghettos zum größten Teil schon deportiert, ermordet, vergast worden waren. Entsprechend werden von Bischof ab der zweiten Hälfte 1942 nur mehr die Abwicklungsmaßnahmen, die Kontenauflösungen und schlussendlich die Bilanz dargestellt. Der letzte Bericht entsteht knapp vor dem Ghettoaufstand von 1943.

244

Schon im Mai des Jahres 1941 schreibt eine Reihe von deutschsprachigen Zeitungen über die neue Situation im Ghetto. Darunter die „Krakauer Zeitung", die unter dem Titel „Großwerkstätten im Judenbezirk. Auftragsverlagerungen nach Warschau" berichtet, dass zur allgemeinen Überraschung mehr als 40 % der erwerbsfähigen Juden dem Handwerkerstand zugehörig seien, eine für das Reich völlig neue Situation, und dass es gelte, die „… verfügbaren jüdischen Fachkräfte in geeigneter und beaufsichtigter Weise für die Wirtschaft in Einsatz zu bringen".

Vor dem ersten Bericht von Bischof gibt es einen Bericht, vom Judenrat verfasst, vom Juni 1941 und parallel zum ersten auch eine längere Informationsschrift eines L. Altenberg, Wirtschaftsrat des jüdischen Wohnbezirks. Schon darin sind das Anlaufen der Produktionen und der spätere rasante Umsatzanstieg erkennbar. Altenberg hält fest, dass sich die Lohnsummen der Mitarbeiter der Werkstätten der Abteilung Wirtschaft des Judenrates von 15 000 Zloty im April auf 900 000 im August erhöht hätten.

Ebenso sei die Zahl der Beschäftigten von einigen wenigen auf 3 000 angestiegen. Das bedeutet, dass Bischof trotz aller Warnungen des Kuratoriums dem Judenrat Initiativen zugestanden hatte und dieser, bedingt durch die neue Linie und das Wegfallen vieler Hindernisse, plötzlich eigene Leistungen erbringen konnte. Weiters war mit einer allgemeinen Kommerzialisierung begonnen worden, es wurden die ersten jüdischen Gesellschaften und Genossenschaften gegründet, eine entsprechende Buchhaltung eingeführt und die aktiven Mitarbeiter als Lohnempfänger mit allen fiskalischen und rechtlichen Folgen registriert. Dieser vielversprechende Beginn konnte allerdings den Hunger nur für die Arbeitenden und deren Angehörige einigermaßen in den Griff bekommen. Für das gesamte Ghetto war dies nur ein Tropfen auf den heißen Stein. Das allgemeine Sterben ging weiter, es verstärkte sich zusehends. Im August gab es bereits 5 560 Tote.

Der erste Bericht

Erstellt am 8. Oktober 1941, bezogen auf den September, ist der erste Bericht äußerst umfangreich, zeigt eine Fülle von Aktivitäten in allen möglichen Bereichen und kann hier nur auszugsweise wiedergegeben werden. Da werden Listen von Kontakten, Interessenten und bereits im Ghetto arbeitenden Unternehmen vorgelegt. Die Interessenten hatten sich vor allem auf Grund der Veröffentlichungen in der deutschen Tagespresse und der Unterlagen, die den Handelskammern des Reiches zugesandt worden waren, gemeldet. Eine Reihe von Betrieben und Organisationen war bereits vorstellig gewesen, darunter die Geschäftsführer der Bezirksausgleichsstelle für öffentliche Arbeiten aus Magdeburg und Berlin. 16 Firmen oder Interessensvertretungen hatten schriftlich ihr Interesse und ihre Wünsche angemeldet, darunter die Fachgruppe Lederwaren und Kofferindustrie aus Wien. Eine Reihe von Firmen hatte bereits mit der Arbeit begonnen, darunter die Fa. Schultz & Co. aus Danzig und Waldemar Schmidt aus Warschau. Beide beschäftigten je 250 Arbeiter und erzeugten Schuhe und Stiefel für die Wehrmacht. So hatte man bereits 165 t Stroh für die Herstellung von Strohstiefeln verarbeitet. Bischof selber – so berichtet er – verhandelt gerade mit dem Reichswirtschaftsministerium in Berlin und mit der Hauptabteilung Wirtschaft im Generalgouvernement über die Erleichterung im Lohnveredelungsverkehr und mit der Deutschen Firmengemeinschaft Warschau GmbH über Ausweitungen des Arbeitseinsatzes.

Daneben wird die organisatorische Abwicklung vorangetrieben. Das gesamte Formularwesen wird neu erstellt, die Bewilligungsverfahren definiert. In 63 Merkblättern werden die Vorgangsweisen der einzelnen Bewilligungsverfahren und auch die Muster der notwendigen Formulare dargestellt. Auch die jeweils zuständigen Behörden mit Adresse, Personenangaben und Amtszeiten sind aufgelistet. Schließlich sind auch die gesetzlichen Grundlagen, Verordnungen und Erlässe dem jeweiligen Bewilligungsverfahren zugeordnet. Ein Gesamt(-Kunst-)Werk über die deutsche Bürokratie, aber offenbar schon weitgehend durchforstet und auf das Notwendige reduziert.

Erhalten sind nur fünf Merkblätter, darunter Nr. 1 vom August mit der Definition der Aufgabenstellung, Nr. 2 vom September mit der Beschreibung des bargeldlosen Zahlungsverkehrs, Nr. 3 vom November beschäftigt sich mit den Genehmigungsverfahren und der praktischen Abwicklung, Nr. 4 vom Jänner 1942 hat die Preisbildung zum Thema und weist insbesondere darauf hin, dass das Amt für Preisbildung der Regierung des Generalgouvernements dem Amt für Preisüberwachung der Transferstelle die Ermächtigung der Preisbildungsverordnung erteilt habe. Schließlich informiert Nr. 5 vom März 1942 über die Verpflegungszubußen für die Arbeiter. 6 kg Brot, oder rund 40 000 kcal, erhielten bereits 5 000 Personen zusätzlich pro Monat. Der Rest der erwähnten Merkblätter ist nicht erhalten, doch geben bereits die vorhandenen einen guten Einblick.

Der zweite Bericht

Dieser Bericht vom Oktober kennt nur Rückschläge auf allen Fronten. Das Ghetto wurde verkleinert, was auch zur Auflassung bereits funktionierender Produktionen führte. Die Umsätze gingen zurück, ebenso die Zahl der Beschäftigten. Verboten wurde die Beschäftigung jüdischer Arbeitertrupps außerhalb des Ghettos. Das Ende der vielversprechenden Initiativen schien nahe, zumindest für jene, die unmittelbar davon betroffen waren. Doch die Quellen deuten die Ursachen dieser territorialen Einschränkungen anders.

Die Deutschen hatten Angst vor einer Ausbreitung von Epidemien, in erster Linie von Fleckfieberepidemien. Doch anstatt die Ursachen zu analysieren und dort Abhilfe zu schaffen, wurde alles getan, um das Ghetto weiter abzuschließen, die Grenzen zu begradigen und Teile abzutrennen. Fleckfieber wird in erster Linie von Ungeziefer verbreitet, also liegen die Ursachen in mangelnder Hygiene, im Zusammenpferchen auf kleinstem Raum, in der Schwächung durch Hunger und natürlich im Fehlen von Medikamenten. Die bekannten katastrophalen Zustände im Ghetto wurden wieder einmal klar thematisiert. Hilfe konnte nur das Projekt Bischof-Transferstelle bringen.

Ein Brief des schon erwähnten Dr. Lambrecht, Distriktarzt von Warschau, vom 5.9.1941, an den SS-Oberführer Arpad Wigand, SS- und Polizeiführer des Distriktes Warschau, weist auf die große Furcht der Deutschen vor einer Ausbreitung der Fleckfieberepidemie hin. Der Arzt berichtet von 57 Fällen im Ghetto, die verschwiegen wurden. Er verlangt die sofortige Verlagerung aller arischen Betriebe aus dem Ghetto, die Einstellung aller Fahrten von Straßenbahnen und Wehrmachtsfahrzeugen ins Ghetto. Zum Abschluss schreibt Lambrecht: „… es muss die Angst vor dem Tode durch Aufhängen, der den Juden droht, wenn sie außerhalb des Ghettos angetroffen werden, durch Schaffung eines entsprechenden Gesetzes größer sein als die Hungersnot."

Mit dieser Maßnahme scheint aber wieder Beruhigung eingetreten zu sein, da zum Monatsende die Arbeiterzahl wieder ansteigt. So stockt die schon erwähnte Fa. Schultz & Co die Stiefelerzeugung auf, die Beschäftigtenzahl wird verdoppelt, zwei deutsche Firmen vergeben Textilerzeugungen in Heimarbeit, ein Ingenieurbüro für militärische Konstruktionsarbeiten wird eingerichtet und anderes mehr.

Bischof übernimmt die Ausgabe und Kontrolle der Passierscheine und beginnt mit der Abtrennung der Finanzverwaltung des Ghettos von der Stadt Warschau. Er kümmert sich in diesem Zusammenhang um die Zahlungen der deutschen Auftraggeber, baut eine Inkassostelle auf. Mit einem Wort: Er schafft sich sein eigenes Reich, löst die Organisation und Verwaltung immer mehr aus den bisherigen wirtschaftlichen Aktivitäten. Und dies trotz der reklamierten Stromabschaltungen, Transportsperren, fehlenden Strukturen; er verselbstständigt die Wirtschaft des Ghettos.

Der dritte Bericht

Der dritte Bericht baut auf den positiven Ergebnissen auf und zeigt einen rasanten Aufschwung der Stromanschlüsse und einen Mangel an Heizmaterial – es ist ja bereits November. 63 Firmen haben in diesem Monat um Zulassung angesucht, 14 positive Bescheide sind bereits ergangen, 24 weitere werden in Kürze folgen, Schultze & Co hat bereits auf 800 Arbeiter aufgestockt.

Bischof berichtet von einem großen Erfolg bei der Lebensmittelzuteilung. Durch die erst jetzt erfolgte amtliche Anerkennung jüdischer Arbeiter in sogenannten „wehrwirtschaftlichen Betrieben" wurden die Lebensmittelzuteilungen auf die vom Reichskuratorium geforderte B-Verpflegung, das entspricht 955 kcal, aufgestockt. Inwieweit die immer wieder erwähnten „jüdische Produktionsfirmen" in diese Aufstockung mit einbezogen werden, bleibt unerwähnt. Dies ändert allerdings nichts an der katastrophalen Versorgungslage der übrigen Bevölkerung des Ghettos. Erwähnt wird, dass lediglich 8% der vorgesehenen Kartoffellieferung – das Hauptnahrungsmittel im Ghetto – ausgeliefert wurde.

Interessant ist, dass ein Vorschlag Bischofs, durch Verkaufsprämien leichter an versteckte kriegswichtige Waren wie Buntmetalle heranzukommen, das Anbot plötzlich verfünffacht. Allerdings beklagt er ganz offen, dass er den „illegalen Warenverkehr, der von den arischen Firmen verursacht" wird, bisher noch immer nicht in den Griff bekommen hat.

Der vierte Bericht

Im Monat Dezember berichtet Bischof in erster Linie von der durch zusätzliche Verpflegung „außerordentlich zufriedenstellenden" Arbeitsleistung und von seinen Bemühungen, diese Zusatzverpflegung auch für die „wichtigeren privatwirtschaftlichen Werkstätten und den großen Kreis der jüdischen Handwerker und Heimwerker, die durch sogenannte Verlegerfirmen liefern", zu erreichen.

Erstmalig wird die Ghettofirma des Ariseurs und Großindustriellen Walter Casper Többens erwähnt. Többens, 1909 in Meppen, 100 km südöstlich von Bremen, geboren, hatte seit 1934 schon 14 ehemals jüdische Firmen arisiert und bereits 1940 seine Fühler Richtung Produktionen im Ghetto Warschau ausgestreckt. Durch Bestechung und sonstige Gefälligkeiten hatte er sich über einen Dr. Laut, Leiter der Wirtschaftsgruppe Groß-, Einzel- und Ausfuhrhandel im Reichswirtschaftsministerium in Berlin, Zutritt und schließlich auch die Bewilligung zur Produktionsstättenerrichtung im Ghetto verschafft. Später hat Többens diesen Dr. Laut als Angestellten geführt.

Ende 1940, Anfang 1941 begann Többens mit der Errichtung von drei Großbetrieben, die Mitte 1942 schon mehrere tausend Arbeiter beschäftigten. Wo früher einige hundert Juden in verstreuten Kleinbetrieben auf ihren eigenen Geräten, hauptsächlich Nähmaschinen, für die Wehrmacht arbeiteten, nähten sie jetzt in großen Hallen für Többens. Als Lohn gab es eine Arbeitskarte, die die Juden vor der Deportation bewahrten, und einen Teller Suppe sowie ein Stück Brot. Die

Vorgabe der Entlohnung hat Többens nie eingehalten. Bischof hat offenbar einen laufenden, aber vergeblichen Kampf mit Többens geführt. Selbst die Umsatzmeldungen erfolgten nur sporadisch, wurden immer wieder angemahnt, obwohl gerade dies Basis für die Zuteilung der Lebensmittelzubußen war.

Többens war der meistgehasste, der brutalste Ausbeuter im Warschauer Ghetto, mit ihm arbeiteten die Wehrmacht, die Gestapo, die SS am engsten zusammen. Von ihm erhielt man die meisten Bestechungsgelder – so berichtet der Historiker Günther Schwarberg –, auf Kosten seiner Arbeitssklaven verdiente er ein Vermögen. Zeitweise zahlte er dem Judenrat nicht einmal für die kontingentierten Lebensmittellieferungen, vielmehr verlangte er 2 Millionen Zloty, weil angeblich auf ihn geschossen worden war. Dies notierte Adam Czerniaków in seinem Tagebuch am 25. Juni 1942. Die Produktion funktionierte ungestört bis Ende Juli 1942. Dann nutzte Többens die extreme Notlage der Juden. Er verkaufte die Arbeitskarten um 5 000 bis 10 000 Zloty das Stück, ebenso mussten alle Wertgegenstände, Geld, Nähmaschinen abgeliefert werden. An die 50 000 Personen waren derart bei Többens angestellt und hofften, ihr Leben zu retten.

Doch im September 1942 wird auch in den Werken von Többens selektiert. Schwarberg zitiert den Zeitzeugen Ignatz Eichler: „Den Tag kam Többens mit der Gestapo und der SS. Es ist aussortiert worden, welche Menschen den Weg in die Vernichtungslager anzutreten haben. Többens und sein Geschäftsführer Rudolf Bauch waren die Sortierer. Von ihrer Gnade hing es ab, wer leben durfte." Er berichtet weiter, dass an die 25 000 Menschen deportiert und ermordet wurden. Die überlebenden 25 000 wurden in das neue Werk nach Poniatowa gebracht. Aber auch dort gab es für viele kein Überleben. Bereits im März 1943 wurden wieder unter der Leitung von Többens weitere Selektionen durchgeführt und die Juden unmittelbar danach erschossen.

Obwohl von Himmler, unmittelbar nach seinem Besuch im Ghetto von Warschau im Jänner 1943, der Befehl kam, alle privaten Firmen bei der Beschäftigung von Juden auszuschalten und insbesondere das geschäftliche Gebaren von Többens genau unter die Lupe zu nehmen, geschah in dieser Hinsicht nichts. Ganz im Gegenteil hierzu schließt Többens mit dem SS- und Polizeiführer von Lublin, Odilo Globocnik, den er offenbar durch Bestechung fest in der Hand hatte, einen Vertrag. Es gelingt ihm damit, die neue Firma, die „Werke Poniatowa GmbH im SS-Arbeitslager Poniatowa", mit 15 000 jüdischen Arbeitern und Arbeiterinnen als Rüstungsbetrieb im Textilbereich neu aufzubauen. Im Vertrag wird bezüglich der Bezahlung der jüdischen Arbeiter lediglich eine Bezahlung von 4 Zloty pro Tag für weibliche und von 5 Zloty für männliche Arbeiter an die SS festgelegt. Sonst gibt es dazu keine Bedingungen.

Die Umsiedlung und die Arbeitseinteilung der überlebenden Juden zum Aufbau der Többensfirma in Poniatowa und der Firma von Schultz, der einen ähnlichen Vertrag mit Globocnik abgeschlossen hatte, in Trawniki, begann zur Jahreswende 1942/1943 und dauerte auch während des Ghettoaufstandes in den Monaten April und Mai 1943 an. Doch die Aktion „Erntefest" der SS unter dem Kommando des SS- und Polizeiführers Jacob Sporrenberg beendet die Karriere von Többens in Polen. Am 3. November 1943 werden die Lager Poniatowa, Trawniki und Poniatow von starken SS- und Polizeiverbänden umstellt. Vor den vorher ausgegrabenen „Luftschutzgräben" werden allein in Poniatowa noch am gleichen Tag 15 000 Personen mit Karabinerfeuer ermordet, am Abend werden die Gräben zugeschaufelt.

Többens rettet sein Vermögen. In Lazarettzügen transportiert er die Nähmaschinen, die Waren, sein Geld und seine Wertgegenstände nach Delmenhorst bei Bremen, versteckt sie in diversen geheimen Lagerräumen. Er selber steht 1945 wieder hinter dem Ladentisch seines Geschäftes in Vegesack. Dort wird er allerdings noch im September von Captain Louis Rosenblatt verhaftet. Auf Grund vieler Zeugenaussagen beschließt das amerikanische Militärgericht, ihn als Kriegsverbrecher an Polen auszuliefern. Es gelingt ihm aber, auf dem Transport nach Warschau auszubrechen. Fünf Jahre lang bleibt er untergetaucht.

Doch obwohl er in Abwesenheit von der VI. Spruchkammer des Landes Bremen am 30. Juni 1949 als „Hauptschuldiger" zu zehn Jahren Arbeitslager, zum Verlust seines Vermögens, des Wahlrechtes und jeder Rente verurteilt wird, gelingt ihm die volle Rehabilitation. Er erhält all seine Millionen, seine Bürgerrechte zurück. Sein Verteidiger und seine vielen Freunde überzeugen das Gericht: „Lebten Juden aus dem Warschauer Ghetto noch, so stünde Többens nicht vor Gericht, sondern im Goldenen Buch von Palästina."

Bischof arbeitet indessen weiter an der Konsolidierung der Transferstelle und an der Ausdehnung der Produktionen. So gelingt es ihm, drei Többens-Mitarbeiter, die „ehrenamtlich" bei der Transferstelle arbeiten, sowie zwei ihm missliebige und unfähige Mitarbeiter abzuschieben und bei Többens zu deponieren.

Die Zollformalitäten mit den ehemaligen polnischen, jetzt ins Reich eingegliederten Westgebieten werden erleichtert, auch ins Reich können Produkte der Rüstungsbetriebe ohne Zollformalitäten geliefert werden. Damit schafft er die eigentliche Basis für die rasante Umsatzerweiterung. Zwei weitere Betriebe aus Berlin und Bromberg haben mit der Fertigung von Möbelbeschlägen begonnen, ein weiterer Hinweis auf die Vielfalt der Facharbeiter- und Handwerkergruppen.

Auch in diesem Bericht klagt er über „die völlige Zerrüttung des Preisgefüges der Gesamtwirtschaft des Generalgouvernements", die die „Ursache für die Nichteinhaltung der Vorschriften für den Wirtschaftsverkehr mit dem jüdischen

Wohnbezirk" sei. Der extreme Mangel an Lebensmitteln außerhalb, insbesondere aber innerhalb des Ghettos, die exorbitanten Schwarzmarktpreise verfolgen ihn als Person und als Leiter der Transferstelle während seiner gesamten aktiven Zeit und verhindern die angepeilte Versorgung der Gesamtbevölkerung. Als einzige Überlebensstrategie blieben nur die „Schwarzproduktion, der Schwarzhandel und der Schmuggel". In doppelter Hinsicht gefährdete diese Situation das ganze Projekt, da seinen Gegnern damit schwerwiegende Argumente gegeben wurden.

Der fünfte Bericht

Über den Jänner 1942 wird zum ersten Mal die Ausfuhr-leistung in Zahlen angegeben. Die Gesamtsumme von 3 736 300 Zloty gliedert sich in Leistungen der Deutschen Firmen-gemeinschaft, einschließlich der Lohnarbeit, in Abfallsamm-lung und in Sonstiges. Die unter „Sonstige Ausfuhr" angeführ-te Summe liegt mit 1 754 600 Zloty höher als die Leistungen der deutschen Firmen, wahrscheinlich handelt es sich um die jüdischen Produktionsfirmen. Sicher ist dies für Bischof ein hoher psychologischer Erfolg im Hinblick auf die weiter oben geschilderte Gefahr. Er hat auch Erfolg bei der Abwehr der Forderungen des Ministeriums für Bewaffnung und Muni-tion in Berlin, sämtliche Werkzeugmaschinen abzuliefern. Bischof kämpft offensichtlich an mehreren Fronten, aber mit Erfolg. So funktioniert bereits das schon erwähnte Konstruk-tionsbüro, eine „Leistungsschau des jüdischen Handwerks" ist in Vorbereitung, er führt Gespräche mit dem Heereskraftfahr-zeugpark, mit der Landwirtschaftlichen Beschaffungsstelle im Generalgouvernement, mit dem Einkauf der Organisati-on Todt, dem größtem Hoch- und Tiefbauunternehmen im Rüstungs- und Verteidigungsbereich. Aus Danzig kommen Vertreter der Reichsstatthalterei und der Rüstungsinspektion zu Kooperationsgesprächen, die Heeresbeschaffungsstelle Warschau verpflichtet sich vertraglich, sämtliche Produktionsaufträge über die Transferstelle abzuwickeln.

Sein größter Erfolg ist aber die Errichtung der „Genossenschaftsbank für den jüdischen Wohnbezirk in Warschau", um den gesamten Zahlungsverkehr des jüdischen Wohnbezirks abzuwickeln. Alle jüdischen Neuguthaben von Personen, die ihren Wohnsitz im Ghetto haben, sollen ab sofort an diese Bank gehen, ebenso auch die bisherigen Neuguthaben bei arischen Banken transferiert werden. Etwas kryptisch ist der Hinweis, dass das Amt für Preisbildung der Regierung dem Amt für Preisüberwachung, also der der Transferstelle zugeordneten Preisstelle, eine elastische Handhabung zugesteht, um mit dieser Sondergenehmigung den „erfassten und unterordnungsbereiten Warenverkehr" nicht auf „Schleichwegen abzudrängen". Dahinter steht die Möglichkeit, sich bei Ein- und Verkauf den realen Gegebenheiten, sprich dem Schwarzmarkt, in bestimmten Bereichen dezent anzupassen. Ein geradezu unglaubliches Zugeständnis der deutschen Bürokratie.

Bischof entwirft eine neue Gebührenordnung und liefert gleichzeitig eine komplette Übersicht aller Umsätze vom Jänner des Jahres 1941 bis zum Dezember. Es beginnt mit ganzen 1700 im Jänner, also vor seinem Einstieg, zeigt im Mai erst 131 000, um sodann unter seiner Führung auf die oben angeführten 3 736 300 Zloty anzuwachsen. Bischof scheint sehr optimistisch für die Zukunft.

Der sechste Bericht

Der sechste Bericht ist sehr kurz gehalten, hält bereits einen Umsatz von 4 758 700 Zloty fest, enthält aber wieder einige für die Bewohner des Ghettos lebenswichtige Hinweise. Erstmalig wird dem Ghetto zugestanden, Teilmengen der gesammelten Altmetalle und Lumpen für die eigene Erzeugung zurückbehalten zu dürfen. Dieses Zugeständnis bedeutet eine 100%-Gewinnspanne, mehr Geld, um Lebensmittel zu kaufen, den Hunger zu reduzieren. Ein Vertrag mit der Ernteerfassungsstelle des Generalgouvernements, diese Waren gegen Lebensmittel tauschen zu können, rettet wieder einigen das Leben. Positiv sind die kurzen Hinweise auf weitere Firmenansiedlungen, auf laufende Anfragen, auf Verhandlungen mit dem Wehrmachtsbeschaffungsamt in Berlin, weitere Aufträge ins Ghetto zu verlagern. Dabei soll eine Gießerei für die Umhüttung von Lagermetall für Lokomotiven aufgebaut werden.

Der siebte Bericht

Im März 1942 zeigt sich trotz des Umsatzanstieges auf 6 045 600 Zloty in dramatischer Weise der immer wieder aufflammende Kampf, den Bischof durchzustehen hat. Neuerdings sind es der Neid, die Intrigen einer Reihe von „arischen" Betrieben im Generalgouvernement, aber auch im Reich, die um ihre Aufträge fürchten. Hindernisse überall, Transportprobleme, Probleme bei der Energieversorgung, die Verweigerung, Rohstoffe zu liefern.

Vor allem aber werden die im Ghetto arbeitenden „arischen" Firmen vom Amt für Preisüberwachung aufgefordert, sich nach anderen Bezugsquellen umzusehen. Gleichzeitig wird das Abkommen über die liberalere Handhabung der Preise gekündigt. Bischof führt diese Problematik auf den Umstand zurück, dass den jüdischen Betrieben die Verpflegungszubuße von 4 kg Brot pro Person und Monat nicht genügt, um sie vollständig „an die Transferstelle heranzubringen". Das bedeutet, dass nach wie vor bedeutende Produktionsmengen auf dem Schwarzmarkt versickern, der rote Faden, der durch die gesamte Geschichte des Ghettos geht. Der wesentliche Grund

ist immer der gleiche: Hunger. Für die deutschen Behörden
Grund genug, die Legitimation der Transferstelle immer wie-
der in Frage zu stellen.

Diese eskalierende Situation veranlasst Bischof, Kleinbetriebe
zu größeren, kontrollierbaren Einheiten zusammenzufassen
und weitere Firmengründungen vorläufig aufzuschieben.

In diesen Monat fällt auch eine Besprechung, eine Rechen-
schaftslegung im Büro des Distriktgouverneurs. Auerswald,
Bischof und sein Vertreter Dr. Ulrich Rahtje sind vorge-
laden. Bischofs Rede muss sehr überzeugend gewesen sein,
denn Fischer reagiert sehr positiv und meint, dass ihm der
j. W. keinerlei Arbeitsbelastung gebracht hätte. Er habe po-
sitiv zur Kenntnis genommen, dass der staatliche Zuschuss
nunmehr eingestellt werden könne. Er erwarte die baldi-
ge Bezahlung der kommunalen Abgaben und der Steuern.
Schließlich verspricht Fischer eine weitere elastische Vor-
gangsweise und Kooperation. Es geht doch auch immer wie-
der bergauf.

Der achte Bericht

Der gesamte Bericht handelt von den organisatorischen Veränderungen bei den jüdischen Produktionen. Bischof unternimmt alles, um die hohe Diversifikation, die unzähligen
Kleinfirmen und damit auch die Unkontrollierbarkeit in den
Griff zu bekommen. Er schließt alle Verlegerfirmen bis auf
acht. Er konzentriert die gesamte jüdische Erzeugung entweder auf die acht Verlegerfirmen oder einige wenige Groß-
produktionen. Außerdem schaltet er die Zwischenhändler,
Vermittler und Kommissionäre aus. Der Erfolg zeigt sich
unmittelbar. Der Umsatz klettert auf 7 013 800 Zloty. Und
dies, obwohl Többens, der Größte, wieder einmal keine
Umsatzzahlen meldet und damit auch keine Brotzubußen
bekommt.

Der neunte Bericht

Im Monat Mai explodiert der Umsatz geradezu und erreicht 13 161 200 Zloty. Többens hat endlich nachgemeldet. Die im April angekündigten Bewilligungen für weitere sechs deutsche Firmen und die vielen Anfragen beginnen sich zu realisieren. Große Bedarfsstellen wie die Heeresbekleidungswerkstätten in Stettin, Königsberg und Minsk sowie die Abteilung Wirtschaft des Distriktes Lemberg werden Kunden. Verarbeitet wird in erster Linie Beutegut. Kontakte werden aufgenommen mit ähnlichen Organisationen des Oberkommandos des Heeres (OKH), aber auch mit der Reichsbahnkleiderkassa, mit dem neuen Reichskommissariat Ukraine, mit der Zweigstelle Ost des Reichsverkehrsministeriums.

Über 8 000 Arbeiter erhalten bereits Verpflegungszubußen – gegenüber 144 im März. Bischof berichtet sehr detailreich über die ersten Aktivitäten der von ihm gegründeten „Genossenschaftsbank für den jüdischen Wohnbezirk in Warschau m. b. H". Die wahrscheinlich für ihn wichtigste Meldung ist aber der Hinweis, dass es ihm gelungen ist, die vielen jüdischen Kleinbetriebe und Werkstätten einheitlich zu organisieren und damit in eine kontrollierbare Form zu bringen, den Zwischen- und Kettenhandel auszuschalten. Als äußeres Zeichen dient ihm die allgemeine Kosten- und damit Preisreduktion um mindestens 20%.

Der zehnte und der elfte Bericht

Der unglaubliche Aufschwung des Umsatzes und die weitgehende Reorganisation ist auch Thema der beiden Berichte über die Monate Mai und Juni 1942. Die für Juni dokumentierten 14 458 200 Zloty werden im Detail aufgegliedert, den jeweiligen Produktionen zugeordnet. Obwohl der unbeteiligte Leser den Aufschwung und die Befriedigung über die gelungene Leistungssteigerung aus *den Formulierungen förmlich spüren kann, verbleibt ein unerklärliches Manko.*

Die einzelnen Produktionen lassen sich nur teilweise jüdischen oder „arischen" Firmen zuordnen. Ebenso fehlt jeder Hinweis auf Kalkulationen, auf die Herkunft der Rohmaterialien. Soweit es sich um Lohnarbeit handelt, ist dies zwar nicht notwendig, doch der gesamte Rest der Produktion bleibt offen. Es gibt keine Angaben über importierte Rohstoffe, über Alt- und Beutematerial. Die unklaren Grenzen zwischen dem offiziellen und dem nichtoffiziellen Teil der Produktionen existieren – wenn auch reduziert – doch noch immer.

Parallel zu den angeführten Umsatzsteigerungen erhöht sich auch der bargeldlose Zahlungsverkehr über die Genossenschaftsbank, sowie die Einlagen und das Eigenkapital. Bischof achtet streng auf ausgeglichene Gebarungen der Soll- und Habenkonten der Kunden und der Emissionsbank.

Alles in allem eine bemerkenswerte Leistung, aus dem Chaos einer reinen Verlustsituation ein immer besser funktionierendes Ganzes zu machen. Sicher noch weit entfernt vom Ziel einer akzeptablen Versorgungslage, aber am Wege dahin.

Das erste Mal wird ausführlich über die Versorgungslage des Ghettos referiert. Im Jahre 1941 hat die Transferstelle insgesamt für 25 491 000 Zloty, davon 19 906 000 für Lebensmittel, eingekauft. Vergleicht man die Monate, so ergibt sich in der ersten Jahreshälfte ein Durchschnittsbetrag von 1,49 Zloty pro Monat und Person gegenüber 4,54 Zloty in der zweiten Hälfte. Rechnet man noch mit 0,50 Zloty pro Kilogramm Brot, wie vom Reichskuratorium postuliert, so gibt dies ungefähr 600 kcal pro Person und Tag. Allerdings zeigt die schon erwähnte Statistik, dass der offizielle Brotpreis innerhalb von sechs Monaten auf 1,30 Zloty gestiegen war, dadurch ergeben sich nur mehr 230 kcal. Das Verhungern war weiterhin Schicksal für viele.

Erst die sich rasant erhöhenden Umsätze des Jahres 1942 brachten eine Verbesserung und erreichten im Juli – theoretisch – Werte von beinahe 1500 kcal pro Person und Tag. Eingeschränkt ist diese theoretische Rechnung durch die Vorgabe des Amtes für Wirtschaft der Landesregierung. Von dort erging die Vorschrift, dass die normale Kalorienzuweisung bei 620 kcal zu liegen habe, zuzüglich diverser Arbeiterzulagen. Wahrscheinlich ist daher für die nichtarbeitende Bevölkerung bis zu den angeführten 620 kcal zu den kontingentierten Preisen geliefert worden, aber darüber hinaus musste am freien Markt eingekauft werden – zu horrenden Preisen. Im Übrigen erwähnt Bischof im vorliegenden Bericht, dass er die Bewilligung vom Gouverneur erhalten habe, im Ausgleich zu nicht erfolgten Lieferungen von Kontingentwaren, Getreide- und Kartoffelankäufe „freihändig" zu tätigen. Ein dehnbarer Begriff.

Erinnert man sich an den Distriktarzt von Warschau, Dr. Lambrecht, der einen Kalorienbedarf von 2400 kcal für den normal arbeitenden Menschen festgelegt hatte, weiters einen Menschen, der weniger als 1500 kcal täglich erhalte, als bettlägerig bezeichnet hatte, so ist erkennbar, dass das Verhungern auch 1942 weiterging. Lediglich die arbeitenden Personen und Teile ihrer Angehörigen konnten einigermaßen ihr Dasein fristen, überleben. Eine wesentliche Verbesserung der Lebensbedingungen lag damals noch in ferner Zukunft, allerdings war sie voraussehbar – wenn die SS den Menschen, respektive der Produktions- und Umsatzentwicklung eine Chance gegeben hätte.

Gegen Schluss des Juniberichtes klingen die Sorgen über die Zukunft heraus. Längere Kommentare über mögliche einschränkende Maßnahmen der deutschen Behörden bei der Rohstoffbewirtschaftung zu Ungunsten der Transferstelle. Dazu die wiederholte Betonung, dass die Transferstelle laufend eigenständige Unternehmenstätigkeit an deutsche Firmen *abgibt, wobei Többens und Schultz bevorzugt waren. Derlei lässt die Juliereignisse vorausahnen.*

Der zwölfte Bericht

Dieser letzte eigenständige Bericht über den Monat Juli wird nicht von Bischof, sondern von seinem Stellvertreter, Dr. Ulrich Rathje, verfasst. Die Umsätze lagen bereits bei 15 058 558 Zloty, wären jedoch noch um einiges höher gewesen, wenn Többens und Schultz ihre Umsätze gemeldet hätten. Eine Rekordzahl. Die Meldung wurde allerdings später nachgeholt und erhöhte den Umsatz auf beinahe 17 Millionen. Und dies, obwohl Ende Juli des Jahres 1942 die Deportationen bereits begonnen hatten und das Ghetto von der SS bereits übernommen worden war.

Um 9 Uhr kam das Ausrottungskommando

Der Historiker Josef Wulf beschreibt in seinem Buch „Das Dritte Reich und seine Vollstrecker. Die Liquidation von 500 000 im Ghetto von Warschau", wie Marcel Reich, heute Marcel Reich-Ranicki, Literaturkritiker und Autor, damals Schriftführer des Judenrates, die Übernahmeszene dokumentiert: „Am 22. Juli kamen um ca. 9 Uhr früh eine Anzahl PKW und zwei LKWs mit ukrainischen Soldaten an. Das Gebäude des Judenrates wurde sofort umzingelt und alle Eingänge besetzt. Den PKWs entstiegen mehr als 10 Männer, die sofort zum ersten Stock hinaufgingen, also jenem Teil des Gebäudes zustrebten, wo der Vorsitzende des Judenrates, Czerniaków, amtierte. Im ganzen Haus herrschte Totenstille.

Die Angestellten nahmen allgemein an, die Verhaftungen der Judenratsmitglieder würden fortgesetzt. Ich erblickte den Vorsitzenden hinter seinem Schreibtisch. Hohe SS-Offiziere waren anwesend, und als ich eintrat, wandte er sich an einen

von ihnen, einen dicklichen Kahlkopf. Das war Sturmbannführer Höfle, einer der Anführer der Aktion Reinhard, allgemein Vernichtungs- und Ausrottungskommando genannt."
Czerniaków nahm sich kurz darauf das Leben. In einem Ab-
schiedsbrief an seine Frau schreibt er: „Sie verlangten von mir,
mit eigenen Händen die Kinder meines Volkes umzubringen.
Es bleibt mir nichts anderes übrig, als zu sterben." Die übrigen Mitglieder des Judenrates wurden wenig später erschossen,
auf dem sogenannten „Umschlagplatz".

Trotzdem wurde noch auf Hoffnung gemacht. Rathje berichtet über gleichbleibende Produktionskapazitäten und dass die
„Umsiedlung" vorerst lediglich organisatorische Änderungen
hervorruft: „Auf dem Gebiet des Bewirtschaftungsrechtes
hat die Transferstelle Warschau wesentliche Beiträge zu der
aus kriegswirtschaftlichen Gründen notwendig gewordenen
Verdichtung der Bewirtschaftungsmaßnahmen im jüdischen
Wohnbezirk geleistet." Rathje war Jurist, entsprechend hat er
die menschliche Katastrophe formuliert. In seiner Korrespondenz mit Bischof Ende der 40er Jahre und noch weit in die
50er und 60er Jahre hinein zeigt er sich übrigens als wohlbe-
stallter Familienvater und Rechtsanwalt in Deutschland.

Lebensgefahr

Die weiteren Monatsberichte werden immer kürzer, die Umsätze gehen gegen null, lediglich die Produktionen von Többens und Schultz gehen noch weiter, Umsatzzahlen gibt es nicht mehr. Die Genossenschaftsbank erhält den Auftrag, das Kredit- und Einlagengeschäft zu liquidieren und – mit Zustimmung des SS- und Polizeiführers – lediglich den Zahlungsverkehr weiterzuführen. Die Transferstelle fungiert nur noch als Buchhaltung und Vermittler, als „Wegweiser" zu den einzelnen Dienststellen der SS. Von August an steht sie unter der Leitung des SS- und Polizeiführers.

Kurios ist der Bericht über die Versorgungslage: Die deutsche Bürokratie hatte offenbar die rasante Deportation nicht mitbekommen. Lebensmittel wurden in vollem Maße auf Grund der alten Bevölkerungszahlen weitergeliefert. Die noch Verbliebenen erhielten mehrfache Zuteilungen. Außerdem beziehen über 50 000 Personen die Brotzubußen. Fast ein Lebensmitteleldorado war ausgebrochen. Doch nicht für lange. Im September 1942 gibt es lediglich 35 000 offiziell gemeldete Arbeitskräfte für 33 Betriebe. Der vollständige Wandel des Ghettos in ein Arbeitslager der SS war erfolgt. An die 450 000 Menschen waren deportiert, vergast, ermordet worden.

Der letzte Bericht

Wie dem letzten Monatsbericht zu entnehmen ist, war das offizielle Ende der Transferstelle mit 31. Dezember 1942 festgelegt worden. Die Tätigkeit war sowieso nur mehr auf den Forderungsausgleich beschränkt gewesen. Entsprechend hat bereits im Oktober der Personalabbau begonnen. Die meisten der männlichen Mitarbeiter wurden an die Front geschickt.

Erhalten geblieben ist „Das Bilderbuch der Transferstelle", verfasst im Mai 1942, vollendet irgendwann später. Dieser Bilder- und Gedichtband beginnt recht fröhlich, endet aber melancholisch mit „Memoriam". Fast alle Mitarbeiter werden als Karikatur dargestellt und mit Reimen beschrieben. Man kann daraus eine echte Kameradschaft und eine bewundernde Verehrung für Max Bischof herauslesen. Die letzten sechs Zeilen lauten:
„Und dass wir nicht an schlechter Laune kranken,
wollen wir Ihnen, Herr Direktor, danken.
Sie haben stets mit – bischöflicher Milde –
und mit Humor gelenkt die Transfergilde,
mit Menschlichkeit, verständnisvoll, gerecht,
in Ihrem Sprengel geht es keinem schlecht. "

Über die Transferstelle gibt es noch einen letzten Bericht vom 17. Juli 1943 an den Gouverneur Fischer. Bischof lässt nochmals alles Revue passieren, von der Aufgabenstellung bis zur Erfüllung der Vorgaben des Reichskuratoriums. Er scheut aber auch nicht davor zurück, festzuhalten, dass er es war, der jedem arbeitenden Juden die entsprechende Entlohnung und Lebensmittelration hat zukommen lassen. Er erreichte, dass ein Minimum an Rechtssicherheit wiederhergestellt wurde, wodurch auch die Einschränkung des Bargeldbesitzes für Juden aufgehoben wurde, Deportationen und Konfiskationen hätten aufgehört.
Das offenbar für Bischof wichtigste Kapitel beschreibt aber die Organisation und Regulierung der gesamten Vorgangsweise sowie die Kontrolleinrichtungen zur Überwachung des Waren-, Dienstleistungs- und Kapitalverkehrs.
Das alles konnte er nur durch die Ausstattung der Transferstelle mit „hoheitlichen" Rechten erreichen. Die ordnungsgemäße Gebarung, die Einhaltung der Haushaltspläne wurden durch den Prüfbericht des Rechnungshofs des Generalgouvernements vom 20. Oktober 1942 bestätigt.

Der Schluss beschreibt die am 22. 7. 1942 schlagartig ein-
setzende „Großaussiedlung der Juden durch den SS- und
Polizeiführer, Sturmbannführer Jesuiter", den Übergang al-
ler Weisungsbefugnisse an diesen. Danach geriet „alles wirt-
schaftliche Leben völlig ins Stocken". Seine anschließende
persönliche Tätigkeit waren Versuche, die Riesenverluste, die
„arische Firmen" durch den Produktionsausfall, Investitions-
und Rohmaterialverlust erlitten hatten, zumindest teilweise
auszugleichen.

Offenbar war Distriktgouverneur Fischer mit den Leistungen
von Bischof sehr zufrieden. In seinem Brief vom 25. April
1943 spricht Fischer ihm seinen Dank und seine Anerken-
nung aus. Er bestätigt, dass Bischof seine Aufgabe hervorra-
gend gelöst hätte. Dieses Lob unterstreicht er noch mit dem
Hinweis, dass die Ausfuhrleistungen „... im Juli 1942 mit
einer Monatsleistung von 16 558 900 Zloty eine ungeahnte
Höhe erreichten, denn damit war das vom Reichskuratorium
errechnete Ausfuhrerfordernis nicht nur erreicht, sondern so-
gar überschritten".

Diese Anerkennung zeigte sich auch in der Ernennung zum
„Kommissar für die Städtischen Kreditvereine im General-
gouvernement", zusätzlich zu seiner nach wie vor bestehen-
den Funktion als „Beauftragter der Bankenaufsicht".

Familie und Eigentum in Wien
Dies ist der Zeitpunkt, wo der Kampf um seine Familie
und um sein Eigentum in ein dramatisches Stadium trat.
Menetekelhaft erfolgte Intervention über Intervention ver-
schiedener Dienststellen in Wien: Max Bischof sei mit einer
Volljüdin verheiratet, Delogierungsbescheide, Anforderun-
gen zur Vorlage sämtlicher Originalurkunden über die Ab-
stammung seitens des Gauamtes für Sippenforschung und
vieles mehr.

Interventionen des Leiters der Emissionsbank und schließlich ein genialer Schachzug Bischofs konnten das Ärgste abwenden. Bischof schreibt in seiner Autobiographie darüber: „Ich hatte die Gräueltaten gegen die jüdische Bevölkerung miterlebt und mir wurde angst und bang, was vielleicht meiner Familie drohen könnte. Ich beschloss daher, radikale Abhilfe zu schaffen. Die Mutter meiner Frau hieß Julie Berkowitsch und dieser Name schien mir geeignet, arisiert zu werden. Durch Vermittlung meiner ersten Quartiersfrau, Frau Elektorowicz, nahm ich Fühlung mit der polnischen Widerstandsbewegung auf und bestellte dann, gegen entsprechende Bezahlung, einen Taufschein für meine Schwiegermutter. Dieser Taufschein war aus dem östlichen Galizien, wo bereits die Russen waren und daher die Nachprüfung nicht möglich war. Dieser Taufschein war so glaubwürdig ausgestellt, dass ich darauf aufbauend den Stammbaum fortsetzte und dann noch von den Eltern der Schwiegermutter und deren Großeltern Taufscheine bestellte." Leben dank Fälschungen.

„Die Endlösung" ohne Ende

Zurück zum Dachboden in Hietzing. Über den Terror, den Aufstand im Ghetto, die Massenvernichtungsaktionen, die Vergasungen von Millionen Juden und die Kämpfe des polnischen Widerstandes oder über den Krieg im Osten und Westen gab es nichts im Nachlass von Max Bischof. Erst von seiner Verwundung beim Warschauer Aufstand im Jahre 1944 an berichtet er wieder über sein Leben, über die Umstände, in denen er sich befand. Lediglich eine große Zahl von Bankberichten, diverse Bilanzen und sonstige Abrechnungen belegen seine banktechnische Tätigkeit in den Jahren 1943 und 1944.

Man hat sich zu vergegenwärtigen: Polen war das Zentrum der Ausrottungsaktionen der Juden wie auch anderer politisch, rassisch oder medizinisch Verfolgter. Genaue Berichte gibt es über die acht großen Vernichtungslager Kulmhof, Belzec, Sobibor, Treblinka, Lublin-Majdanek, Auschwitz-Birkenau, Maly Trostinec und Jungfernhof bei Riga: über die Zahl der Ermordeten, über die Art, wie sie zu Tode kamen, über die Zustände im Lager und wie die Deutschen versuchten, vor Kriegsende die Spuren zu verwischen, indem sie die Todesstätten einebneten und bepflanzten. Es gibt Berichte von Augenzeugen und Betroffenen, ehemaligen Lagerinsassen, aber auch eine große Zahl von deutschen Berichten. Der Hang zur Bürokratie, zur genauen Buchführung, hat der Nachwelt vielfach erschreckende Gräuelzahlen geliefert.

Bereits im Dezember 1941 begannen die Mordaktionen im Vernichtungslager Kulmhof (Chelmo) nordwestlich von Lodz. Bis März 1943 ermordeten SS-Leute unter Führung der SS-Hauptsturmbannführer Herbert Lange und Hans Bothmann 150 000 Juden mittels Motorabgasen in geschlossenen Lastwägen. Im März 1942 wurden im Vernichtungslager Belzec im Distrikt Lublin stationäre Gaskammern in Betrieb genommen, im etwa gleichen Zeitraum wurden dort 600 000 Menschen, hauptsächlich Juden, vergast. Und so ging das weiter.

Das größte Mordzentrum war Birkenau als Teil des Konzentrationslagers Auschwitz. Unter dem ersten und berüchtigten Kommandanten, SS-Obersturmbannführer Höß, begannen dort die „Selektionen". Sofort nach Einlangen am Bahndamm trennte man die Arbeitsfähigen von jenen, die sofort ins Gas, in den Tod geschickt wurden. Er und sein Schutzhaftlagerführer, SS-Hauptsturmführer Carl Fritzsch, waren es, die, angeregt von Eichmann, die Massenvernichtung von Menschen mit Zyklon B, einem Zyansäurepräparat – ursprünglich zur Ungeziefervernichtung erzeugt –, erprobten und voll einsetzten. An die 1,7 Millionen Menschen wurden dort ums Leben gebracht.

Als die Soldaten der Roten Armee am 27. Jänner 1945 dort eintrafen, fanden sie tausende Leichen, kranke Überlebende, tonnenweise ehemaliges Eigentum der Toten. Neben 350 000 Männeranzügen, 837 000 Frauenkleidern lagerten an die 8 Tonnen menschliches Haar. Dies erinnert an die Aufarbeitung von Altwaren im Ghetto von Warschau.

Historisch ist festzuhalten, dass die größte der Deportationsaktionen vom Ghetto Warschau ausging. Nach der schon geschilderten Übernahme des Ghettos durch die SS wurden bis September 1942 über 400 000 Menschen in die Vernichtungslager transportiert, an die 20 000 konnten durch die Kanäle flüchten, 35 000 verblieben als Arbeitssklaven, einige Tausend versteckten sich in Kanälen und Kellern, vorläufig. Marek Edelman ein Bewohner und Überlebender des Ghettos, Arzt und nach 1945 ein bekannter Herzspezialist in Warschau, schildert die Situation: „Täglich sollten mindestens 6 000 Menschen am Umschlagplatz bereitgestellt werden. Am 29. Juli hängt man im Ghetto folgenden Aufruf aus: ‚Der der Aussiedlung unterliegenden Bevölkerung gebe ich gemäß Anordnung der Behörden zur Kenntnis, dass jede Person, die sich freiwillig zur Aussiedlung stellt, mit Lebensmitteln, d. h. mit 3 kg Brot und mit 1 kg Marmelade, versorgt wird …' Das genügt. Alles Weitere tun Propaganda und Hunger. Erstere liefert ein unwiderlegbares Argument gegen das Märchen von Gaskammern, wozu sollte man Brot teilen, wenn man morden wollte, der Hunger ein noch stärkeres, er verhüllt alles mit den Gedanken an drei braune, frische, gehackene Brotleibe. Ihr Geschmack ist schon fast spürbar, ihr Geruch, der bekannte, gute betäubt, verwirrt die Gedanken, die aufhören, das zu fassen, was scheinbar doch so offensichtlich ist", so Edelman.

„Das Ghetto kämpft"

Obwohl es schon im März 1942, also vor der „Umsiedlungs-aktion", erste Versuche gab, eine einheitliche jüdische Unter-grundgruppe im Ghetto zu gründen, sollte es noch mehr als ein Jahr dauern, bevor es zu organisiertem Widerstand kam. Dem Namen nach gab es Anfang 1942 bereits eine Orga-nisation namens Z.O.B. (Zydowska Organizacja Bojowa = Jüdische Kampforganisation).

„Hier und da gab es Anzeichen aktiven Widerstandes. Häuser wurden verbarrikadiert ... Diese Zeichen des Widerstandes endeten natürlich mit der sofortigen Beseitigung an Ort und Stelle. Massenhaften aktiven Widerstand hat es bisher nicht gegeben. Die Gründe:

Die Illusionen, die durch den Feind genährt werden.

Die Mitglieder des Rates sind daran interessiert, dass es kei-nen Widerstand gibt, damit sie sich retten können.

Die kollektive Verantwortung der Juden, alle könnten um-kommen, ein tragisches Dilemma.

Das klare Wissen um fehlendes Echo im Ausland.

Fehlende Hoffnung auf Hilfe von jenseits der Ghettomauern."

So schrieb Leon Feiner, der Vorsitzende des geheimen Zentral-komitees des jüdischen Arbeiterbundes, auch Bund genannt, an Szmul Zygielbojm, Funktionär des Bundes und Mitglied des Nationalrates in London. Zygielbojm hat sich 1943 das Leben genommen, aus Verzweiflung am Desinteresse der Welt an der Ermordung seines Volkes.

Im November 1942 kam es zu einer endgültigen Gründung und aktiven Tätigkeit des Z.O.B. Man war intensiv um die Aufklärung der Bevölkerung bemüht. Berichte über die Vernichtungsaktionen wechselten mit den Aufrufen, den Lügen der Deutschen nicht zu glauben. Es folgten an die 60 „Hinrichtungen" von Gestapomitarbeitern und Verrä-tern. Tiefbunker wurden gebaut, provisorische Waffen her-gestellt.

Wieder ist es Marek Edelman, in der Führung der Z.O.B. für den Nachrichtendienst zuständig, der einen ausführlichen Bericht in seinem Buch „Das Ghetto kämpft" über den Beginn der Kämpfe, die Situation innerhalb und außerhalb des Ghettos – besonders bei den Partisanen – und den großen Aufstand hinterlassen hat:

„Die erste größere bewaffnete Aktion der Z.O.B. erfolgte drei Monate vor dem Aufstand, am 18. Jänner 1943. An diesem Tag versperrten die Deutschen alle Zugänge zum Ghetto. Anschließend versuchten sie, ins Ghetto einzudringen, um die restliche Bevölkerung zu deportieren. Als Erstes eröffneten die Genossen von der Kampftruppe Ecke Mila-Zamendorfstraße das Feuer. Viele von uns kamen um. Allzu viele … Nach dreitägigem Kampf zogen die Deutschen sich jedoch aus dem Ghetto zurück. Es war für sie ein Schock, auf bewaffneten Widerstand zu stoßen. Ein Schock für sie war auch, dass ihre Soldaten durch jüdische Aufständische fielen … Es überstieg ihre Vorstellungskraft, dass Juden kämpfen konnten."

Trotz der Niederschlagung flackerten Kämpfe immer wieder auf. Es waren in erster Linie die versteckten, tief eingegrabenen Bunker, die den Kämpfern immer wieder die Möglichkeit gaben, Angriffe zu starten.

Die Aktion vom 18. Jänner 1943 überzeugte auch die Armia Krajova (Heimatarmee = polnischer Widerstand), Waffen ins Ghetto zu liefern. Und dies, obwohl gerade Edelman mehrfach warnte, dass eine Aufnahme von geflüchteten Juden in polnische Partisanengruppen kaum möglich sei. Vielmehr hätten sie um ihr Leben fürchten müssen. Ausgerechnet bei kommunistischen Partisanenverbänden, den AL, konnten sie sich fürs Erste einigermaßen sicher fühlen.

Die Berichte des Wladyslaw Bartoszewski

Ganz anders Wladyslaw Bartoszewski, Historiker, Solidarnosc-Mitglied, Außenminister, Friedenspreisträger des deutschen Buchhandels – 1990 war er polnischer Botschafter in Wien. Er berichtet über die intensive Unterstützung der jüdischen Bevölkerung durch polnische Untergrundorganisationen, über die laufenden Berichte via Geheimsender nach London und an den Papst, über die Gräueltaten im Ghetto, über die laufenden Ersuchen um Hilfe gegen den Massenmord, um die Rettung von Kindern, um Waffen. Alles vergeblich.

Ringelblum berichtet über beide Seiten, über die selbstlose Hilfe, aber auch über die große Zahl der „Schmalcowniks", also der Polen, die den Juden ihr Hab und Gut unter Androhung der Denunzierung einfach wegnahmen.

Ein ganz widerliches Bild liefert der Mord an 42 Juden in Kielce im Juli 1946, also nach Kriegsende. Von den rund 15 000 Juden, die vor dem Krieg dort wohnten, lebten noch 200, von denen die meisten auf die Abreise nach Palästina warteten. Der Vorwand war das Gerücht, dass Juden einen christlichen Buben entführt hätten, um Christenblut zur Herstellung von Matzen zu beschaffen. Ein wütender Mob stürmte das jüdische Gemeindezentrum und erschlug wahllos Menschen, darunter zwei Kinder. Der vermisste Bub wurde übrigens kurz darauf im Nachbardorf aufgefunden.

Der umfangreichste, mit vielen Bildern versehene Bericht über die Niederschlagung des Aufstandes ist der deutsche „Stroopbericht". Dem Generalmajor der Polizei, SS-Brigadeführer Jürgen Stroop, gelang es, nach mehrmaligem Versagen der Deutschen im April 1943, mit starken SS-Kräften im Mai den Aufstand niederzuschlagen. Stolz berichtet er, dass über 56 000 Juden erschossen worden sind.

Der Aufstand im Ghetto war der erste größere Aufstand gegen den nationalsozialistischen Terror, die erste größere militärische Aktion von jüdischen Gruppen seit rund 1800 Jahren

(Bar-Kochba-Aufstand 132-135 n. Chr.) und der wahre Beginn eines jüdischen Selbstverständnisses. Nach dem Aufstand im Warschauer Ghetto ging die jüdische Jugend zum Widerstand gegen die Deutschen in Tschenstochau, Lemberg, Bedzin und Bialystok über. Die am Leben Gebliebenen in Treblinka und Sobibor erhoben sich im August, Oktober. Das Beispiel Ghetto regte auch den polnischen Widerstand an. Attentate häuften sich, Bomben explodierten in deutschen Einrichtungen, das Vorspiel zum Warschauer Aufstand des Jahres 1944.

Das NS-Morden ging indessen weiter. Im Rahmen der „Aktion Erntedankfest" wurden beinahe sämtliche Juden, die noch in verschiedenen Arbeitslagern, wie von Többens, von der SS-eigenen Firma Ostindustrie arbeiteten, in konzertierten Aktionen erschossen. Im Frühjahr 1944 begannen die Deutschen, sämtliche Ghettos aufzulösen, die Insassen wurden in Todesmärschen in die Vernichtungslager oder in weiter westlich gelegene Auffanglager geschickt.

Die letzten Monate des Jahres 1944 und die ersten des Jahres 1945 waren vom Vormarsch der Alliierten, für die wenigen noch lebenden Juden vom Vormarsch der Roten Armee geprägt. Ein Vormarsch der lange, zu lange an der Weichsel bei Warschau vorsätzlich abgebrochen worden war.

Der doppelte Aufstand von Warschau

Die Apokalypse im Warschau der Jahre 1943 und 1944 lässt in ihrer Dramatik alles Aufbegehren früherer Zeiten weit hinter sich. Unterdrückt, missbraucht, gestraft und getötet wurde auch bei den Aufständen im auslaufenden Mittelalter oder bei jenen von 1794, von 1830, 1848. Diesmal jedoch, mitten in einem totalitär angelegten Waffengang und gegen dessen Ende, gerieten alle Normen aus den Fugen, von Unwillen, Ablehnung, offenem Widerstand und Selbsterhaltungswillen bis zur Verzweiflung.

Der Menschlichkeit hatte Hitler gleichsam den Krieg erklärt. Seine SS-Schergen vernichteten mit der Zivilisation oder deren Resten jede Form des Anstandes und der Würde. Diesmal ging es um mehr als um die Wiedervereinigung identitätstreuer Polen im eigenen, im nationalen Land (seinerzeit auch nicht frei von imperialen Anwandlungen). Dazu kamen damals die Interessen mehr oder weniger starker Nachbarn, einmal der Schweden, dann der Preußen sowie der Österreicher und zu allen Zeiten der Russen. Zu den Spuren, die diese fremden Mächte mit ihrer egozentrischen Teilungs- und Großmachtpolitik in Warschau – einmal Residenz, einmal Provinz – hinterlassen haben, zählt mangels planerischer Perspektive eine traditionell gewordene enge Wohndichte – Quelle, Heimstadt und Fluch des Ghettos.

Panorama im vierten Kriegsjahr: Die Alliierten verkünden Anfang 1943 in Casablanca, das Dritte Reich müsse bedingungslos kapitulieren; die Katastrophe von Stalingrad ist zwei Monate alt; deutsche Soldaten entdecken im Wald von Katyn, nahe Smolensk, die Gräber von 4400 vermissten polnischen Offizieren (ermordet von russischen Kombattanten im Vollzug des Anti-Eliten-Befehls Stalins); Goebbels hält im Berliner Sportpalast seine berühmt-berüchtigte Aufputschrede „Wollt ihr den totalen Krieg?"; ein Verlag in New York veröffentlicht das hintergründige Märchen „Der kleine Prinz" von Antoine de Saint Exupéry, als 850 SS-Männer in den jüdischen Wohnbezirk von Warschau einzumarschieren versuchen. Widerstand der Juden mit unerwarteter Härte, Disziplin und Wirkung.

Der erste Ghetto-Aufstand gegen die geplante Vernichtung beginnt. Bis zu seiner Niederschlagung wehren sich die Todgeweihten mit jenen primitiven Mitteln, die ihnen, den Ausgehungerten, geblieben waren, heldenhaft. Ein ungleicher Kampf ums Überleben endet in einer neuen Katastrophe. Nach Hunger und Abwehrkampf überleben von den Ghettobewohnern von 1939 nach 1943 nur noch jene, die flüchten und in den Wäldern bei oder mit Partisanen überleben konnten. Die Welt, die, die frei sind und es oft nicht zu würdigen wissen, verstehen den Krieg gegen Hitler und seine Achse immer noch als konventionelle Auseinandersetzung, als Fortsetzung der Politik mit anderen Mitteln (Carl von Clausewitz, von Gutmenschen unserer Tage als infamer Sager verteufelt). Dabei geht es längst um mehr, um Ideologie, um Menschlichkeit, um Vernunft oder gar das Gegenteil …

Nachzulesen bei Stalin. Der kommunistische Herrscher, zumindest so trickreich wie seine monarchischen Vorgänger, löst kurzerhand die kommunistische Internationale auf. Keine Komintern mehr, tönt es aus dem Kreml. Gibt Stalin das Ziel der Weltrevolution, die Errichtung der Diktatur des Proletariats auf, um den biederen Westen, auf den er im Krieg nicht nur logistisch angewiesen ist, zu beruhigen? Oder nützt er eine Finte, wie seinerzeit mit dem Hitler-Stalin-Pakt, der nicht nur gestandene Kommunisten verzweifeln ließ? Nicht überall gehen ideologisierte Rechnungen auf.

Der sogenannte Duce, Benito Mussolini, Busenfreund seines Berliner Artgenossen, wird vom italienischen König Viktor Emanuel III. kurzerhand entlassen, als die Westmächte in Sizilien landen. In Teheran beschnuppern sich Roosevelt und Churchill zum ersten Mal persönlich mit Stalin. Noch ist die Achse nicht beseitigt und schon beginnt man, die Welt neu aufzuteilen: zweite Front im Westen, Offensive im Osten und freie Hand für die Amerikaner in Asien. Dazu als Referenz vor dem Traum „One World" grünes Licht von 36 Staaten für die Gründung der Vereinten Nationen samt Weltbank und Währungsfonds (vorsichtshalber mit dem imperialen Veto-Privileg für die USA, die Sowjetunion, Großbritannien, China und Frankreich als ständige Mitglieder im Weltsicherheitsrat).

In die Stimmung des nahenden Kriegsendes passt es, dass ein unbekannter Sänger im „Rustic Cabin" bei New York in

schlechte Mikrophone haucht: „I never smile again." Er, Frank
Sinatra, bald „The Voice" genannt („I'll do it my way"), hat
über das Showbusiness wohl mehr für amerikanischen Einfluss geschafft als mancher geschäftige Politiker.

Aufstand als hausgemachter Befreiungsschlag
General Tadeusz Bór-Komorowski schien die Zeit reif für die
Tat. Amerikaner waren nach dem D-Day in Frankreich im
Vormarsch und die Russen in Osteuropa. 11 Tage nach dem
missglückten Attentat auf Hitler am 20. Juli.
1944 glaubte der Befehlshaber der etwa 45 000 Mann der
(schlecht bewaffneten) polnischen Heimatarmee, zuschlagen
zu können. Ein tragischer Irrtum. Die weltpolitische Groß-
wetterlage ließ an diesem 1. August 1944 in der Tat entschei-
dende Schwächen der Achse und echte Siegeschancen der
Alliierten erkennen.
Das andere, das abwehrbereite Polen sollte sich und aller
Welt beweisen, einen eigenständigen Beitrag zur Befreiung
vom deutschen Joch leisten zu können. Und die eigentliche
Befreiung sollte nicht ausschließlich sowjetischen Truppen
überlassen bleiben. Die Rote Armee war jenseits der Weichsel
im Warschauer Vorort Praga aufmarschiert. Auch war politisch das Tauziehen um Einfluss in einem befreiten Polen zu
klären. Kommunistische Fellowtraveller in Moskau, im sogenannten Lublin-Komitee.
Getreu der polnischen Geschichte setzte die Heimatarmee
mehr auf die westlich-bürgerlich eingestellte Exilregierung in
London als auf die provisorische Regierung Polens in Moskau. Stalin wird glaubhaft nachgesagt, er habe seine Truppen
in der stillen Hoffnung an der Weichsel zurückgehalten, dass
sich die polnische Heimatarmee im Kampf mit den überle-
genen deutschen Truppen aufreibt. Die Rechnung des Diktators ging auf erschütternde Weise auf. Nach zwei Mona-

ten erbitterter Straßenkämpfe sind über 15 000 Mitglieder der Heimatarmee, die am Ende kapitulieren musste, getötet. Warschau wird auf ausdrücklichen Befehl Hitlers durch den Einsatz spezieller SS-Einheiten weitgehend ruiniert, seines historischen Kerns beraubt.

Noch zog die Kolonne des Krieges weiter. Paris wird am 25. August 1944 von französischen Truppen unversehrt (nach Missachtung des hitlerschen Vernichtungsbefehls durch den deutschen General Dietrich von Choltitz) befreit; die Amerikaner – an den eigenwilligen Charles de Gaulle einigermaßen gewöhnt – lassen den Poilus den Vortritt; in Griechenland kommt es zwischen prowestlichen und prosowjetischen Kräften zum Bürgerkrieg; die deutsche Wehrmacht führt die sogenannte Panzerfaust ein; London gerät unter Beschuss der Flugbomben vom Typ V Eins und V Zwei; der Versuch der deutschen Wehrmacht scheitert, in der winterlichen Ardennen-Offensive den alliierten Vormarsch zu stoppen; die Rote Armee befreit das Vernichtungslager Auschwitz; in der (trügerischen) Hoffnung, Moral und Widerstandskraft der Bevölkerung brechen zu können, bombardieren britische und amerikanische Bomber in letzten Großeinsätzen am 3. 2. 1945 Berlin mit 3 000 Tonnen Bomben (22 000 Tote) und am 13. und 14. Februar 1945 Dresden (wie viele Zivilisten in einem einmaligen Feuersturm des strategisch unwichtigen Dresden umkommen, bleibt ungeklärt, da etwa eine halbe Million Flüchtlinge aus dem Osten Unterschlupf gesucht hatte, nachgewiesen sind mindestens 25 000 Tote, nicht aber die Horrorzahlen der NS-Propaganda von bis zu 500 000 Toten); die deutsche Marine evakuiert 1,8 Millionen Deutsche aus Ostpreußen.

Der Traum von One World

Für die Alliierten vollzieht sich der Absturz des Hitler-Reiches so total wie der Krieg, den es vom Zaun gebrochen hat. Roosevelt, seiner dritten Wahl als US-Präsident sicher, Stalin im Vollbesitz seiner diktatorischen Macht im „Vaterländischen Krieg" und Churchill, vor einem ungewissen Urnengang zu Hause, verteilen die Beute auf der Konferenz von Jalta. Und sie stellen die Weichen für Jahrzehnte einer ungewissen, weil von gegenseitigem Misstrauen bestimmten Zukunft eines bald Kalten Krieges, u. a. durch die definitive Gründung der Vereinten Nationen, der Weltbank und des Internationalen Währungsfonds, des IWF, auf Basis des US-Dollars als Traum von One World.

Deutschland und später Österreich werden vorauseilend in Besatzungszonen aufgeteilt; Reparationen werden fällig und Gebietsabtretungen besiegelt, ein alliierter Kontrollrat übernimmt die Regierungsgewalt in Berlin und in Wien.

Noch gibt sich das NS-Regime nicht geschlagen. Es verkürzt die Lebensmittelrationen, es versucht, in den von den Alliierten besetzten deutschen Gebieten Widerstandsgruppen, Stichwort „Werwolf", zu organisieren. Vergeblich. Hitler erlässt den Befehl „verbrannte Erde", der von Tag zu Tag weniger beachtet und befolgt wird; der Vormarsch der Alliierten geht in Ost und West unaufhaltsam weiter; bei Torgau treffen Amerikaner und Russen zusammen (mehr als ein Fototermin), Hitler erklärt am 22.4.1945 auf einer Lagebesprechung im Bunker unter der Reichskanzlei, der von den Sowjets bereits beschossen wird, den Krieg für verloren und gibt pathetisch bekannt, sich erschießen zu wollen; in Berlin, der umkämpften Metropole, stellt die U-Bahn ihren Betrieb ein und draußen im Rest-Reich verurteilen NS-Standgerichte Hunderte von „Defätisten", „Drückebergern", „Widerständlern" sowie improvisierende Demokraten, als ob nichts geschehen wäre. Tote bis zum Schluss.

Nachdem alliierte Truppen im Mai 1945 große Teile des Dritten Reiches, auch von Berlin und Wien, besetzt haben, begeht Adolf Hitler in seinem Bunker Selbstmord, gemeinsam mit seiner Gefährtin Eva Braun, die er wenige Stunden vorher geheiratet hatte. Aus.

Mit dem Mann stirbt das unselige Symbol anmaßender Macht und ungeheurer Verblendung jenseits von Ethik, Zivilisation und Menschlichkeit. Was am 3. September 1939 bei strahlendem Wetter begann und am 8. Mai. 1945 bei ebenfalls herrlichem Sommerwetter am Ende einer 31-jährigen Auseinandersetzung abgeschlossen wurde, zeigt Ewigkeitswerte der Natur und Unzulänglichkeiten menschlichen Zusammenlebens. Vor allem, wenn die Würde mit Füßen getreten wird. Der Frieden oder das, was bei schwelendem Misstrauen der Sieger untereinander politisch möglich erschien, musste freilich noch warten. Bis am 6.8.1945 in Hiroshima und drei Tage später in Nagasaki der Zweite, der grausamste Weltkrieg im Feuerball einer neuen Energie, des Atoms, Geschichte wurde.

Irrfahrten

Nachdem Bischof Mitte 1944 den Rückzug der verschiedenen Hilfstruppen, vor allem der Rumänen und Italiener, durch Warschau miterlebte, die Russen schon gegen Warschau vorrückten, beschloss er mit Zustimmung von Vizegouverneur Hummel, sich mit den wichtigsten Bankdokumenten nach Westen abzusetzen. Zusammen mit seinem Bankkollegen Dr. Denk, dem Bruder des nachmaligen österreichischen Präsidentschaftskandidaten, organisierte er zwei PKWs und so verließen sie mit vollbeladenen Autos Warschau.

Als die Russen aber ihren Vormarsch an der Weichsel, vor den Toren Warschaus, einstellten, wurden die Flüchtenden zurückgerufen. Am 3. August, am Beginn des Warschauer Aufstandes, wurde Bischof zur Deutschen Wehrmacht eingezogen, allerdings bereits am 10. August durch Granatsplitter im Kampfabschnitt Palais Brühl schwer verwundet – Rückensteckschuss, Unterschenkeldurchschuss – und kam in das Reservelazarett Wilhelmstal bei Eisenach, ein ehemaliges Jagdschloss von Hermann Göring. Gegen Revers von seiner Frau nach Wien zur Genesung abgeholt, wieder nach Krakau gereist, Weihnachten in Wien. Zurück nach Krakau, wo er am 18. Jänner von Dr. Paersch angerufen wird, der ihm empfiehlt, sofort zu verschwinden, da der Russe bei Lublin durchgebrochen ist und Bischofs Einberufung zum Volkssturm vorliegt. Paersch kann ihm nicht mehr helfen, Bischof wird nicht mehr gebraucht.

Teils mit der Bahn, teils zu Fuß kommt er nach Wien, wo er glaubt, sich wieder bei der Länderbank melden zu müssen. Er hat Glück, er trifft das einzige Vorstandsmitglied ohne Parteizugehörigkeit. Dr. Hitschfeld warnt Bischof, es lägen eine Reihe von Anzeigen gegen ihn in der Direktion vor, er solle sich vorsehen. Tatsächlich erhält er unmittelbar darauf eine Vorladung in die Mollardgasse 6, zur Dienststelle der Organisation Todt. Die Organisation war vor allem im militärischen Hoch- und Tiefbau tätig, beschäftigte rund eine Million Fremdarbeiter, Arbeitssklaven, die unter anderem die berüchtigten Wallanlagen im Westen und Osten bauten. Da ihm bewusst war, dass er dort wahrscheinlich als „Frontarbeitssklave" enden würde, fertigte er sich selber mit den vorsorglich aus Polen mitgenommenen Amtsstempeln und Reiseformularen Marschbefehle für die verschiedensten Zielorte wie Prag, Dresden, Berlin, Weimar, Wien, Krakau an.

Am 7. Februar 1945 befindet er sich in Dresden, diesmal wieder mit Dr. Denk und einem Dr. Heese. Dr. Paersch hatte zu einer Konferenz nach Dresden gerufen, es ging um die Liquidation der Bankagenden im Generalgouvernement. Doch dazu kam es nicht mehr. Während Bischof mit einigen hohen Parteifunktionären wie mit Staatssekretär Dr. Bühler im Rathauskeller beim Abendessen war, wurden sie von der Polizei in die Luftschutzräume gebeten. Es war der Beginn des berüchtigten Luftangriffs auf Dresden. Als die ersten Brandbomben fielen, flüchteten die drei aus dem Keller und konnten dem Inferno mit dem Auto entkommen. Später erzählt Max Bischof seiner Familie, er hätte sein Leben einem unbekannten Schutzengel zu verdanken. Im Keller hat ihn ein unbekannter Mann angesprochen und eindringlich geraten, sofort den Keller zu verlassen und trotz aller Polizeisperren, trotz brennendem Asphalt aus der Stadt zu flüchten. Tagelang, nächtelang konnten sie den blutrot gefärbten Himmel über der brennenden Stadt beobachten. Nach seiner Rückkehr waren das Hotel und ein Großteil der Stadt in einen rauchenden Trümmerhaufen verwandelt, Leichen über Leichen lagen auf den Straßen, verkohlt, verbrannt, teilweise mit dem brennenden Asphalt der Straßen verschmolzen.

Bischof war mit seinen beiden Kollegen nur mehr auf der Flucht, die selbstgestrickten Variationen der Marschbefehle machten es ohne Probleme möglich. So kamen sie auch nach Prag und ließen sich dort unbehelligt bis Ostern nieder. Am Weg nach Wien, vorerst nur als Kurzvisite gedacht, hörte er, dass die Russen bereits in Baden stünden, damit war die nationalsozialistische Gefahr vorbei, er blieb einfach in Wien.

Wien bis zum Tode

Von Mai 1945 an war Max Bischof wieder in der Länderbank, vorerst als Abteilungsdirektor mit Gesamtprokura, 1949 wurde er zum Volldirektor ernannt. Vorher, 1946, inskribierte er an der nunmehrigen Hochschule für Welthandel und absolvierte diese mit Auszeichnung. Diplomarbeit: „Die Konsolidierung der österreichischen Währung. Freie wissenschaftliche Arbeit zur Erlangung des akademischen Grades eines Diplomkaufmannes. Eingereicht bei Professor Dr. Dr. Kerschagl." Kerschagl war u. a. für die polnische Commerzbank tätig gewesen. Bischof bestätigte 1945, dass Kerschagl alles getan hatte, um die polnische Belegschaft unbeschadet über die Zeit der deutschen Besetzung zu bringen und dass er sogar den leitenden Direktor, Herrn Arbuzow, aus dem Lager Mauthausen frei bekommen hat. So ändert sich die Situation, so ändern sich die Zeiten.

Auch Bischof bekommt im Jahre 1946 Probleme wegen seiner Tätigkeit im Generalgouvernement. Es gibt eine rege Korrespondenz mit und an eine Reihe von Persönlichkeiten des öffentlichen Lebens, wie an den Sektionschef im Finanzministerium, Dr. Assen Graf Hartenau. In diesem Schreiben präsentiert er diverse Referenzen, wie Ferdinand Graf, damals Staatssekretär im Innenministerium, später Verteidigungsminister, sowie Nationalrat Prinke. In den Briefen werden nochmals alle Verdienste für die polnischen Banken, seine Anstrengungen als Leiter der Transferstelle und natürlich auch

seine familiäre Situation beschrieben. Offenbar genügte dies,
um jede Weiterverfolgung auszuschließen.
Damit sollte die heute unglaubliche Geschichte, damals viel-
leicht alltäglichere Geschichte enden, doch brachte ein neuer-
licher Besuch des Dachbodens – um diverses zurückzustellen
– eine interessante Entdeckung.

Der Tod des Kommerzialrates

Die Partei
In tiefer Trauer geben wir bekannt, dass Herr Kommerzialrat
Dkfm. Max Georg Bischof
Direktor i. R. der Österreichischen Länderbank
ehemals Leutnant im Kaiserschützen-Regiment Bozen II
Ehren-Balleimeister der Familiaren des Deutschen Ordens
Gründungsmitglied des St.-Michaels-Bundes
Inhaber der Silbernen Tapferkeitsmedaille,
des Karl-Truppenkreuzes und anderer Kriegsauszeichnungen
des Großen Verdienstkreuzes des Deutschen Ordens,
des Großen Ehrenzeichens für Verdienste um die Republik
Österreich
nach langem, mit Geduld ertragenen Leiden, im 88. Lebens-
jahr, versehen mit den Sterbesakramenten, abberufen wurde.

So steht es geschrieben und zeigt eine beträchtliche Zahl von
Ehrungen, die auf eine entsprechende Stellung in der Wirt-
schaft und in der Gesellschaft hinweisen. Nicht erwähnt sind
seine Funktion in der Vaterländischen Front von Bundes-
kanzler Dollfuß und schon gar nicht seine Tätigkeit im Gene-
ralgouvernement, beides Tabuthemen.
Geht man die Unterlagen eines Ansuchens um den Kommer-
zialratstitel durch, zeigen sich eine Vielzahl von Funktionen,
die ein Bankdirektor im Laufe seines aktiven Lebens sam-
melt. Da sind u. a. folgende Funktionen: Vorstandsmitglied
der Allgemeinen Hotel A. G. (Hotel Intercont), Vorsitzender
des Aufsichtsrates der „Autofina" Teilzahlungsbank, Vorsit-
zender-Stellvertreter des Aufsichtsrates der Eisenstädter Bank,
Aufsichtsrat der Chemiefaser Lenzing A. G., der „Steyrer-
mühl" Papierfabrik und Verlags A. G., der „Eldra" Elektro-
drahterzeugung Ges.m.b.H. Aber das geht noch weiter mit

Funktionen in der Kammer der gewerblichen Wirtschaft, in der Hochschule für Welthandel, in der Österreichisch-Amerikanischen Gesellschaft und anderes mehr.

Zum Schluss steht: „Rangältester Direktor der Länderbank nach dem Vorstand", und das gibt zu denken. In den Vorstand hat es Max Bischof nie gebracht, auch der Aufsichtsrat – meist eine Funktion nach der Pensionierung – war ihm verwehrt.

Gerade dieser ungewöhnliche Umstand lenkt unsere Aufmerksamkeit auf die Problematik seines Lebens in Form von zwei Fragen. Die erste Frage über die Beweggründe zur Übernahme der Leitungsfunktion der Transferstelle hat er selber erst in seiner Autobiographie beantwortet und danach auch sein Sohn: „Mein Vater war dazu gezwungen." Max Bischof selber sagt mit anderen Worten das Gleiche, er hätte seine Familie ansonsten nicht mehr schützen können. Und dies, obwohl er ein anerkannter Bankfachmann war, der im Generalgouvernement tatsächlich unabkömmlich war. Doch sehen wir bei dem schrecklichen Beispiel der Vernichtung der Ghettobevölkerung, dass dies für Himmler und seine Konsorten kein Hindernis gewesen wäre. Auch stieg der Druck der Wiener nationalsozialistischen Behörden kontinuierlich an.

Die zweite Frage ist: „Was wollte Bischof in seinen beiden Aufgabengebieten erreichen, was hat er erreicht?"

Die Aufgabe als Leiter der Bankenaufsicht hat er wohl perfekt erfüllt. Interessant ist, dass er sowohl die deutsche wie auch die polnische Seite weitgehend zufriedengestellt hat. Eine diametrale Interessenwelt zu koordinieren, ist eine außergewöhnliche Leistung. Die deutsche Seite, von Frank und Fischer abwärts zu Paersch und seinem direkten Vorgesetzten in der Emissionsbank, Laschtowitzka, ist voll des Lobes über Bischofs perfekte Führung. Den Polen hat er die Bankvermögen gerettet und dabei einen hohen polnischen Personalanteil erhalten. Wie er das tat, kann in den Bilanzberichten der Banken nachgelesen werden.

Über seine Aufgabe und deren Erfüllung als Leiter der Transferstelle ist in diesem Bericht genug und detailreich geschrieben worden. Er hat in unglaublich kurzer Zeit die Umsatzziele erreicht, eine Großproduktion aus dem Nichts geschaffen. Der Aufwärtstrend hat noch ungeahnte Umsätze und Produktionsmengen vorausahnen lassen. Schon ein beträchtlicher Erfolg für das Regime, lebenswichtig für die Soldaten an der Front. Zu dem eigentlichen Durchbruch, der Vollbeschäftigung, kam es nicht mehr, die SS hat Menschen, Produktion, indirekt auch deutsche Soldaten, vernichtet. Der Lebensmittelmangel hat der Kalkulation einen Strich durch die Rechnung gemacht, die Ghettoeinwohner sind weiter verhungert, nur wer Arbeit hatte und manche der Angehörigen konnten einigermaßen existieren.

Als Außenstehender, auf den Nachlass, viele Bücher und Schriften sowie auf diverse Interviews angewiesen, kann man nur sagen, dass es ein erfolgreiches und ereignisreiches Leben war. Doch scheinbar verblieb das Misstrauen seiner Vorgesetzten, der Politiker und sonstiger einflussreicher Personen: In den Vorstand hat er es nicht gebracht.

Unser Besuch am Abgrund der Zivilisation, dort, wo Unmenschlichkeit regiert hat, hinterlässt jenseits abstrakter Worte eine Bischof-Parabel. Ohne sein Leben schönschreiben zu wollen, bleibt das Bemühen um einiges an Wahrheit. Wandern mag helfen.

Im Wienerwald klingt sie aus, die Sechste. Horn und Streicher. Das Hauptmotiv. Wie für eine Wanderung durch Zeit und Raum. Was Beethoven hier eingefallen ist und was er in Wiener Vororten aufgeschrieben hat, klingt fort und fort und fort. Eine gemeinsame Melodie. Doch hört und versteht sie jeder auf seine Weise. Wie die 6. Symphonie in F-Dur op. 68, die Pastorale, dieser herrliche Vorgriff auf die Ewigkeit. Dort, wo Katastrophen und Triumphe keinen Platz haben.

Max Bischof
als Begleitschutz
des Bundeskanzlers
Engelbert Dollfuß
1892 bis 1934
(ermordet beim
Juliputsch der
Nationalsozialisten).

Österreichische Soldaten im Ersten Weltkrieg an der Isonzofront.

Max Bischof als Offizier im Begleitkonvoi des Bundeskanzlers Dollfuß, 1934.

Max Bischof im Kanzler-Mercedes, 1934.

Traditionsverbände, wie die Kaiserschützen, bleiben aktiv.
Max Bischof in der Tür stehend.

Max Bischof zwischen Pfarrer und Maschinengewehr.

Max Bischof mit Polizeihund auf Patrouille.
Bürgerkriegszeit der 30iger Jahre.

Kopfbedeckung der „Hahnenschwanzler", Privatarmee von
Fürst Ernst Rüdiger Starhemberg, Heimwehrführer (1899-1956).

Aufmarsch der „Hahnenschwanzler"am Ring in Wien, 1933/1934.
Max Bischof dritter von links.

Aufmarsch am Heldenplatz in Wien, 1933/1934.
Dritter von links: Max Bischof.

Bundeskanzler Dollfuß berät mit dem Militär den Beschuss des linken
Donauufers. Bürgerkriegszeit.

Kardinal Initzer und Bundeskanzler Dollfuß schreiten die Ehrenkompanie
am Wiener Heldenplatz ab, 1934.

Bundeskanzler Dollfuß und
Österreichischer Bundeskanzler Kurt Schuschnigg.

Heinrich Himmler, u.a. Reichsführer der SS,
Hauptverantwortlicher für die Liquidation des Ghettos
(1900-1945, Selbstmord).

Kurt Schuschnigg (1897-1977), der letzte österreichische Bundeskanzler vor dem Anschluss mit Begleitschutz. Neben ihm Max Bischof - August 1934.

Hans Frank, ehemaliger Anwalt Hitlers. Als Generalgouverneur oberster Chef von Max Bischof (1900 bis 1946, hingerichtet).

Frank in Wien vor der 1000 Mark-Sperre.

Frank mit „Eichenlaub".

Georg Griensteidl

geb. 1936
in Wien, lebt ebenda.

1947-1954 Jesuitengymnasium Kalks-
burg bei Wien mit
Maturaabschluss.

Studium der Technischen Chemie
an der Techn. Universität Wien. Abschluss mit akad. Titel Dipl.Ing.

1961-1998 im Bayer Konzern,
Direktor bei Agda-Gevaert
Ges.m.b.H. in Wien und der
Niederlassungen in diversen
Reformstaaten/ ehemaligen
kommunistischen Staaten
Südeuropas.

Nach der Pensionierung Studium der
Geschichte an der
Universität Wien. Abschluss mit dem
akad. Titel Magister.

Klaus Emmerich

geb. 1928
als Österreicher in Frankfurt am Main

wohnhaft in Wien

Matura in Spittal a. d. Drau

Studium der Nationalökonomie
in Wien und Bonn

Seit 1947 Journalist bei Zeitungen,
Zeitschriften und Rundfunkanstalten

in Wien, Stuttgart, Bonn, Washington,
Brüssel u.a. Chefredakteur für den 2.
Kanal im Österreichischen Rundfunk
(ORF)

seit 1992 in Pension, seitdem Vortragender und Autor von bisher 15
Büchern

Klaus Emmerich
Der missbrauchte Bürger
Gegenwartsliteratur

Wer sich dem Phänomen Bewusstsein nähern möchte, erhält mit diesem konzentrierten Buch einige
Wegweisungen: Mit welcher Penetranz mit uns Bür-
gern medial umgegangen wird. Es ist ein Einstieg,
um Zusammenhänge zu erkennen, zu durchschau-
en und zu verarbeiten – den Wertekanon „Leben",
der vielfältige Ich-Bezug, Umwelt und Klima – natur-
gegeben oder von Menschen gemacht? Krisen im
Wettkampf der Systeme, die Welt der Finanzen am
Abgrund, Inflation als Rettungsanker? Wie Milliarden
den Charakter verderben, die Rolle des ehrenwerten
Kaufmanns, Klientelwirtschaft des Staates, auf dem
Gipfel der Realitätsverweigerer.

Preis: 12,90 Euro   Hardcover
ISBN 978-3-86634-838-7   195 Seiten, 20,2 x 14,5 cm

Hubertus Deick

Eine Flucht 1945

Biografie und Zeitzeugenbericht

Vor dem Hintergrund der tausendjährigen Geschichte der ehemaligen deutschen Provinzen im heutigen
Polen erzählen eine große Schwester und ein Zehnjäh-
riger die Geschichte ihrer Flucht im Jahre 1945 vor der
Roten Armee. Aus einer ganz persönlichen Sicht wird
eine Zeit in Erinnerung gerufen, um folgende Generationen nicht vergessen zu lassen, dass unter großem
Leid und in großer Not Millionen Deutsche damals ihre
Heimat verloren.
Der Autor zieht aus dem Geschehen den Schluss, dass
nur durch Verstehen und Verständigung ein Streit unter Nationen und Völker vermieden werden kann.

Preis: 9,90 Euro   Paperback
ISBN 978-3-86634-936-0   153 Seiten, 19,6 x 13,8 cm